LAS EPÍSTOLAS DE PABLO

GUILLERMO PALEY, D. D.

LAS EPÍSTOLAS
DE PABLO

*Una comparación de las Epístolas que llevan su
nombre con los Hechos de los Apóstoles y de unas
con otras*

CLIE

Libros CLIE
Galvani, 113
TERRASSA (Barcelona)

LAS EPÍSTOLAS DE PABLO

Versión española: Sara A. Hale

Depósito Legal: B. 36.130-1984
ISBN 84-7228-920-6

Impreso en los Talleres Gráficos de la M.C.E. Horeb,
A.C. n.º 265 S.G. - Polígono Industrial Can Trias,
calles 5 y 8 - VILADECAVALLS (Barcelona)

Printed in Spain

ÍNDICE

CAPITULO I

EXPOSICION DEL ARGUMENTO

EL VOLUMEN de las Escrituras cristianas contiene trece cartas que se dice fueron escritas por San Pablo; contiene también un libro que, entre otras cosas, guarda la historia o, mejor dicho, memorias de la historia de la misma persona. Suponiendo que son genuinas las cartas, podemos probar la verdad substancial de la historia; o, viceversa, suponiendo que la historia es cierta, podemos argüir fuertemente a favor de la legitimidad de las cartas. Pero yo no supongo ni lo uno ni lo otro. El lector queda en libertad de suponer que estos escritos han sido descubiertos últimamente en la Biblioteca del Escorial, y llegado a nuestras manos destituidos de toda evidencia intrínseca o colateral; y el argumento que me propongo ofrecer es propuesto para demostrar, que una comparación de los distintos escritos, siempre bajo estas circunstancias, daría buenas razones para creer que las personas y las circunstancias fueron reales, las cartas auténticas y la narración correcta en su mayor parte.

Concordancia o conformidad entre cartas que llevan el nombre de un autor antiguo, y una historia aceptada de la vida de aquel autor, no abonan necesariamente el crédito de cualquiera de estos escritos; porque,

1. Puede ser que la historia como la Vida de Cicerón por Middleton, o la Vida de Erasmo por Jortin fuesen del todo o en parte sacadas de las cartas; en cuyo caso es manifiesto, que la historia no añade nada a la evidencia ya preconizada por las cartas; o,

2. Las cartas pudieron haber sido inventadas sacándolas de la historia, una especie de impostura que, por cierto, es posible y que, sin presentar otra prueba o autoridad, necesariamente produciría la apariencia de una consecuencia o concordancia; o, que,

3. La historia y las cartas podrían haber sido originadas en alguna autoridad común a las dos, como en informes y tradiciones que prevalecieron en la edad en que fueron compuestas, o en algún informe antiguo ya perdido, que fue consultado por ambos autores; en cuyo caso las cartas, sin ser genuinas, pueden exhibir señales de conformidad con la historia; y la historia, sin ser veraz, puede concordar con las cartas.

La concordancia o la conformidad, pues, sólo puede ser aceptada hasta donde podamos excluir estas varias suposiciones. Pues bien, el punto que debe notarse es éste: que en los tres casos que acabamos de enumerar, la conformidad tiene que ser el efecto del *proyecto*. Cuando la historia es compilada de las cartas, como en el primer caso, el designio y la composición de la obra se confiesa por lo regular, o bien que el hecho sea tan evidente por la comparación, que no nos deje en peligro de confundir la producción con la historia original, o de tomarlo equivocadamente por una autoridad independiente. Es probable que la concordancia sea cercana y uniforme, y, en tal caso, se percibirá fácilmente que resulta de la intención del autor, y del plan y arreglo de su obra. Si las cartas son sacadas de la historia, como en el segundo caso, es siempre con el propósito de imponer un fraude en el público. Y a fin de dar color y probabilidad al fraude, nombres, lugares y circunstancias halladas en la historia, pueden ser introducidos cuidadosamente en las cartas, así como puede procurarse mantener una consecuencia general. Pero aquí es manifiesto que, cualquiera

que sea la congruencia que resulte, ésta es la consecuencia de meditación o artificio o designio. El tercer caso es donde la historia y las cartas, sin ningún
secreto directo, o comunicación de la una con las
otras, derivan sus materiales del mismo original; y
por razón de su original común, dan muestras de concordancia y correspondencia. Esta es una situación,
en la que, tenemos que confesar, es posible que sean
colocados escritos antiguos; y, asimismo, una situación en que es más difícil distinguir escritos espurios
de los genuinos, que en cualquiera de los casos des-
critos en las suposiciones anteriores, puesto que las
congruencias que pueden observarse son tan acci-
dentales, que no son producidas por el cambio inmediato de nombres y circunstancias, de un escrito a
otro. Pero aunque, con respecto del uno para con el
otro, la concordancia en estos escritos sea mediata
y secundaria, no es propia ni absolutamente hecha
sin designio; ya que, con respecto al original común
que provee el original del escritor, es estudiado y
artificial. El caso de que tratamos tiene que ser, por
lo que toca a las cartas, un caso de falsificación: y
cuando el escritor que está personificando a otro se
siente para hacer su composición — sea que tengamos la historia conque ahora comparamos las cartas,
o alguna otra narración delante de sí, o sea que tengamos sólo tradiciones o algunos otros informes suel-
tos con qué juzgar el caso — tiene que adaptar su impostura como pueda, a lo que haya en estos informes;
y sus adaptaciones serán el resultado de delibera-
ción, designio e industria: tiene que emplearse artificio; y se verán vestigios de artificio y fraude. Además de esto, en la mayor parte de los ejemplos siguientes, las circunstancias en que las coincidencias
se presentan son de una naturaleza demasiado particular y doméstica para haber venido flotando sobre
la corriente de la tradición general.

De los tres casos que hemos manifestado, la diferencia entre el primero y los otros dos es, que en el primero el designio puede ser justo y honrado; en los otros, tiene que ir acompañado de la conciencia de falsificación; pero en todos ellos hay designio. Al examinar pues, la concordancia de escritos antiguos, el signo de verdad y originalidad es que no fueron hechos según designio: y esta prueba se aplica a toda suposición; porque ya sea que supongamos que la historia sea veraz, y las cartas espurias; o, que las cartas sean genuinas, y la historia falsa; o, finalmente, que ambas sean falsas — que la historia sea una fábula y las cartas ficticias — resultará la misma inferencia: que no habrá concordancia entre ellos, o la concordancia será el efecto de un motivo obligado. Ni se puede eludir el principio de esta regla: suponer que la misma persona fuese el autor de todas las cartas, o aun el autor tanto de las cartas como de la historia, porque no se necesita menos designio para producir coincidencia entre distintas partes de los propios escritos de alguno, especialmente cuando toman las distintas formas de una historia y de cartas originales, que para ajustarlas a las circunstancias halladas en cualquiera otro escrito.

En relación con aquellos escritos del Nuevo Testamento que han de ser el asunto de nuestra presente consideración, opino que, con respecto a la autenticidad de las epístolas, este argumento, cuando está apoyado suficientemente por ejemplos, es casi conclusivo; porque no puedo señalar una suposición de la explicación en que hay probabilidad de que aparezcan coincidencias de esta clase. En cuanto a la historia, se extiende a estos puntos: prueba la realidad general de las circunstancias; prueba el conocimiento del historiador de estas circunstancias. En el presente caso, confirma sus pretensiones de haber sido un contemporáneo, y, en la última parte de su historia, un compañero de San Pablo. En una palabra, establece la verdad substancial de la narración; y la verdad *substancial* es la que en toda investigación histórica debe ser la primera cosa que se busca y se halla: debe ser la base de cualquier otra observación.

Suplicamos pues al lector que se acuerde de esta *ausencia de designio*, como la circunstancia que denota la cosa sobre la cual descansa principalmente, la construcción y la validez de nuestro argumento.

En cuanto a las pruebas de la ausencia de designio, diré poco en este lugar; porque quisiera mejor que la persuasión del lector resulte de los mismos ejemplos, y de las observaciones separadas con que sean acompañados, antes que de ningún formulario o descripción previa de argumento. En una gran pluralidad de ejemplos, confío en que esté perfectamente convencido de que no se ha ejercitado ningún designio ni estratagema; y si algunas de las coincidencias citadas parecen ser minuciosas, tortuosas u oblicuas, reflexione en que esta misma desviación y sutileza es la circunstancia que da fuerza y propiedad al ejemplo. Las circunstancias claras, obvias y explícitas prueban poco, porque puede sugerirse que la introducción de las tales es el expediente de toda falsificación; y aunque ocurran, y probablemente ocurrirán en escritos genuinos, sin embargo no puede probarse que sean peculiares a éstos. Así lo que declara San Pablo en el capítulo once de primera de Corintios acerca de la institución de la Cena del Señor: "Porque yo recibí del Señor lo que también os entregué: que el Señor Jesús la misma noche que fue entregado, tomó pan; y habiendo dado gracias, lo rompió y dijo: ¡Tomad! ¡Comed! ¡Esto es mi cuerpo que por vosotros es rompido! ¡Haced esto en memoria de mí!", aunque esté en conformidad cercana y verbal con el relato del mismo hecho consignado

13

por San Lucas, es, sin embargo, una conformidad de que no se puede echar mano en nuestro argumento; porque si se objetara que éste no era sino una cita del evangelio, prestado por el autor de la Epístola con el propósito de patentizar su composición por una apariencia de acuerdo con el informe recibido de la Cena del Señor, no sabría cómo contestar la insinuación. De la misma manera, la descripción que da San Pablo de sí mismo en su Epístola a los Filipenses, 3:5: "Circuncidado al octavo día, del linaje de Israel, de la tribu de Benjamín, hebreo de hebreos, tocante a la ley, fariseo; con respecto a celo, perseguidor de la iglesia, en cuanto a justicia que haya en la ley, irreprensible"— está compuesta de particularidades tan claramente expresadas acerca de él, en los Hechos de los Apóstoles, la Epístola a los Romanos y la Epístola a los Gálatas, que no puedo negar que sería fácil para un impostor que confeccionara una carta en nombre de San Pablo, reuniendo estos relatos en un solo párrafo. Esto pues, es una conformidad que no aducimos. Pero cuando leo, en los Hechos de los Apóstoles, que cuando "Pablo vino a Derbe y Listra y he aquí que había allí cierto discípulo, llamado Timoteo, hijo de una *judía;*" y cuando en una epístola dirigida a Timoteo hallo que se le recuerda haber conocido las sagradas Escrituras *desde su niñez,*" que indica que, por un lado u otro, había sido criado por padre judío; me parece que veo una coincidencia que muestra, por su misma *oblicuidad,* que no se empleaba artificio en su formación. De la misma manera, si una coincidencia depende de una comparación de fechas, o más bien, de circunstancias de que son deducidas las fechas, mientras más intrincada sea aquella comparación y más numerosos los pasos intermediarios a través de los cuales se deduce la conclusión; en una palabra, mientras más *minuciosa* sea la investigación, es mejor; porque el acuerdo que finalmente resulta está exento de la sospecha de artificio, afectación o invención. Y debe recordarse acerca de estas coincidencias, que una cosa es ser pequeño, y otra ser precario; una cosa, no ser observado algo, y otra ser obscuro; una cosa ser tortuoso u oblicuo y otra forzado, dudoso o fantástico. Y esta distinción debemos siempre tener presente.

La misma particularidad de las Epístolas de San Pablo; la repetición perpetua de los nombres de personas y lugares; las alusiones frecuentes a los incidentes de su vida particular, las circunstancias de su condición e historia, la conexión y el paralelismo de éstos con las mismas circunstancias de los Hechos de los Apóstoles de modo que nos habilita, en su mayor parte, a confrontarlos unos con otros; así como la relación que subsiste entre las circunstancias, que son mencionadas o referidas en las distintas epístolas, dan una prueba bastante considerable de lo genuino de los escritos, y de la realidad de los hechos narrados. Porque, puesto que ninguna advertencia basta para cuidarse de equivocaciones y contradicciones, cuando se multiplican las circunstancias, y cuando éstas son expuestas a ser descubiertas por narraciones contemporáneas igualmente detalladas, un impostor, según opino yo, habría evitado meros detalles, contentándose con discusiones doctrinales, preceptos morales y reflexiones generales [1]; o si, con la idea de imitar el estilo de San Pablo, hubiera pensa-

_____

(1) Esto, sin embargo, no debe entenderse mal. Una persona escribiendo a sus amigos, y sobre un asunto que tocara los aspectos de su propia vida, probablemente sería conducido en el curso de su carta, especialmente si fuera larga ésta, a referirse a pasajes hallados en su historia. Una persona que dirigiera una epístola al público en general, o bajo la forma de una epístola hiciera un discurso sobre algún argumento especulativo, probablemente no encontraría ocasión de hacer alusión a sí mismo en alguna de las circunstancias de su vida: podría hacerlo, o

do que era necesario introducir en su composición nombres y circunstancias, los habría colocado fuera del alcance de comparación con la historia. Y estoy seguro en esta opinión por el examen de dos esfuerzos para imitar las epístolas de San Pablo, que nos han llegado; que son los únicos ejemplos de que tenemos conocimiento, que merecen atención alguna. Una de éstas es una epístola a los Laodicenses, que existe en el latín, y conservada por Fabricio en su colección de escritos apócrifos. La otra pretende ser una epístola de San Pablo a los Corintios, contestando una epístola de los Corintios a él. Esta fue traducida por Scroderus de un ejemplar en el idioma armenio, que había sido enviado a W. Whiston, y fue traducida después, de una copia más perfecta conseguida en Aleppo, publicadas por sus hijos, como apéndice a su edición de Moisés Choronesis. Ninguna copia griega existe de la una ni de la otra: no sólo no son apoyadas por testimonio antiguo, sino que son negadas y excluidas, puesto que nunca han hallado admisión en ningún catálogo de los escritos apostólicos reconocidos por los primeros siglos del cristianismo o conocido de ellos. En la primera de éstas hallé, como esperaba, una total *exclusión* de circunstancias. Es sencillamente una colección de declaraciones de las epístolas canónicas, unidas con poca habilidad. La segunda, que es una falsificación más solapada y especiosa, comienza con una lista de nombres de personas que escribieron a San Pablo desde Corinto; y tiene al principio un relato suficientemente particular de la manera en que la epístola fue

_____

podría no hacerlo; la probabilidad en cada lado es casi igual. Esta es la situación de las epístolas católicas. Aunque, por esto, la presencia de estas alusiones y coincidencias sean una adición valiosa al argumento por el cual se mantiene la autenticidad de una carta, la carencia de ellas ciertamente no constituye ninguna objeción positiva.

enviada desde Corinto a San Pablo, y traída la contestación. Pero son nombres que nadie ha oído antes; y es imposible combinar la narración con alguna cosa hallada en los Hechos, o en las otras Epístolas. No es necesario que señale las marcas internas de falsedad e impostura halladas en estas composiciones; pero sí observar que no suplen aquellas coincidencias que proponemos como pruebas de autenticidad en las epístolas que defendemos.

Habiendo explicado el plan general y la formación del argumento, permítaseme añadir un informe de la manera de conducirlo.

He dispuesto de los distintos casos de concordancia bajo números separados; tanto para marcar más claramente las divisiones del asunto como para otro propósito, esto es, para que el lector pueda así recordar que los ejemplos son independientes unos de otros. No he presentado nada que no me haya parecido probable; pero el grado de probabilidad en que se apoyan distintos ejemplos, es indubitablemente muy distinto. Si el lector, pues, encuentra cierto número de éstas en un ejemplo que le parece poco satisfactorio, o que está basado en una equivocación, las omitirá del argumento, pero sin perjuicio de otro alguno que tenga fundamento. Tendrá ocasión también de observar, que las coincidencias que se descubren en algunas epístolas son mucho menos en número y más débiles que las que son suplidas por otras. Pero añadirá a su observación esta circunstancia importante: que lo que descubre el original de una epístola, hasta cierto punto, establece la autoridad de las demás. Porque, ya que estas epístolas sean genuinas o espurias, todo en conexión con ellas indica que fueron escritas por la misma mano. La dicción, la cual es excesivamente difícil de imitar, conserva su semejanza y peculiaridad para todas las epístolas. Numerosas expresiones y singularidades de estilo, no halladas en otra parte del Nuevo Testamento, son repetidas en distintas epístolas; y ocurren en sus lugares respectivos, sin la menor apariencia de fuerza o arte. Un argumento envuelto, obscuridades frecuentes, especialmente en el orden y la transición del pensamiento, piedad, vehemencia, afecto, arranques de éxtasis, y de sublimidad sin paralelo, son características, todas o la mayor parte de ellas, que se disciernen en cada carta de la colección. Aunque estas epístolas tienen fuertes marcas de proceder de la misma mano, me parece que es aún más cierto que eran al principio publicaciones separadas. No forman ninguna historia continuada; no componen ninguna correspondencia corriente; no abarcan los incidentes de ningún período especial; no llevan a cabo ningún argumento conectado; no dependen la una de la otra; con excepción de uno o dos casos, no se refieren la una a la otra. También me aventuro a decir, que ningún estudio o cuidado se ha tenido para producir o conservar una apariencia de consecuencia entre ellas. Todas esas observaciones muestran que no fue el propósito de la persona, quienquiera que fuese la que las escribió, que se publicaran o se leyeran juntas; que aparecieron al principio separadamente, y que han sido coleccionadas después.

El propósito particular de la siguiente obra es el de reunir, de los Hechos de los Apóstoles, y de las distintas epístolas, los pasajes que proveen ejemplos de coincidencias no preconcebidas; pero he aumentado tal plan, de tal manera, que le he añadido algunas circunstancias halladas en las epístolas, que aportaron fuerza a la conclusión, aunque no fueran estrictamente objetos de comparación.

Parecía también ser parte del mismo plan, examinar las dificultades que se presentaron en el curso de nuestra investigación.

No sé si el asunto ha sido propuesto o considerado de esta manera antes. Ludovicus Capellus, el obispo Pearson, el Dr. Benson, y el Dr. Lardner, han dado cada uno de ellos una historia continuada de la vida de San Pablo, sacada de los Hechos de los Apóstoles y las Epístolas unidas. Pero es claro que esto es una empresa distinta de la presente, y que tenía un propósito distinto.

Si lo que se aprecia aquí añadiera un solo hilo a aquella complicación de probabilidades por la cual la historia cristiana se testifica, la atención del lector será compensada por la importancia del asunto, y mi anhelo será plenamente cumplido.

CAPITULO II

LA EPISTOLA A LOS ROMANOS

EL PRIMER pasaje que citaré de esta epístola, y sobre el cual fundaremos una gran observación, es el siguiente:

"Mas ahora parto para Jerusalem, ministrando socorro a los santos. Porque ha parecido bien a los de Macedonia y de Acaya hacer cierta contribución para los pobres de entre los santos que están en Jerusalem" (Rom. 15:25, 26).

En esta cita se manifiestan tres circunstancias distintas: una contribución en Macedonia para el alivio de los cristianos en Jerusalem, una contribución en Acaya para el mismo propósito y un viaje propuesto por San Pablo a Jerusalem. Se da a entender que estas circunstancias se verifican al mismo tiempo, y que fue el mismo en que se escribió la epístola. Ahora indaguemos si podemos encontrar estas circunstancias en otra parte; y si, en caso de hallarlas, concuerdan respecto a la fecha. Volveos a los Hechos de los Apóstoles, cap. 20:2, 3, y leeréis la siguiente noticia: "Y cuando hubo recorrido aquellas regiones," esto es, Macedonia, y "dado a los discípulos mucha exhortación, vino a Grecia. Y habiendo pasado tres meses allí, armándosele asechanza por parte de los judíos, *cuando estaba para navegar a la Siria,* tomó la resolución de volver para Macedonia." Por este pasaje, comparado con el relato de los viajes de San Pablo dado antes, y por la secuela del capítulo, parece que en la *segunda* visita de San Pablo a la península de Grecia, su propósito fue, al partir del país, salir de Acaya directamente por mar a Siria; pero para evitar a los judíos que ponían acechanzas para interceptarle su viaje, cambió de ruta para volver por Macedonia, dándose a la vela en Filipos, y proseguir su viaje desde allí a Jerusalem. Aquí, pues, tenemos un viaje para Jerusalem, pero no se dice ni una palabra acerca de una contribución. Y como San Pablo había hecho varios viajes a Jerusalem antes, y uno también inmediatamente después de su *primera* visita a la península de Grecia (Hechos 18:21), no puede colegirse de aquí en cuál de las visitas se escribió la epístola, o decir con certeza que se escribiera en una de las dos. El silencio del historiador que afirma que estuvo con San Pablo en ese tiempo, cap. 20, ver. 6, acerca de cualquier contribución, podría inducirnos a buscar otro viaje distinto, o podría inducirnos tal vez a dudar de la concordancia entre los dos relatos, a no ser que una referencia muy accidental en otra parte de la misma historia, no nos indujera con firmeza a creer que este silencio fue una omisión. Cuando San Pablo dio contestación en presencia de Félix a las acusaciones de Tertulio, afirmó, como era natural hacerlo, que ni el asunto que le llevaba a Jerusalem, ni su conducta mientras se quedaba allí, merecieron las calumnias con que los judíos le habían denigrado: "Mas después de muchos años, vine a traer limosnas a los de mi nación, y ofrendas a Dios; ocupado en presentar las cuales ellos me hallaron purificado en el templo, no con turba alguna ni tampoco con tumulto: mas éste lo causaron ciertos judíos de la provincia de Asia; quienes deberían estar aquí delante de ti, y hacer acusación, si tuviesen algo que alegar contra mí" (Actos 24:17-19). Esta mención de limosnas y ofrendas por cierto acerca más la narración en los Hechos a una concordancia con la Epístola; y sin embargo nadie, según creo, tendrá sospechas de que esta cláusula fue puesta en defensa de San Pablo, bien para suplir la omisión en la narración anterior o con la idea de producir semejante concordancia.

Después de todo, nada se ha dicho o insinuado acerca del lugar de la contribución, nada acerca de Macedonia y Acaya. Volveos pues a la primera epístola de Corintios, cap. 16, ver. 1-4, y hallaréis a San Pablo dando las siguientes direcciones: "En cuanto a la colecta que se hace para los santos, según di orden a las iglesias de Galacia, haced así vosotros también. Cada primer día de la semana, ponga aparte algo, para guardarlo, cada uno de vosotros, según prosperare, para que cuando yo vaya, no haya que hacer entonces las colectas. Y cuando yo llegare, enviaré a aquellos que vosotros aprobareis por medio de cartas, para que lleven vuestra beneficencia a Jerusalem." En este pasaje hallamos que se hacía una contribución en Corinto, la capital de Acaya, para los cristianos en Jerusalem; hallamos también una insinuación de la posibilidad de que San Pablo subiría en persona a Jerusalem después de haber hecho su visita a Acaya; pero esto se menciona más bien como una posibilidad que como una fija intención; porque su primer pensamiento fue: "A aquellos que vosotros aprobareis por medio de cartas, para que lleven vuestra beneficencia a Jerusalem;" y en el versículo sexto añade: "para que me encaminéis a *dondequiera* que hubiere de ir." Esta epístola da a entender que fue escrita después de haber estado San Pablo en Corinto, porque en todas partes se refiere a lo que había hecho y dicho cuando él estuvo allí. La expresión, pues, "cuando yo vaya" tiene que referirse a una segunda visita, para cuyo tiempo deseaba que la contribución mencionada estuviera lista.

Pero aunque la contribución en Acaya sea mencionada expresamente, nada se dice aquí acerca de una contribución en Macedonia. Volveos pues, en tercer lugar, a la segunda epístola a los Corintios, cap. 8, ver. 1-4, y se descubrirá el detalle que tiene aún que buscarse: "Además, hermanos, os hacemos saber la gracia de Dios que ha sido dada en las iglesias de Macedonia; cómo en medio de una grande prueba de aflicción, la abundancia de su gozo y su profunda pobreza han redundado para aumento de las riquezas de su liberalidad. Pues que les doy testimonio, que según sus fuerzas, y aun sobre sus fuerzas contribuyeron de voluntad propia; rogándonos con mucha instancia que se les concediese el favor de participar en el ministerio del socorro de los santos." A que agrega capítulo 9, ver. 2, "conozco vuestra prontitud de ánimo, de la cual me glorío respecto de vosotros para con los de Macedonia, que Acaya ha estado preparada ya desde el año pasado." En esta epístola hallamos que San Pablo se ha adelantado hasta Macedonia, en aquella segunda visita a Corinto que había prometido en su primera epístola; hallamos también en los pasajes ya citados de ella, que una contribución se hacía en Macedonia al mismo tiempo o poco después de la que se hacía en Acaya; pero para quiénes la contribución era destinada no aparece de ninguna manera en esta epístola: esa información tiene que buscarse en la primera epístola.

Aquí pues, al fin, pero sacadas de tres escritos distintos, hemos obtenido las distintas circunstancias que buscamos, las mismas la epístola a los Romanos señala, es a saber, una contribución en Acaya para los cristianos en Jerusalem, una contribución en Macedonia para las mismas personas y un pronto viaje de San Pablo a Jerusalem. Tenemos estos datos — cada uno por una insinuación en el pasaje en que se mencionan o por la fecha del escrito en que se cita éste — fijados en un tiempo especial; y resulta ser ese tiempo bien examinado, en todos, el *mismo;* esto es, hacia el fin de la segunda visita de San Pablo a la península de Grecia. Este es un ejemplo de conformidad con un hecho que no puede ser producido por escritos casuales; también afirmo, que es del todo imposible que fuese el efecto de invención o artificio. La imputación de éste llegaría a esto: que el forjador de la Epístola a los Romanos habría introducido en ella el pasaje que estamos discutiendo, con el propósito de dar color a su invención y haciéndolo aparecer de conformidad con otros escritos que existieron entonces. Contesto, en primer lugar que, si hizo esto para favorecer su falsificación, lo hizo con el propósito de apoyar un argumento que no haría impresión en un lector entre diez mil. Coincidencias tan tortuosas como ésta no sirven para apoyar falsificaciones, y creo que rara vez se valen de ellas. En segundo lugar, observo que debe haber tenido delante al mismo tiempo los Hechos de los Apóstoles y las dos Epístolas a los Corintios. En los Hechos de los Apóstoles — quiero decir la parte de los Hechos que se relaciona con este período — pudo hallar el viaje a Jerusalem, pero nada acerca de la contribución. En la primera epístola a los Corintios, encontró que se hacía una contribución en Acaya para los cristianos de Jerusalem y una insinuación de la posibilidad lejana del viaje, pero nada acerca de una contribución en Macedonia. En la segunda epístola a los Corintios, pudo encontrar una contribución en Macedonia acompañando aquélla de Acaya, pero ninguna mención de las personas para quienes la hacían y ni una palabra acerca del viaje. Fue sólo por una comparación cuidadosa y atenta de los tres escritos, que pudo haber escogido los hechos que hubo de unir en su epístola, y por un examen, aun más cuidadoso, pudo haber determinado que pertenecían al mismo período. En tercer lugar, observo una cosa que disminuye mucho la sospecha de falsificación, es a saber, la de cuán natural es la mención de las circunstancias del asunto, esto es, el viaje a Jerusalem y la ocasión de ese viaje: "Cuando partiere para España, iré a vosotros: porque espero veros de pasada, y ser encaminado de vosotros para allá, después que me haya satisfecho, en parte, de vuestra compañía. *Mas ahora parto para Jerusalem, ministrando socorro a los santos. Porque ha parecido bien a los de Macedonia y de Acaya hacer cierta contribución para los pobres de entre los santos que están en Jerusalem.* Les ha parecido bien y a la verdad son deudores; porque si los gentiles han participado de sus cosas espirituales, deben también ministrarles a ellos en las cosas temporales. Cuando haya pues cumplido esto, y asegurádoles este fruto, pasaré por vosotros a España." ¿Acaso, el pasaje que está en letra *cursiva*, parece haber sido introducido con un propósito extraño? ¿No resulta de lo que precede por una conexión tan fácil como puede presentarse en cualquier escrito sobre negocios ordinarios? ¿Podría alguna cosa ser más natural, que, San Pablo, al escribir a los Romanos, hablara del tiempo en que esperaba visitarlos; mencionara el negocio que entonces le detenía, y que tenía el propósito de visitarlos cuando se terminara aquel negocio?

II. De acuerdo con la cita del asunto, en el número anterior, deducimos que la Epístola a los Romanos fue escrita al fin de la segunda visita de San Pablo a la Península de Grecia; pero no lo deducimos de la misma epístola, ni de cosa alguna declarada sobre tiempo o lugar en parte alguna de la epístola, sino de una comparación de circunstancias a que se hace referencia en la epístola, con el orden de los acontecimientos narrados en los Hechos, y con referencias a las mismas circunstancias, aunque con propósitos muy distintos, en las dos epístolas a los

Corintios. Pues bien, el autor de una falsificación que buscara acreditar una carta espuria por coincidencias que dependieran del tiempo y lugar en que se suponía que la carta fue escrita, ¿habría dejado que ese tiempo y lugar hubiesen sido mencionados de una manera tan obscura e indirecta como se ve aquí? Si, por lo tanto, coincidencias de circunstancias se pueden señalar en esta epístola dependiendo de su fecha, o el lugar en donde fue escrita, mientras aquella fecha y aquel lugar sólo lleguen a conocerse debido a otras circunstancias, semejantes coincidencias pueden manifestarse como *hechas sin* intención. Bajo este concepto deduzco:

Cap. 16:21-23: "Os saluda Timoteo mi colaborador, y Lucio y Jasón y Sosipatro, parientes míos. Yo Tercio que escribo esta epístola, os saludo en el Señor. Os saluda Gayo mi huésped, que lo es también de toda la iglesia. Os saluda Erasto, tesorero de la ciudad, y el hermano Cuarto." Con este pasaje comparo Hechos 20:4: "Y le acompañaron hasta la provincia de Asia, Sopatro de Berea, hijo de Pirro; y de los Tesalonicenses, Aristarco y Segundo; y Gayo de Derbe, y Timoteo; y de Asia Tíquico y Trofimo." Ya hemos visto que la epístola a los Romanos fue escrita un poco antes de la partida de San Pablo, de Grecia, después de su segunda visita a aquella península; las personas mencionadas en la cita de los Hechos son los que le acompañaron en esa partida. De los siete cuyos nombres están unidos en la salutación de la iglesia de Roma, tres que son los de Sosipatro, Gayo y Timoteo, se confirma por este pasaje de los Hechos, que estuvieron con San Pablo en ese tiempo. Y esto es tal vez la coincidencia que podría esperarse de la realidad, y aun menos, me inclino a creer, que la que pudiera haber sido producida por designio. Cuatro son mencionados en los Hechos, que no son incluídos en la salutación; y, en la naturaleza del caso, es probable que habría muchos en la compañía de San Pablo en Grecia, que no sabían nada de los conversos en Roma, ni que fueran conocidos de ellos. De la misma manera, muchos están comprendidos en la salutación que no son mencionados en los pasajes a que se ha hecho referencia en los Hechos. Esto también había de esperarse. La ocasión de mencionarlos en los Hechos fue el hecho de que acompañaran a San Pablo en su viaje. Pero podemos estar seguros de que había muchos cristianos eminentes con San Pablo en Grecia, además de los que le acompañaron al Asia [1].

Pero si alguno quisiera discutir aún, que un falsificador de la epístola, teniendo delante los Hechos de los Apóstoles, y habiéndose propuesto escribir una carta como hecha por San Pablo durante su segunda visita a Grecia, habría pensado fácilmente en el ardid de meter los nombres de aquellas personas que parece estuvieron con San Pablo al mismo tiempo, co-

_____

(1) De estos Jasón es uno, cuya presencia en esta vez, es muy natural. Jasón vivía en Tesalónica, de Macedonia, y hospedó a San Pablo en su casa en su primera visita a ese país (Actos 17:7). San Pablo, en ésta, que era su segunda visita, pasó por Macedonia, en camino para Grecia, y por la situación de Tesalónica es muy probable que pasara por aquella ciudad. Parece, por varios casos en los Hechos, haber sido común, que muchos conversos acompañaran a San Pablo de lugar en lugar. Es pues seguramente posible — quiero decir que es, seguramente, consecuente con el informe dado en la historia — que Jasón, que según ese informe era un discípulo celoso, que vivía en una ciudad no muy distante de Grecia por la que, como parece, San Pablo había pasado últimamente, acompañara a San Pablo a Grecia y estuviera con él en este tiempo. Lucio es otro nombre que se cita en la epístola. Un cambio muy pequeño convertiría el nombre *Loukios en Loukas,* Lucio en Lucas, que produciría una coincidencia adicional; porque si Lucas era el autor de la historia, estuvo con San Pablo en este tiempo; puesto que al describir el viaje que se verificó poco después de escrita esta epístola, el historiador usa la primera persona: "nosotros nos dimos a la vela desde FILIPOS" (Hechos 20:6).

mo una recomendación obvia de la falsificación, entonces, repito, en primer lugar, mi observación de que habría hecho el catálogo más completo; y en segundo lugar, que con este plan en su pensamiento, por cierto, le tocaba, a fin de valerse del artificio, haber manifestado en el cuerpo de la epístola que Pablo estuvo en Grecia cuando la escribió, y que estuvo allí durante su segunda visita; pero no ha hecho ni la una ni la otra de estas cosas, ni directamente ni aún de modo que pueda descubrirse, por alguna circunstancia hallada, en la narración consignada de los Hechos.

Bajo el mismo concepto, esto es, como coincidencias que se originan de una fecha, cito de la epístola, del cap. 16:3, la siguiente salutación: "Saludad a Priscila y a Aquila, mis colaboradores en Cristo Jesús; los cuales por mi vida han puesto sus mismos cuellos bajo el cuchillo; a quienes no sólo yo les doy las gracias, sino todas las iglesias de los gentiles." Parece, de los Hechos de los Apóstoles, que Priscila y Aquila habían sido originarios de Roma; porque leemos en Hechos 18:2, que Pablo "hallando a cierto judío llamado Aquila, natural del Ponto, recién llegado de Italia, con Priscila su mujer (por cuanto Claudio había mandado que todos los judíos saliesen de Roma)." Estaban relacionados pues, con el lugar a que son enviadas las salutaciones. Esta es una coincidencia; otra es la siguiente: San Pablo llegó a conocer a estas personas en Corinto, durante su primera visita a Grecia. Le acompañaron cuando fue a Asia; se establecieron por algún tiempo en Efeso, Hechos 18:19-26; y parece que estuvieron con San Pablo en ese lugar cuando escribió su primer epístola a los Corintios, 1 Cor. 16:19; y no mucho tiempo después de haber sido escrita esta epístola, San Pablo fue desde Efeso a Macedonia, y, después de haber recorrido aquellas regiones, procedió de allí, a hacer se segunda visita a Grecia; durante la cual o, antes bien, a la conclusión de ella, la epístola a los Romanos, como ya hemos demostrado, fue escrita.

Tenemos, pues, el tiempo de la residencia de San Pablo en Efeso después de haber escrito a los Corintios, el tiempo gastado en su viaje por Macedonia — que es indefinido, y fue probablemente considerable — y su estancia de tres meses en Grecia; o sea, la suma de estos tres períodos en que Aquila y Priscila volvieron a Roma, de modo que estuvieron allí cuando la epístola a que nos referimos fue escrita. Pues bien, lo que esta cita nos conduce a observar es, el peligro de sembrar nombres y circunstancias en escritos como los presentes, cuando se acompañan a menudo con fechas y lugares, de modo que nada sino la verdad pueda conservar la armonía. De haber fijado su producción las notas de tiempo, en la epístola a los Romanos, a cualquiera fecha antes de la primera visita de San Pablo a Corinto, la salutación de Aquila y Priscila habría contradicho la historia, porque habría sido antes de conocer a estas personas. Si las notas de tiempo lo hubieran fijado a cualquier período durante *aquella* residencia en Corinto, durante su segundo viaje a Jerusalem cuando por primera vez volvió de Grecia, durante su estancia en Antioquía, desde donde bajó a Jerusalem, o durante su segundo viaje por Asia Menor, que emprendió desde Antioquía, se habría incurrido en una contradicción igual; porque, desde Hechos 18:2-18, 19-26, parece que durante todo este tiempo Aquila y Priscila ya estaban con San Pablo, o moraban en Efeso. Finalmente, de haber comparado las notas de tiempo en esta epístola, que hemos visto que son enteramente incidentales, con las notas de tiempo en la primera epístola a los Corintios, que son igualmente incidentales, establecería que esta epístola era ya contemporánea de aquélla o anterior, y habría resultado una contradicción semejante; porque, en primer lugar, cuando la epístola a los Corintios fue escrita, Aquila y Priscila estuvieron con San Pablo, puesto que se unieron en la salutación de aquella iglesia, 1 Cor. 16:19; y porque, en segundo lugar, la historia no nos permite suponer que entre el tiempo en que llegaron a conocer ellos a San Pablo y el tiempo en que San Pablo escribió a los Corintios, Aquila y Priscila pudieron haber ido a Roma para haber sido saludados en una epístola, dirigida a aquella ciudad; y entonces vuelto a unirse con San Pablo en Efeso, de modo que pudieran acompañarle en sus salutaciones a la iglesia de Corinto. Así como ésta, todas las cosas son consistentes. La epístola a los Romanos es posterior aún a la segunda epístola a los Corintios; porque menciona una contribución en Acaya que se ha completado; de la cual, la segunda epístola a los Corintios, cap. 8, no hace más que solicitar. Por esto se advierte claramente que es posterior a la primera epístola a los Corintios, por el intervalo de tiempo necesario para que Aquila y Priscila volvieran de Efeso a Roma.

Antes de descartar a estas dos personas, de nuestra relación, podemos hacer notar los términos de encomio con que San Pablo las describe, y de la armonía de ese encomio con la historia. "Mis colaboradores en Cristo Jesús; los cuales por mi vida han puesto sus mismos cuellos bajo el cuchillo; a quienes no sólo yo les doy las gracias, sino todas las iglesias de los gentiles." En el capítulo diez y ocho de los Hechos, se nos dice que Aquila y Priscila eran judíos; que San Pablo los encontró primero en Corinto; que por un tiempo vivió en la misma casa con ellos; que la contención de San Pablo en Corinto fue con los judíos incrédulos, quienes al principio se opusieron y blasfemaron, y, después, de común acuerdo levantaron una insurrección en contra de él, que

Aquila y Priscila se adhirieron, como podemos deducir, a San Pablo durante toda esta contienda; porque, cuando él partió de la ciudad, ellos fueron con él (Hechos 18:18). Bajo estas circunstancias es muy probable que ellos corrieron los peligros y las persecuciones que sufrió San Pablo de los judíos, por ser ellos mismos judíos, y por adherirse a San Pablo en esta disputa, tomándolos por desertores de la causa judaica. Además de esto, aunque eran judíos fueron ayudando a San Pablo a predicar a los gentiles en Corinto, tomando una parte decidida en la gran controversia de ese tiempo, y en la admisión de los gentiles en la igualdad de la religión. Sólo por esta conducta, si no hubiera otra razón, era suficiente para merecer "las gracias de las iglesias de los gentiles." Eran judíos que se unían al partido de los gentiles. Sin embargo, todo esto se entiende tan indirectamente, o tiene que inferirse, de los informes dados en los Hechos, que no me parece posible que un falsificador pudiera haber sacado sus apreciaciones de ello o que quisiera aún hacerlo; y me parece que es aún menos posible que, sin haber visto los Hechos, pudiera haber hecho una relación tan de acuerdo con las circunstancias narradas allí.

Las dos congruencias que acabamos de examinar dependen del tiempo; las dos que siguen se relacionan con el lugar de la epístola:

1. Cap. 16:23: "Os saluda Erasto, Tesorero de la ciudad." ¿De qué ciudad? Hemos visto, esto es, hemos deducido de circunstancias halladas en la epístola, comparadas con circunstancias halladas en los Hechos de los Apóstoles, y en las dos epístolas a los Corintios, que nuestra epístola fue escrita durante la segunda visita de San Pablo a la península de Grecia. También, como San Pablo en su epístola a la iglesia de Corinto, 1 Cor. 16:3, menciona una colecta que se hacía en esa ciudad, y de su deseo de que es-

tuviera lista para cuando él llegara; y como en esta epístola menciona el hecho de que esta colecta ya estuviera hecha, se sigue que la epístola fue escrita para cuando él estuvo en Corinto, o bien después de haber estado él allí. En tercer lugar, puesto que San Pablo habla en esta epístola de su viaje a Jerusalem, como para verificarse inmediatamente; y como vemos, Hechos 20:3, que su designio y esfuerzo fueron en el sentido de emprender ese viaje inmediatamente de Grecia, propiamente llamada así, esto es, como separándola de Macedonia, es probable que estuviera en aquel país cuando escribió la epístola, en que habla de sí mismo ya para darse a la vela. Posiblemente se hallaba en Grecia, aunque es más verosímil que estuviera en Corinto; porque las dos epístolas a los corintios dan a entender que el propósito principal de su venida a Grecia fue el de visitar aquella ciudad, donde había fundado una iglesia. Por cierto, no sabemos de ningún otro lugar en Grecia, donde su presencia fuese tan posible en este evento; y colocarlo en Corinto satisface cualquier circunstancia. El que Erasto era habitante de Corinto, o tenía alguna conexión con Corinto, bien puede presumirse de lo que se dice de él accidentalmente en la segunda epístola a Timoteo, cap. 4:20: "Erasto se quedó en Corinto; mas a Trófimo le dejé enfermo en Mileto." Erasto era uno de aquéllos que habían acompañado a San Pablo en sus viajes, Actos 19:22; y cuando aquellos viajes habían traído en alguna ocasión al apóstol y su compañía a Corinto, Erasto se quedó allí, probablemente porque allí estaba su hogar. Confieso que esta coincidencia no es tan precisa como algunas otras, sin embargo me parece demasiado clara para que se presentara accidentalmente; porque de los muchos lugares que esta misma epístola ha asignado a distintas personas, y otros sin número que podría haber mencionado, ¿cómo es que llegara a citar a Erasto en Corinto? Y hasta dónde es una coincidencia, ciertamente el autor de la epístola a los Romanos no tenía el propósito de decirlo, porque no nos ha dicho de qué ciudad Erasto era el Tesorero; o, lo que es la misma cosa, de qué ciudad la epístola fue escrita, cuya declaración habría sido absolutamente necesaria para dar a entender la coincidencia, si semejante cosa se había pensado; ni podría el autor de la epístola a Timoteo, dejar a Erasto en Corinto por alguna cosa que pudo haber leído en la epístola a los Romanos, porque Corinto no está mencionado en ninguna parte de esta epístola, ni por nombre ni por descripción.

2. Cap. 16:1-3: "Os recomiendo a nuestra hermana Febe, la cual es diaconisa de la iglesia que está en Cencrea; para que la recibáis en el Señor, como conviene a santos, y la ayudéis en cualquier asunto en que tenga necesidad de vosotros; pues ella también ha sido auxiliadora de muchos, y de mí mismo." Cencrea estuvo cerca de Corinto; San Pablo, pues, al tiempo de escribir la carta, no estaba lejos de la mujer a quien recomienda así. Pero, además de esto, que San Pablo hubiera estado en Cencrea misma, se ve en el capítulo diez y ocho de los Hechos; y aparece por una circunstancia tan incidental y tan lejos de designio como cualquiera se lo puede imaginar. "Y Pablo habiéndose detenido," esto es en Corinto, "todavía muchos días, despidióse de los hermanos, y se dio a la vela, para irse a la Siria (y con él Priscila y Aquila) habiéndose raído la cabeza en Cencrea, porque tenía hecho un voto" (Hechos 18:18). El raerse la cabeza denotaba la expiración del voto nazareo. El historiador, pues, nos dice virtualmente, por la mención de esta circunstancia, que el voto de San Pablo había expirado antes de comenzar su viaje, el que había aplazado, hasta que fuese librado de las restricciones que su voto le había impuesto. ¿Hemos

de decir pues, que el autor de los Hechos de los Apóstoles fraguó esta anécdota acerca de San Pablo en
Cencrea, porque había leído en la epístola a los Romanos que Febe, diaconisa de la iglesia en Cencrea,
había sido auxiliadora de muchos y de él mismo?"
¿O hemos de decir que el autor de la epístola a los
Romanos, inventó que Febe era *diaconisa de la iglesia de Cencrea*," porque había leído en los Hechos
de los Apóstoles que Pablo había "raído su cabeza"
en ese lugar?

III. Cap. 1:13: "Y no quiero que ignoréis, hermanos,
que muchas veces me he propuesto ir a vosotros (y
hasta ahora he sido estorbado) para que tenga un
fruto entre vosotros también, así como entre los demás gentiles." También 15:23-28: "Mas ahora no teniendo ya lugar en estas regiones, y teniendo hace
muchos años, ardiente deseo de ir a veros, cuando partiere para España, iré a vosotros: porque
espero veros de pasada, y ser encaminado de vosotros para allá, después que me haya satisfecho, en
parte, de vuestra compañía. Mas ahora parto para
Jerusalem, ministrando socorro a los santos. Cuando
haya pues cumplido esto, y asegurádoles este fruto,
pasaré por vosotros a España."

Con estos pasajes compárense Hechos 19:21: "Pasadas estas cosas," a saber, en Efeso, "Pablo se propuso en su espíritu, que habiendo recorrido a Macedonia y a Acaya, partiría para Jerusalem; diciendo:
"Después que haya estado allí, es preciso que yo vea
a Roma también."

Obsérvese, que nuestra epístola da a entender que
fue escrita al fin del segundo viaje de San Pablo a
Grecia; que la cita de los Hechos contiene palabras
que se dice fueron dichas por San Pablo en Efeso,
algún tiempo antes de emprender su viaje. Ahora
afirmo que es imposible que dos ficciones distintas
hubiesen atribuído a San Pablo el mismo propósito;

especialmente, un propósito tan específico y particular como éste, que no era meramente un designio general de visitar Roma después de haber recorrido Macedonia y Acaya, y después de haber hecho ese viaje desde esos países a Jerusalem. La conformidad entre la historia y la epístola es perfecta. En la primera cita de la epístola, hallamos que el designio de visitar Roma había estado en la mente de Pablo por mucho tiempo: en la cita de los Hechos hallamos expresado aquel designio algún tiempo antes de que la epístola se escribiera. En la historia hallamos que el plan que había formado San Pablo fue pasar por Macedonia y Acaya; después de esto, ir a Jerusalem, y cuando había acabado su visita allí darse a la vela para Roma. Cuando se escribió la epístola había ejecutado tanto de su plan como pasar por Macedonia y Acaya, y se preparaba para cumplir con el resto de él, dándose a la vela pronto para Jerusalem; y en este punto de sus viajes dice, a sus amigos en Roma, que cuando hubiera terminado el negocio que lo llevaba a Jerusalem, vendría a ellos. En segundo lugar digo que el mismo examen de los pasajes nos satisfará de que no fueron sacados el uno del otro:

"Cuando partiere para España, iré a vosotros; porque espero veros de pasada, y ser encaminado de vosotros allá, después que me haya satisfecho, en parte, de vuestra compañía. Mas ahora parto para Jerusalem, ministrando socorro a los santos. Cuando haya pues cumplido esto, y asegurádoles este fruto, pasaré por vosotros a España." Esta cita es de la epístola.

"Pablo se propuso en su espíritu, que habiendo recorrido a Macedonia y a Acaya, partiría para Jerusalem; diciendo, después que haya estado allí, es preciso que yo vea a Roma también." Esta es de los Hechos.

Si el pasaje de la epístola fue sacado de los Hechos,

¿por qué se mencionó *España?* ¿Si el pasaje de los Hechos fue sacado del de la epístola, ¿por qué se omitió *España?* Si los dos pasajes fueron desconocidos el uno del otro, nada sino la verdad pudo haberlas conformado. Si suponemos que la historia y la epístola sean igualmente ficticias, o que la historia sea veraz y la carta espuria, o bien, que la carta sea genuina y la historia una fábula, el encontrar esta circunstancia en ambas, sin que ninguna la sugiriera a la otra, sería, por todas estas suposiciones, igualmente inexplicable.

IV. Ofrezco la siguiente cita con el propósito de llamar la atención a una coincidencia geográfica, de tanta importancia, que el Dr. Lardner la consideró como una confirmación de toda la historia de los viajes de San Pablo:

Cap. 15:19: "De tal manera que desde Jerusalem y todo en derredor de Ilírico he diseminado abundantemente el evangelio de Cristo."

No me parece que estas palabras necesariamente afirmen que San Pablo había penetrado en Ilírico, o predicado el evangelio en aquella provincia; sino que antes bien había llegado a los límites de Ilírico *(mechri tou Illurikou),* y que estos confines eran la frontera de sus viajes. San Pablo considera a Jerusalem como el centro, y aquí está mirando la circunferencia a que se extendían sus viajes. La forma de expresión en el original contiene esta idea *(apo Hierousalēm kai kuklō mechri tou Illurikou).* Ilírico fue la parte de este círculo que menciona en una epístola a los Romanos, porque estuvo en esa dirección desde Jerusalem hacia aquella ciudad, y señaló a los lectores romanos el lugar más cercano a ellos, a donde sus viajes desde Jerusalem le habían conducido. El nombre de Ilírico no ocurre en ninguna parte de los Hechos de los Apóstoles; no se pueden tener sospechas pues, que la mención de ella fuera tomada de allí. Sin embargo, pienso que se descubre en estos mismos Hechos, que San Pablo, antes del tiempo en que escribió esta epístola a los Romanos, había llegado a los confines de Ilírico; o, de todos modos, que podría haberlo hecho, en perfecto acuerdo con el relato que se hace allí. Ilírico está contiguo a Macedonia; trazando una línea desde Jerusalem en dirección a Roma, está un poco detrás de ella. Si pues San Pablo recorrió todo el país de Macedonia, la ruta necesariamente le conduciría a los límites de Ilírico; y estos confines se describirían como el punto más lejano de su viaje. Pues bien, la narración de la segunda visita de San Pablo a la península de Grecia está contenida en estas palabras: "Se despidió de ellos, y partió para ir a Macedonia. *Y cuando hubo recorrido aquellas regiones,* y dado a los discípulos mucha exhortación, vino a Grecia" (Hechos 20:2). Este relato da a entender, o, por lo menos, hace suponer, que, San Pablo al recorrer Macedonia *(dielthōi ta merē ekeina),* tanto había pasado para el occidente que llegó a aquellas partes del país que colindaban con Ilírico, aun cuando no entrara en el mismo Ilírico. La historia, pues, y las epístolas concuerdan hasta aquí, y la concordancia está muy corroborada por una coincidencia de *tiempo.* Al mismo tiempo que escribía la epístola, San Pablo podía decir, de conformidad con la historia, que había entrado en Ilírico; aunque no podía haberlo dicho mucho antes de ese tiempo; porque, en su primer viaje a Macedonia, su ruta está precisada desde el tiempo de desembarcar en Filipos hasta que se dio a la vela desde Corinto. Le seguimos desde Filipos a Amphípolis y Apolonia; desde allí a Tesalónica; desde Tesalónica a Berea; desde Berea a Atenas; y desde Atenas hasta Corinto, cuya ruta le limita su viaje por el lado oriental de la península, y, por tal razón, está siempre a alguna distancia de Ilírico. En su segunda visita a Macedonia, la historia, como ya hemos visto, no lo menciona. Sería pues, en su segunda visita, si alguna vez sucedió, que se acercara a Ilírico; y esta visita, como sabemos, precedió casi inmediatamente a la producción de la epístola. Era natural que el apóstol se refiriera a un viaje que recientemente acariciaba su pensamiento.

V. Cap. 15:30: "Mas os ruego, hermanos, por nuestro Señor Jesucristo, y por el amor del Espíritu, que os esforcéis conmigo, en vuestras oraciones a Dios, en mi favor; para que yo sea librado de los incrédulos que están en Judea." Con esto compárese Hechos 20:22, 23.

"Y ahora, he aquí que voy obligado en el Espíritu a Jerusalem, sin saber las cosas que me han de suceder allí; salvo que el Espíritu Santo me testifica en cada ciudad, diciendo que prisiones y aflicciones me esperan."

Permítaseme observar que es el mismo viaje que se menciona en estos dos pasajes; que se escribió sobre él inmediatamente antes de que el Apóstol Pablo partiera para su viaje desde Acaya; que las palabras en los Hechos fueron pronunciadas por él cuando había emprendido ese viaje hasta Mileto, en Asia Menor. Recordando esto, observo que los dos pasajes, sin ninguna semejanza entre sí que podría hacernos suponer que uno de ellos fuera tomado del otro, representan el estado de la mente de San Pablo con respecto al resultado del viaje, en términos de un hecho explícito. Ambos expresan su sentido de peligro en la próxima visita a Jerusalem, ambos expresan la duda que estuvo en el pensamiento acerca de lo que podría acaecerle allí. Cuando en su epístola, ruega a los cristianos de Roma "por nuestro Señor Jesucristo y por el amor del Espíritu," que se esforzaran con él en sus oraciones a Dios para que fuese "librado de los incrédulos que están en Judea," confiesa con bastante claridad sus temores. En los Hechos de los Apóstoles vemos en él los mismos temores y la misma incertidumbre: "Voy obligado por el Espíritu a Jerusalem, *sin saber* las cosas que me han de suceder allí." La única diferencia es que, en la historia, sus pensamientos se inclinan más a la desesperación, que en la epístola. En la epístola retiene sus esperanzas "que vendría a ellos con gozo por la voluntad de Dios;" en la historia su mente cede a la reflexión de que "el Espíritu Santo le testificaba en cada ciudad, diciendo que prisiones y aflicciones le esperaban." Pues bien, el que sus temores fuesen más grandes, y sus esperanzas menores en esta parte de su viaje, que cuando escribió su epístola, o que cuando lo comenzó, es un cambio que bien podía haberse esperado; puesto que aquellas intenciones proféticas a que se refiere cuando dice, "el Espíritu me testifica en cada ciudad," probablemente habían sido recibidas por él en el transcurso de su viaje, y probablemente eran semejantes a las que sabemos que recibió en la última parte de éste en Tiro, Cap. 21:4; y después de Agabo a Cesarea. Cap. 21:11.

VI. Hay otra fuerte observación que se advierte en el mismo pasaje en la epístola; pero para entender esto, será necesario volver a citar el pasaje, y algo más detalladamente:

"Mas os ruego hermanos, por nuestro Señor Jesucristo, y por amor del Espíritu, que os esforcéis conmigo, en vuestras oraciones a Dios, en mi favor; para que yo sea librado de los incrédulos que están en Judea — para que con el beneplácito de Dios, yo vaya a veros con gozo, y halle descanso juntamente con vosotros."

Deseo que el lector se acuerde de *aquella* parte de la historia del apóstol Pablo que se desarrolló después de su llegada a Jerusalem, y en la que emplea los últimos siete capítulos de los Hechos; y fundo sobre ella esta observación — que suponiendo que la epístola a los Romanos fuera una falsificación, y el autor de la falsificación pudiera haber tenido los Hechos de los Apóstoles en su poder, y haber visto en ellos que, en efecto, San Pablo *no* fue librado de los judíos incrédulos, sino, al contrario, fue aprehendido en Jerusalem y traído a Roma prisionero — es casi imposible que hubiera hecho a San Pablo expresar declaraciones tan contrarias a lo que vio que había sido el acontecimiento; y hacer oraciones con esperanzas aparentes de éxito, de lo que debió haber sabido fueron frustradas al fin.

Esta sola consideración me convence de que no existieron ningún concierto ni acuerdo de clase alguna entre la epístola y los Hechos de los Apóstoles; y que cualesquiera que sean o lleguen a ser las coincidencias que han sido señaladas, se califican éstas de cándidas; como efecto concluyente de la verdad y la certidumbre.

También me convence de que la epístola fue escrita no sólo durante la vida de San Pablo, sino antes de que llegara a Jerusalem, el hecho de que los acontecimientos importantes relacionados con él que tuvieron lugar después de su llegada a aquella ciudad, debieron de haber sido conocidas de la comunidad cristiana poco después de que sucedieron: forman la parte más pública de su historia. Pero de haber sido conocidos del autor de la epístola, o en otras palabras, de haberse verificado entonces esos acontecimientos, el pasaje que hemos citado de la epístola no se habría encontrado en ese lugar.

VII. Ahora voy a manifestar la conformidad que existe entre el argumento de esta epístola y la historia de su reputado autor. Basta para este propósito observar, que el objeto de la epístola, esto es, la parte argumentativa de ella, fue el de colocar a los conversos gentiles en una igualdad de situación con los conversos judíos, con respecto a su condición religiosa, y su lugar en el favor divino. La epístola apoya este punto con una variedad de argumentos tales, que ningún hombre, en cualquiera forma descrita fuera justificado por las obras de la ley, por esta clara razón: que ningún hombre las había ejecutado; que por esto llegó a ser necesario señalar otro medio o condición de justificación, en el cual nuevo medio el estado o la condición judaica quedó anonadada, perdida; que la propia justificación de Abraham fue anterior a la ley, e independiente de ella; que los conversos judíos habían ahora de considerar la ley como muerta, y ellos mismos como unidos a otro sistema; que lo que la ley en verdad no podía hacer, porque eran débiles por la carne, Dios lo había hecho enviando a su Hijo; que Dios había desechado a los judíos incrédulos, y los había substituido con una sociedad de creyentes en Jesucristo, escogidos indiferentemente entre judíos y gentiles. Poco después de escribir esta epístola, San Pablo, según la intención insinuada en la misma epístola, hizo su viaje a Jerusalem. El día después de llegar allí, fue presentado a la iglesia. Lo que pasó en esta entrevista se relata como sigue, Hechos 21:19-21: "Y habiéndoles saludado, les refirió una por una las cosas que había hecho Dios entre los gentiles por su ministerio. Y ellos oyéndolo glorificaron a Dios; y le dijeron: Estás viendo, hermano, cuántos millares hay entre los judíos que han creído; y todos ellos son celosos de la ley; y han oído respecto de ti que enseñas a todos los judíos que están entre los gentiles, a apostatar de Moisés, diciéndoles que no deben circuncidar a sus hijos, ni andar según las costumbres." San Pablo negó la acusación; pero debió haber habido algo para que se le formulase. Sólo tenemos que suponer que San Pablo profesara abiertamente las opiniones contenidas en la epístola; que en el curso de su ministerio, había dado expresión a los sentimientos que aquí se advierte que escribiera, y así se da uno cuenta del asunto. Acerca de la acusación que el rumor público había propagado en su contra en Jerusalem, no diré que era justa; pero diré que si él era el autor de la epístola que tenemos delante, y su predicación era de acuerdo con sus escritos, era extremadamente natural, porque si no se deducía necesariamente era fácil de comprender, que si el converso gentil que no observaba la ley de Moisés, tenía una situación tan ventajosa en cuanto a sus intereses religiosos como el converso judío que la observaba, no podría haber una razón poderosa para observar aquella ley en todo. La protesta pues de la iglesia en Jerusalem, y el informe que la ocasionó se fundaron en una no muy violen.. interpretación de la doctrina del apóstol. Su recepción en Jerusalem fue exactamente la que habría esperado se acordara al autor de esta epístola. Tengo derecho pues de argüir, que una narración separada de efectos experimentados por el Apóstol Pablo, semejantes a los que podría esperarse que una persona experimentara, constituye una prueba de que realmente sostenía estas doctrinas; y que la epístola que llevaba su nombre, en la que tales doctrinas se anotan, realmente procedió de él.

VIII. Este número suplementa al anterior. Me propongo señalar en él dos detalles en el curso del argumento, perfectamente adaptados a las circunstancias bajo las cuales la epístola fue escrita; que, sin embargo, están libres de toda apariencia de designio, y que, según creo, no habría entrado en la mente de un falsificador, inventar.

1. La epístola a los Gálatas trata de la misma cuestión general que la epístola a los Romanos. San Pablo había fundado la iglesia de Galacia: nunca había estado en Roma. Obsérvese ahora una diferencia en la manera de tratar el mismo asunto, correspondien-

do con esta diferencia en su situación. En la epístola a los Gálatas basa su decisión en gran parte
sobre *autoridad:* "Yo me maravillo de que os
apartáis tan presto del que os llamó en la gracia de
Cristo, para seguir diferente evangelio" (Gal. 1:6).
"Porque os hago saber, hermanos, respecto del evangelio que fue predicado por mí, que no es según hombre. Porque no lo recibí de hombre alguno, ni tampoco me fue enseñado; sino que lo recibí por la revelación de Jesucristo." Cap. 1:11, 12. "Témome respecto de vosotros, no sea que de algún modo, haya
trabajado por vosotros en vano." 4:11. "Quisiera estar presente con vosotros ahora.... porque estoy per-
plejo respecto de vosotros." 4:20. "He aquí que yo
Pablo os digo, que si recibís la circuncisión, Cristo
de nada os aprovechará." 5:2. "Esta persuasión que
os extravía, no es de parte de Aquél que os llama."
5:8. Este es el estilo en que se dirige a los gálatas.
En la epístola a los conversos en Roma, donde su
autoridad no era reconocida ni a él lo conocían personalmente, basa los mismos puntos enteramente sobre *argumento.* La lectura de la epístola probará esto
a satisfacción de cualquier lector; y como la relación
se observa en todo el contenido de la epístola, no
presentaré extractos separados. Repito, pues, que hemos señalado una diferencia entre las dos epístolas,
en conexión con el conocimiento que el autor tenía
de sus diferentes corresponsales.

Otra adaptación, que es algo semejante, es la que
sigue:

2. Sabemos que los judíos eran muy numerosos en
Roma, y, probablemente, formaron una parte principal entre los nuevos conversos; tanto así, que los
cristianos parece fueron conocidos en Roma, como
una denominación de judíos mejor que de otro modo.
De consiguiente, en una epístola a los creyentes romanos, el punto que quería sostener el apóstol Pablo,

fue el de reconciliar a los conversos judíos con la opinión de que los gentiles fueron admitidos por Dios a una igualdad de situación con ellos mismos, y eso sin estar éstos bajo obligación de guardar la ley de Moisés. Los gentiles probablemente cederían muy fácilmente a esta opinión. En esta epístola pues, aunque fue dirigida a la iglesia romana en general, es en verdad un judío que escribe a judíos. Por consiguiente notaréis, que siempre que su argumento le conduce a decir algo derogatorio de la institución judaica, de continuo lo sigue con una cláusula que lo suavice. Habiendo en Cap. 2:28, 29, declarado que "no es judío el que lo es exteriormente, ni es circuncisión la que lo es exteriormente en la carne;" agrega inmediatamente, "¿Qué pues tiene de más el judío? o ¿qué aprovecha la circuncisión? *Mucho de todas maneras.*" Habiendo en el capítulo 3:28, traído su argumento a esta conclusión formal, "que el hombre es justificado por fe, aparte de obras legales;" después, versículo 31, añade: "¿Abrogamos pues la ley por medio de la fe? No por cierto, antes bien *hacemos estable la ley.*" En el capítulo séptimo, cuando en el versículo sexto había hecho el osado aserto "ahora empero hemos sido descargados de la ley, habiendo muerto a aquello en que éramos detenidos;" en el versículo siguiente hace esta pregunta suavizadora: "¿Qué diremos pues? ¿Es acaso la ley pecado? ¡No se diga nunca! Al contrario, no hubiera yo conocido el pecado, excepto por medio de ley." Habiendo en las siguientes palabras insinuado o más que insinuado la ineficacia de la ley judaica, 8:3, "Pues lo que no pudo la ley, según estaba debilitada por medio de la carne, lo hizo Dios, enviando a su Hijo en semejanza de nuestra carne pecaminosa, y como ofrenda por el pecado en la carne," después de una digresión por cierto; pero el género de digresión que nunca podía resistir una contemplación de arrobamiento en su esperanza cristiana, y que ocupa la última parte de este capítulo; le hallamos en el siguiente como si estuviera preocupado de haber dicho algo que podría ofender, volviendo a sus hermanos judíos en términos del más ardiente afecto y respeto: "Digo verdad en Cristo, no miento, dando testimonio conmigo mi conciencia en el Espíritu Santo, que tengo gran dolor y angustia incesante en mi corazón. Porque soy capaz de desear el ser yo mismo apartado irrevocablemente de Cristo, *a causa de mis hermanos, mis parientes según la carne: los cuales son israelitas, de quienes son la adopción, y la gloria, y los pactos, y la promulgación de la ley, y el culto verdadero, y las promesas; de quienes son los padres, y procedente de quienes según la carne, vino el Cristo.*" Cuando en los versículos treinta y uno y treinta y dos de este capítulo nueve, reprende al judío del error de aun de los mejores de su nación, diciendo: "Israel siguiendo tras ley de justicia, no alcanzó a esa ley.... Porque siguió tras ella no de fe sino como si la justicia fuese alcanzable por obras; pues tropezaron en la piedra de tropiezo," pone cuidado en seguir esta declaración con estas expresiones conciliadoras: "Hermanos, el deseo de mi corazón, y mi súplica a Dios, a favor de ellos, es que sean salvos. Porque les doy testimonio que tienen celo por Dios, pero no según ciencia." Por último habiendo, cap. 10:20, 21, por la aplicación de un pasaje en Isaías, insinuado la más desagradable proposición para el oído judío, el desechamiento de la nación judía de ser el pueblo escogido de Dios; se apresura, por decirlo así, a modificar la noticia de su caída mediante esta interesante explicación: "Digo pues: ¿Ha desechado Dios a su pueblo? ¡No por cierto! Porque yo también soy israelita, de la estirpe de Abraham, de la tribu de Benjamín. *No ha desechado Dios al pueblo suyo, a quien conoció en su presciencia;*" y sigue este pensamiento, por todo el capítulo once, con una serie de reflexiones, a propósito de aplacar a los conversos judíos, así como inspirar en sus hermanos gentiles el respeto para con la institución judaica. Pues bien, todo esto es enteramente natural en un verdadero San Pablo escribiendo a verdaderos conversos judíos; es lo que la ansiedad para convertirlos a su persuasion produciría naturalmente; pero hay un ardor y una personalidad, si se me permite expresarlo así, en la manera de expresarse, que una fría falsificación, según creo, no habría concebido ni ejecutado.

CAPITULO III

LA PRIMERA EPISTOLA A LOS CORINTIOS

ANTES DE proceder a comparar esta epístola con la historia o con cualquier otra epístola, ocuparemos varios párrafos bajo el No. 1, en hacer ciertas observaciones aplicables a nuestro argumento, que se desprenden de la lectura de la misma epístola.

Por esta expresión del primer versículo del capítulo séptimo, "En cuanto a las cosas de que me escribisteis," parece que esta carta a los corintios fue escrita por San Pablo en respuesta a una que había recibido de ellos; y que el capítulo séptimo, y algunos de los capítulos siguientes, se dedican a resolver ciertas dudas, y regular ciertos puntos de orden, acerca de los cuales los corintios en su carta le habían consultado. Esta sólo es una circunstancia que favorece considerablemente la autenticidad de la epístola; porque en una falsificación debió haber sido este plan forzado: primero, el haber fingido la recepción de una carta de la iglesia en Corinto, la cual no aparece; y, en seguida, haber escrito una respuesta ficticia a ella, con respecto a una gran variedad de dudas y preguntas, puramente económicas y domésticas; las cuales, aunque con toda probabilidad hubieran ocurrido a una sociedad nueva, en una situación, y bajo una institución tan nueva como lo era entonces una iglesia cristiana, debió haberse atareado mucho la imaginación del autor, y no podría haber servido ningún propósito imaginable de falsificación, para introducir estas cosas de algún modo. Se refiere a asuntos tales como los siguientes: la regla de deber y prudencia respecto a contraer matrimonio, cómo se aplicaba a vírgenes y a viudas; el caso de maridos casados con mujeres no convertidas, y mujeres que tenían maridos no convertidos; el caso donde el no convertido prefiere separarse, y el caso donde se prefiere continuar la unión; el efecto que su conversión producía en su estado anterior, de circuncisión, de esclavitud; el comer cosas ofrecidas a ídolos como era en sí mismo, como otros fueron afectados por ellos; el tomar parte en sacrificios idolátricos; el decoro que debía observarse en sus asambleas religiosas, el orden de hablar, el silencio de las mujeres; el cubrir o no cubrir la cabeza, cómo convenía a los hombres, cómo convenía a las mujeres. Estos asuntos, con sus varias subdivisiones, son tan particulares, minuciosos, y numerosos, que aunque están exactamente de acuerdo con las circunstancias de las personas a quienes la carta fue escrita, nada, según creo, sino la existencia en realidad de aquellas circunstancias, podría haberlas sugerido a los pensamientos del que escribía.

Pero ésta no es la única observación, ni tampoco la principal sobre la correspondencia entre la iglesia de Corinto y su apóstol, que deseo hacer. Me parece, creo, que en esta correspondencia, aunque los corintios habían escrito a San Pablo pidiendo su contestación y sus direcciones en los varios puntos enumerados arriba, aún no habían dicho ni una sílaba acerca de los enormes desórdenes que se habían metido entre ellos, y en la culpabilidad de los cuales todos participaron; sino que los informes que tenía San Pablo acerca de las irregularidades que prevalecían entonces en Corinto habían llegado a él de otras personas. Las querellas y disputas excitadas por su contenciosa adhesión a distintos predicadores; y por colocarlos en competencia unos con otros,

no fueron mencionadas en su *carta,* sino
comunicadas a San Pablo por medios má
"Porque he sido informado respecto de vos
manos míos, *por los de la familia de Clo*
disensiones entre vosotros. Quiero decir est̄   cada uno de vosotros dice: ¡Yo soy de Pablo! ¡Y yo, de
Apolos! ¡Y yo de Cefas! ¡Y yo de Cristo!" 1:11, 12.
El casamiento incestuoso "de un hombre con la es-
posa de su padre," que San Pablo reprende con tanta
severidad en el capítulo cinco de nuestra epístola, y
que no fue el crimen de un solo individuo, sino un
crimen en que toda la iglesia, tolerándolo y consin-
tiéndolo, se habían hecho partícipes, no vino al conocimiento de San Pablo por la *carta,* sino por un
rumor que había llegado a sus oídos: *"Por todas par-*
tes se dice que hay fornicación entre vosotros, y tal
fornicación como ni aun entre los gentiles se halla,
a saber, el que tenga uno la mujer de su padre. Y
vosotros estáis engreídos, y no os habéis más bien
entristecido, para que fuese quitado de en medio de
vosotros, el que ha hecho esta mala obra." 5:1, 2. Su
apelación al tribunal del país, en vez de arbitrar y
ajustar sus disputas entre sí que San Pablo censura
con su acostumbrada franqueza, no le fue insinuado
en la *carta,* porque les dice su opinión a tal respecto
antes de que tratase del contenido de la carta. Su inclinación a tener pleitos es reprochada en el capítulo
sexto de su epístola, y es sólo al principio del capítulo séptimo que procede a contestar los puntos que
halló en su carta; y procede a contestarlos con este
prefacio: "En cuanto a las cosas de que me escribisteis," 7:1, la cual introducción no la habría hecho
si hubiera estado discutiendo alguno de los asuntos
acerca de los cuales le habían escrito. Sus irregularidades en celebrar la cena del Señor, y la completa
perversión de la institución que resultó de esto, no
estaban en la carta, como es evidente de los términos

que San Pablo menciona la noticia que había recibido de ello: "Pero notificándoos esto que sigue, no os alabo; por cuanto os reunís, no para lo mejor sino para lo peor. Pues, en primer lugar, *oigo* que al reuniros en asamblea, hay divisiones entre vosotros; y *en parte lo creo.*" Pues bien, el que los corintios, en su propia carta, exhibieran el lado bueno de su conducta al apóstol y ocultaran a él las faltas de su comportamiento, era extremadamente natural y extremadamente probable; pero era una distinción que no habría ocurrido fácilmente, según creo, a un falsificador; y es mucho menos posible, que entrara en su pensamiento hacer *aparecer* la distinción como en efecto aparece, esto es, no por la carta original, no por alguna observación precisa en la contestación, sino indirectamente por señas que se perciben en la manera o en el orden en que San Pablo nota sus faltas.

II. Nuestra epístola da a entender que fue escrita después de estar San Pablo en Corinto: "Yo hermanos, *cuando fui a vosotros,* no fui con excelencia de palabras," 2:1; y en otros muchos lugares del mismo modo. Da a entender que fue escrita en vísperas de otra visita a aquella iglesia: "Iré empero en breve a vosotros, si el Señor quiere," 4:19; y también, "Mas yo iré a veros cuando haya recorrido la Macedonia." 16:5. Pues bien, en efecto la historia dice que San Pablo visitó Corinto *dos veces:* una como se narra brevemente en el capítulo décimo octavo, y la segunda vez como se menciona brevemente en el capítulo vigésimo de los Hechos. La misma historia también nos informa, Hechos 20:1, que fue desde Efeso de donde San Pablo procedió a hacer su segundo viaje a Grecia. Por lo tanto, como se da a entender en la epístola un poco antes de hacer ese viaje; y como la historia nos dice que San Pablo había residido dos años en Efeso antes de emprender ese viaje, se sigue que la epístola debió haber sido escrita de Efeso, para ser consistente con la historia; y cualquier nota de lugar de la epístola está de acuerdo con esta suposición. "Si yo, según costumbre humana, peleé con las fieras en *Efeso*, ¿qué me aprovecha si los muertos no resucitan." 15:32. Confieso que el apóstol podría decir esto en dondequiera que estuviera; pero era más natural y más a propósito decirlo, encontrándose en Efeso al tiempo y en medio de aquellos conflictos a que se refiere la expresión. "Os saludan las iglesias de la provincia de Asia." 16:19. Asia, en todas partes de los Hechos de los Apóstoles y las epístolas de San Pablo, no significa todo Asia Menor ni Anatolia, ni aun el todo del Asia proconsular, sino un distrito en la parte anterior de ese país, llamado Asia Lidiana, separada del resto mayor como Portugal respecto de España; y de este distrito *Efeso* fue la capital. "Aquila y Prisca os saludan." 16:19. Aquila y Priscila estuvieron en *Efeso* durante el período en que esta epístola fue escrita. Hechos 18:18, 26. "Me detendré en *Efeso* hasta el Pentecostés." 16:8. Me parece que estos términos casi afirman que estuvo en Efeso al tiempo de escribir la epístola. "Se me ha abierto una puerta grande y eficaz." 16:9. Cuán bien esta declaración correspondía con el estado de las cosas en Efeso y el progreso del evangelio en estas partes, lo sabemos por la observación con que el historiador concluye el relato de ciertos hechos que pasaron allí: "¡Con tal poder creció la palabra del Señor y prevaleció!" Hechos 19:20, así como de la queja de Demetrio, "que no sólo en Efeso, sino en casi toda el Asia, este Pablo con sus persuasiones aparta a mucha gente," 19:26. "Y los adversarios son muchos," dice la epístola, 16:9. Examinad la historia de este período: "Mas cuando algunos se endurecieron y rehusaron creer, hablando mal del Camino delante de la multitud, apartóse de ellos y separó a los discípulos." La conformidad pues, sobre este punto de comparación es circunstancial y perfecta. Si acaso alguno pensara que ésta es una conformidad tan obvia, que cualquier falsificador de algo de cautela y sagacidad habría puesto cuidado en conservarla, desearía que el tal leyera por sí mismo la epístola; y cuando lo hubiere hecho, que declare si ha descubierto una sola seña de artificio o designio; si las notas de *tiempo* y *lugar* le parece que han sido insertadas con alguna referencia de las unas a las otras, o con alguna idea de que serían comparadas las unas con las otras, o con el propósito de establecer una concordancia visible con la historia, respecto a ellas.

III. Cap. 4:17-19: "Por esto envié a vosotros a Timoteo, el cual es mi hijo amado, y fiel en el Señor; quien os recordará mis caminos en Cristo, así como yo los enseño por todas partes, en cada iglesia. Mas algunos están engreídos, como si yo mismo no hubiese de ir a vosotros. Iré empero en breve a vosotros."

Con esto comparo Hechos 19:21, 22: "Y pasadas estas cosas, Pablo se propuso en su espíritu, que habiendo recorrido a Macedonia, y a Acaya, partiría para Jerusalem; diciendo: ¡Después que haya estado allí es preciso que yo vea a Roma también! Y habiendo enviado a Macedonia dos de los que asistían, a saber, *Timoteo* y *Erasto*."

Aunque no se dice, según parece, con bastante certidumbre — quiero decir de la historia independientemente de la epístola — que Timoteo fue enviado en esta ocasión a *Acaya*, de la cual Corinto era la ciudad capital, así como a Macedonia; porque el enviar a Timoteo y Erasto en el pasaje donde se menciona, está claramente relacionado con su propio viaje: *los envío delante de sí*. Como él mismo se proponía ir a Acaya, es muy probable que ellos fueran allí también. No obstante esto, sólo se dice que fueron enviados a Macedonia, por ser en verdad Macedonia el

país a donde se dirigieron inmediatamente de Efeso;
siendo mandados, como suponemos, después a Acaya.
Si esto es así, la narración concuerda con la epístola;
y la concordancia tiene poca apariencia de designio.
Una cosa al menos, acerca de ello, es cierta: que si
este pasaje de la historia de San Pablo hubiera sido
sacado de su carta, habría enviado a Timoteo a Corinto mencionándolo, o, al menos, expresamente, a
Acaya.

Pero hay otra circunstancia en estos pasajes mucho menos obvia, en que aparece una concordancia
sin ninguna sospecha de que fuera producida por
designio. Hemos observado que el hecho de enviar a
Timoteo a la península de Grecia fue unido, en la
narración, con el mismo viaje de San Pablo allá; se
declara como el efecto de la misma resolución. Pablo
se propuso ir a Macedonia; "Por esto envió a Macedonia dos de aquellos que le ministraban, Timoteo
y Erasto." Ahora, en la Epístola se observa también,
que cuando el Apóstol menciona el haberles enviado
a Timoteo, en las palabras que siguen habla de su
propia vista: "Por esto envié a vosotros a Timoteo,
el cual es mi hijo amado," etc. "Mas algunos están
engreídos, como si yo mismo no hubiese de ir a vosotros. Iré empero en breve a vosotros." Vemos que
el viaje de Timoteo se menciona en la historia y en
la epístola, en conexión cercana con el de San Pablo.
Aquí tenemos el mismo orden de pensamiento e intención; pero comunicado con tan distinta circunstancia y forma de expresión, y la mención de ellos
en la epístola tan relacionada con la ocasión que la
produce, esto es, la de la insinuación de sus adversarios de que nunca volvería a Corinto, que estoy
persuadido de que ningún lector atento creerá que
estos pasajes fueron escritos en concierto el uno con
el otro, o tendrá duda de que la consonancia fuese
impensada y fortuita.

Pero en los Hechos, Erasto acompañó a Timoteo en este viaje, aunque no se hace mención de él en la epístola. Por lo que se ha dicho en nuestras observaciones sobre la epístola a los Romanos, parece probable que Erasto fuera a Corinto. Si fue así, aunque acompañó a Timoteo a Corinto, no hacía otra cosa que volver a su hogar, y Timoteo era el mensajero encargado de las órdenes del Apóstol Pablo. De todos modos, esta discrepancia muestra que los pasajes no fueron sacados el uno del otro.

IV. Cap. 16:10, 11: "Y si viniere Timoteo, ved que esté con vosotros sin recelo; porque él hace la obra del Señor, así como yo: nadie pues le desprecie; mas encaminadle en paz, para que venga a mí; porque le espero con los hermanos."

Por el pasaje considerado en el número III, parece que Timoteo fue enviado a Corinto ya con la epístola o antes de ella: "Por esto envié a vosotros a Timoteo." Del pasaje que acabamos de citar, deducimos que Timoteo no fue enviado *con* la epístola; porque de haber sido él el portador de la carta, o haberla acompañado, ¿habría dicho San Pablo en aquélla, "Si viniere Timoteo?" Ni es consistente la secuela con la suposición de que él llevara la carta; porque si Timoteo hubiera estado con el Apóstol cuando escribió la carta, ¿podría haber dicho, como dijo, "porque le espero con los hermanos?" Deduzco pues, que Timoteo había dejado a San Pablo para emprender su viaje, antes de que se escribiera la carta. Además de esto, el pasaje que tenemos delante parece dar a entender que San Pablo no esperaba que Timoteo llegara a Corinto después de que recibieran ellos la carta. Les da direcciones en la carta de cómo deberían tratarle cuando llegara. "Si viniere," tratadle así y así. Finalmente la forma entera de la expresión se aplica muy naturalmente a la suposición de que Timoteo viniera a Corinto, no directamente de donde se encontraba San Pablo sino de alguna otra parte, y que sus instrucciones habían sido, que cuando llegara a Corinto, volviese. Pues bien, ¿cómo está este asunto en la historia? Búsquese el capítulo diecinueve y el versículo veintiuno de los Hechos, y se hallará que Timoteo cuando fue enviado de Efeso, donde dejó a San Pablo y donde la presente epístola fue escrita, no prosiguió por un camino recto a Corinto, sino que rodeó por Macedonia. Esto lo aclara todo; porque, aunque Timoteo fue enviado a su viaje antes de que se escribiera la carta, sin embargo pudo suceder que no llegara a Corinto sino después de la carta; y puede ser que cuando llegó a Corinto al fin, llegara, no directamente de San Pablo que estaba en Efeso, sino de alguna parte de Macedonia. Aquí, pues, tenemos, una concordancia circunstancial y crítica, que es indubitablemente sin designio; porque ninguno de los dos pasajes en la epístola menciona de manera alguna el viaje de Timoteo por Macedonia, aunque nada, sino un rodeo semejante, puede explicar y reconciliar las expresiones usadas por el escritor.

V. Cap. 1:12: "Quiero decir esto, que cada uno de vosotros dice: ¡Yo soy de Pablo! ¡Y yo, de Apolos! ¡Y yo, de Cefas! ¡Y yo, de Cristo!"

También, cap. 3:6: "Yo planté, Apolos regó, pero Dios dio el aumento."

Esta expresión, "Yo planté, Apolos regó;" da a entender dos cosas: primero, que Pablo había estado en Corinto antes que Apolos; segundo, que Apolos había estado en Corinto después de Pablo, pero antes de escrita esta epístola. Este supuesto relato de los varios eventos, y del orden en que se verificaron, corresponde exactamente con la historia. San Pablo, después de su primera visita a Grecia, volvió de Corinto a Siria por la vía de Efeso; y dejando a sus compañeros Aquila y Priscila en Efeso, prosiguió su viaje hacia Jerusalem; de Jerusalem descendió a Antioquía; y desde allí hizo un viaje por algunas de las provincias superiores o septentrionales de Asia Menor, Hechos 18:19, 23; durante el cual viaje, y de consiguiente en el intervalo entre la primera visita de San Pablo a Corinto y la segunda, y de consiguiente, también, antes de escribir esta epístola, que se verificó en Efeso, al menos dos años después de vuelto el apóstol de su viaje, oímos hablar de él y de Apolos en Corinto. Mientras San Pablo estuvo ocupado, como ya hemos dicho, en Frigia y Galacia, Apolos bajó a Efeso; y habiendo hecho esto, en la ausencia de San Pablo, instruído por Aquila y Priscila, y habiendo obtenido cartas de recomendación de la iglesia en Efeso, pasó a Acaya; y estando él allí, leemos que él "fue de mucho provecho a los que habían creído mediante la gracia: porque confutó poderosamente a los judíos, en público," Hechos 18: 27, 28. De haber traído a Apolos a Acaya, de la cual Corinto fue la ciudad capital, así como el lugar de la principal iglesia cristiana, y haber mostrado que predicó el evangelio en ese país, habría sido suficiente para nuestro propósito. Pero por casualidad la historia menciona el nombre de Corinto, como el lugar en que Apolos, después de su llegada a Acaya, fijó su residencia; porque, prosiguiendo con el relato de los viajes de San Pablo, nos dice, que mientras Apolos estuvo en Corinto, Pablo, habiendo pasado por las regiones altas, bajó a Efeso. Cap. 19:1. Lo que se dice, pues, de Apolos en la epístola coincide exacta y, especialmente, en cuanto a la cronología, con lo que se consigna acerca de él en la historia. La única pregunta ahora es, si las alusiones fueron hechas de acuerdo con esta coincidencia. Pues bien, las ocasiones y propósitos con que el nombre de Apolos es introducido en los Hechos y las epístolas son tan independientes y tan remotos, que es imposible descubrir la más mínima referencia de unas citas a otras. Apolos es mencionado en los Hechos en conexión inmediata con la historia de Aquila y Priscila, y por la circunstancia muy singular de *"no conocer sino el bautismo de Juan."* En la epístola, donde no se notan ningunas de estas circunstancias, su nombre ocurre primero con el propósito de reprender el espíritu contencioso de los corintios; y ocurre sólo en conexión con los de algunos otros; "cada uno de vosotros dice: yo soy de Pablo, y yo de Apolos, y yo de Cefas, y yo de Cristo." El segundo pasaje en que aparece Apolos, "Yo planté, Apolos regó," fija, como hemos observado, el orden del tiempo entre tres acontecimientos distintos; pero fija esto, me aventuro a afirmar, sin que el escritor percibiera que hacía semejante cosa. La declaración fija este orden en conformidad exacta con la historia; pero está introducida solamente a causa de la reflexión que sigue: "De manera que no es nada, ni el que planta, ni el que riega, sino Dios que da el aumento."

VI. Cap. 4:11, 12: "Hasta la hora presente, padecemos hambre, y tenemos sed, y estamos desnudos, y somos abofeteados, y no tenemos morada fija, y estamos rendidos de cansancio, trabajando con nuestras propias manos."

Se nos dice expresamente en la historia, que en Corinto Pablo trabajó con sus propias manos: "Halló a Aquila y Priscila; y porque era del mismo oficio, hospedóse con ellos, y trabajaban juntos, porque el oficio de ellos era hacer tiendas." Pero en el texto que estamos considerando, se le hace decir, que trabajó, *"hasta la hora presente,"* esto es, hasta el tiempo de escribir la epístola en Efeso. Pues bien, en la narración de los trabajos y sufrimientos de San Pablo en Efeso, consignada en el capítulo diecinueve de los Hechos, nada se dice de este trabajo con sus propias manos; pero en el capítulo veinte leemos, que a su vuelta de Grecia, envió llamar a los ancianos de la iglesia de Efeso para que vinieran a su encuentro en Mileto, y en el discurso que allí les dirigió a ellos, en medio de algunas otras expresiones que les recuerda, hallamos las siguientes: "No codicié la plata, ni el oro, ni el vestido de nadie. Vosotros mismos sabéis que estas manos mías ministraron a mis necesidades, y a los que conmigo estaban." El lector no dejará de recordar que, aunque San Pablo está ahora en Mileto, es a los ancianos de la iglesia en Efeso a quienes está hablando, cuando dice, "vosotros mismos sabéis que estas manos mías ministraron a mis necesidades;" y que todo el discurso se relaciona con su conducta durante su última estancia en Efeso. El trabajo manual pues, que había hecho en Corinto, lo continuó en Efeso; y no sólo esto sino que lo llevó a cabo durante aquella estancia especial en Efeso, poco antes del tiempo en que se escribió esta epístola; de modo que pudo, con estricta verdad, decir, al tiempo de escribir la misma: *Hasta la hora presente,* trabajamos con nuestras propias manos." La correspondencia lo dice así. También, en cuanto a la falta de determinado propósito de desvirtuar esto: es manifiesto, a mi juicio, que si la historia en este asunto hubiera sido tomada de la epístola, esta circunstancia, si tal caso se hubiera dado, habría aparecido en su *lugar,* esto es, en el relato directo de los trabajos de San Pablo en Efeso. La correspondencia no se habría llevado a cabo, puesto que por un golpe de astucia se había omitido en la narración, una referencia en un discurso subsecuente. Ni es posible, por otra parte, que una circunstancia que no se menciona en la historia de San Pablo en Efeso, hubiera sido tomada como una alusión ficticia en una epístola en que se da a entender que fue escrita por él desde ese lugar; esto, para no mencionar que la alusión misma, especialmente en cuanto al tiempo, es demasiado oblicua y general, para responder a cualquier propósito de falsificación.

VII. Cap. 9:20: "Así que a los judíos, me he hecho como judío, para ganar a los judíos; a los que están bajo la ley, como bajo la ley."

Tenemos la disposición descrita aquí ejemplificada en dos casos que la historia relata; una, Hechos 16:3: "Este," Timoteo, "quiso Pablo que fuese con él; y tomándole, le circuncidó, *a causa de los judíos que había en aquellos lugares:* porque sabían todos que su padre era griego." Esto sucedió antes de escrita la epístola. El otro, Hechos 21:23, 26, y después de escrita la epístola: "Haz por tanto esto que te decimos: Tenemos cuatro hombres que tienen sobre sí un voto: tomando pues a éstos, purifícate juntamente con ellos, y haz por ellos los gastos, para que se rasuren la cabeza, y así sabrán todos que nada hay de las cosas que han oído de ti, sino que tú también andas en observancia de la ley. Entonces Pablo tomó a los hombres, y al día siguiente, habiéndose purificado *con ellos, entró en el Templo.*" Igualmente no es aceptable que la concurrencia de carácter y ejemplos sea el resultado de designio. San Pablo en la epístola describe, o se le hace describir, su propia conducta conciliadora hacia judíos y gentiles como hacia los débiles y demasiado escrupulosos, hacia hombres en verdad de diversidad de caracteres: "A los que están sin ley, como sin ley, (no estando sin ley para con Dios, sino bajo la ley de Cristo), para ganar a los que están sin ley. A los débiles me hice como débil, para ganar a los débiles: me he hecho todo para con todos, para que de todos modos yo salve a algunos." Esta es la secuela del texto que encabeza el presente número. Tomado, pues, todo el pasaje junto, la condescendencia del apóstol hacia los judíos es mencionada solamente como una parte de su disposición general hacia todos. No es posible que este aspecto del trabajo fuese arreglado de los ejemplos en los Hechos, que se relacionan solamente con su trato con los judíos. No es posible que un sofista tomara su actitud de estos ejemplos, y, entonces, adelantarse mucho más allá de ellos; y es aún más increíble, que los dos casos en los Hechos detalladamente relatados y entretejidos con la historia, fuesen fabricados a fin de representar el carácter que se atribuye San Pablo a sí mismo en la epístola.

VIII. Cap. 1:14-17: "Gracias doy a Dios, de que no bauticé a ninguno de vosotros, sino a Crispo y a Gayo, para que nadie diga que fuisteis bautizados a mi nombre. Y bauticé también a la familia de Estéfanas; por lo demás, no sé que haya bautizado a otro alguno. Porque no me envió Cristo a bautizar, sino a predicar el evangelio."

Es de esperarse que las personas a quienes el apóstol bautizó con sus propias manos fueran convertidos distinguidos de los demás por alguna circunstancia, ya de posición o de conexión con él. Por lo tanto, de los tres nombres aquí mencionados, Crispo lo hallamos en Hechos 18:8, era un "jefe principal" de la sinagoga judaica en Corinto, quien creyó en el Señor con toda su casa. La familia de Estéfanas, como leemos en el capítulo 16 de esta epístola, fueron las primicias de Acaya. Aquí, pues, está la prueba que esperábamos; y es una prueba real que no debe menospreciarse; porque el aparecer sus nombres en los varios lugares donde ocurren con una seña de distinción que corresponde a cada uno, apenas podría ser el efecto de casualidad sin ningun fondo de verdad que le ocasionara: y, por otra parte, el suponer que fueron escogidos de los pasajes y reunidos en el texto que tenemos delante, a fin de ostentar una conformidad de nombres, es imposible en sí mismo, y más evidente por el propósito conque son introducidos. Entran estas nombres para apagar la disculpa que da Pablo, de sí mismo, contra la acusación posible de haber asumido el carácter del fundador de una religión distinta, y con ningún otro designio visible, o, según creo yo, imaginable [1].

IX. Cap. 16:11: "Y si viniere Timoteo, ved que esté con vosotros sin recelo; nadie pues lo desprecie." ¿Por qué habían de menospreciarle? Este mandato no se da acerca de ningún otro mensajero enviado por Pablo; y en las varias epístolas, muchos mensajeros como él son mencionados. Volved a 1 Tim. 4:12, y hallaréis que Timoteo era *joven,* más joven probablemente que los que fueron empleados por lo regular en la misión cristiana; y que San Pablo, temiendo que por causa de esto fuese expuesto a menosprecio, le recomienda urgentemente prudencia para tener lo que allí se expresa, "nadie desprecie tu juventud."

X. Cap. 16:1: "En cuanto a la colecta que se hace

---

(1) Cap. 1:1: "Pablo, llamado a ser apóstol de Jesucristo, por la voluntad de Dios, y Sóstenes el hermano, a la iglesia de Dios, que está en Corinto." El único informe que tenemos acerca de Sóstenes, se halla en el capítulo dieciocho de los Hechos. Cuando los judíos de Corinto habían traído a Pablo delante de Galión, y Galión había desechado su queja como indigna de su atención, y los había echado de delante del tribunal, "entonces todos los griegos," dice el historiador, "cogieron a Sóstenes, jefe de la sinagoga, y le dieron de golpes enfrente del tribunal." El Sóstenes de quien se habla aquí era corintio; y si era cristiano, y estuvo con San Pablo cuando escribió esta epístola, es bastante probable que se uniese con él en la salutación a la iglesia de Corinto. Pero aquí ocurre una dificultad. Si Sóstenes era cristiano cuando tuvo lugar este motín, ¿por qué habían de golpearlo los *griegos?* El asalto sobre los cristianos fue hecho por los *judíos.* Eran los judíos quienes habían traído a Pablo ante el magistrado. Si hubieran sido los judíos también los que habían golpeado a Sóstenes, no habría duda de que había sido favorecedor de San Pablo, la misma persona que menciona él en la epístola. Veamos, pues, si no haya algún error en nuestro presente texto. El manuscrito alejandrino da *Pantes* solo, sin *hoi Hellēnes* y está apoyado en esta parte por la versión Copta, por la versión Arábiga publicada por Erpenio, por la Vulgata y

para los santos, según di orden a las iglesias de Galacia, haced así vosotros también."

Las iglesias de Galacia y Frigia eran las últimas iglesias que San Pablo había visitado antes de escribir esta epístola. Estuvo ahora en Efeso, y vino allí inmediatamente después de visitar estas iglesias: "Recorrió por orden la región de Galacia y de Frigia, fortaleciendo a todos los hermanos. Y mientras Apolos estaba en Corinto, sucedió que Pablo, habiendo pasado por las regiones altas," esto es, los países que acaban de mencionarse, llamadas las regiones altas por ser la parte septentrional de Asia Menor, "llegó a Efeso" (Hechos 18:23; 19:1). Estas, pues, fueron probablemente las últimas iglesias en donde dejó direcciones para su conducta pública durante su ausencia. Aunque dos años habían transcurrido, entre su viaje a Efeso y el escribir esta epístola, sin embargo

---

por la versión Latina de Bede. Los manuscritos griegos también, así como Crisóstomo, dan *hoi Ioudaioi* en lugar de *hoi Hellēnes*. Un gran número de manuscritos autorizan la forma que se usa en nuestras versiones. En esta variedad me parece muy probable que el historiador escribiera *pantes* sólo, y que *hoi Hellēnes* y *hoi Ioudaioi* han sido añadidas respectivamente como explicando lo que la palabra *pantes* significaba según se suponía. La declaración, sin la adición de cualquiera de estos nombres, diría muy claramente así: "*Kai apēlasen autous hapo tou bēmatos epilabomenoi de pantes Sōsthnēn ton archisunagōgon, etupton emprosthen tou bēmatos*," "Y, los echó de delante del tribunal. Entonces todos ellos, esto es, la multitud de judíos a quienes el juez había mandado irse, "cogieron a Sóstenes y le dieron de golpes enfrente del tribunal." Es cierto que por ser griego el pueblo en general, la aplicación del término *todos* a ellos fue inusitado y forzado. Si yo describiera un motín en París, podría decir *todos* los judíos, *todos* los protestantes, o *todos* los ingleses, obraron así, o así; pero apenas diría, *todos* los franceses, cuando toda la masa del pueblo eran de esa descripción. Puesto que lo que se ofrece aquí se basa en una lectura distinta y ésta está en oposición con la mayor parte de los manuscritos que existen ahora, no le he dado lugar en el texto.

no parece que durante ese tiempo visitara otra iglesia. Que él no había guardado silencio, mientras estuvo en Galacia, sobre el asunto de la contribución para los pobres, se deduce también de unas palabras que usa en su epístola, a aquella iglesia: "Sólo ellos," esto es, los otros apóstoles, "deseaban que nos acordásemos de los pobres; la misma cosa que yo también he sido celoso en hacer."

XI. Cap. 4:18: "Mas algunos están engreídos, como si yo mismo no hubiese de ir a vosotros."

¿Por qué habrían de suponer que no vendría? Volved al primer capítulo de la segunda epístola a los Corintios, y hallaréis que ya les había faltado a su promesa: "Me propuse ir primero a vosotros, para que tuvieseis un segundo beneficio; y pasar por vosotros a Macedonia, y otra vez venir desde Macedonia a vosotros, y ser por vosotros encaminado hasta Judea. Teniendo pues este propósito, ¿acaso usé de inconstancia? ¿o las cosas que determino hacer, las determino según la carne, para que haya conmigo el Sí, sí, y el No, no? Mas como Dios es fiel, nuestra palabra para con vosotros no es Sí y No." Parece, por esta cita, que no sólo se había propuesto, sino que les había prometido una visita antes; porque de otro modo, ¿por qué había de disculparse por el cambio de su propósito, o expresar tanto temor de que este cambio se le imputara como falta de formalidad en su carácter; o que les pareciera como persona en cuya palabra no se podía confiar? Además de esto, los términos que se usan se refieren claramente a una promesa, "Nuestra *palabra* para con vosotros no era Sí y No." San Pablo, pues, había mencionado un propósito que no había podido ejecutar; y esto que parecía ser faltar a su palabra, y la dilación de su visita, había producido en la mente de algunos, con quienes él estaba malquistado, la sugestión de que él no volvería a visitar Corinto.

XII. Cap. 5:7, 8: "Porque nuestra Pascua también ha sido sacrificada, es a saber, Cristo. Así pues, guardemos la fiesta nuestra; no con la vieja levadura de malicia y de maldad, sino con panes ázimos de sinceridad y de verdad."

El Dr. Benson nos dice, que de este pasaje comparado con el cap. 16:8, se ha conjeturado que esta epístola fue escrita poco más o menos después de la Pascua judaica; y a mí me parece que la conjetura está bien fundada. El pasaje a que se refiere el Señor Benson es éste: "Me detendré en Efeso hasta el Pentecostés." Con este pasaje debió haber juntado otro en este mismo contexto: "Y puede ser que permanezca con vosotros, y aun que pase con vosotros el invierno;" porque de los dos pasajes unidos parece que la epístola fue escrita antes del Pentecostés, sin embargo después del invierno, que necesariamente limita la fecha a la parte del año en que la pascua cae. Fue escrita antes del Pentecostés, porque él dice, "Me detendré en Efeso hasta el Pentecostés. Fue escrita después del invierno, porque les dice, "Y puede ser que permanezca con vosotros, y aun que pase con vosotros el invierno." El invierno que el apóstol se proponía pasar en Corinto era indubitablemente el invierno que seguiría después de la fecha de la epístola; sin embargo sería un invierno después del siguiente Pentecostés, porque no pensaba emprender su viaje hasta después de aquella fiesta. Las palabras, "Guardemos la fiesta nuestra, no con la vieja levadura de malicia y de maldad, sino con panes ázimos de sinceridad y de verdad," se parecen mucho a palabras sugeridas por la estación; al menos, tienen, por esta suposición, una fuerza y significación que no les pertenecen por ninguna otra; y no es poco notable, que las insinuaciones hechas por casualidad en la epístola, acerca de partes especiales del año, coincidieran con esta suposición.

CAPITULO IV

La Segunda Epistola a los Corintios

I. NO DIRE que es imposible, que alguno, habiendo visto la primera epístola a los Corintios, pudiese hacer una segunda con alusiones ostensibles a la primera; ni que es imposible que las dos fuesen formadas, de modo que llevasen un orden y fuesen una continuación de la historia, con referencias sucesivas a los mismos acontecimientos. Pero digo que esto, en cualquier caso, debe ser el efecto de artificio y designio, puesto que, cualquiera que examine las alusiones a la primera epístola que encuentre en ésta, aunque reconociera que son tal como se le presentarían espontáneamente a la mano al escritor, según el mismo asunto de la correspondencia y la situación de los corresponsales, suponiendo que éstos fuesen reales, no vería la más mínima razón de sospechar, que las cláusulas conteniendo estas alusiones fueron *insertadas* para el fin propuesto o que los varios informes de la iglesia de Corinto fuesen fingidas, con el propósito de hacer una narración continuada o para apoyar la apariencia de conexión entre las dos epístolas.

1. En la primera Epístola, San Pablo anuncia su propósito de pasar por Macedonia en su camino para Corinto: "Mas yo iré a veros cuando haya recorrido la Macedonia." En la segunda epístola hallamos que ha llegado a Macedonia, y que está para seguir su viaje a Corinto. Pero obsérvese la manera en que se hace aparecer esto: "Pues conozco vuestra prontitud

de ánimo, de la cual me glorío respecto de vosotros para con los de Macedonia, que Acaya ha estado preparada ya desde el año pasado: y vuestro celo ha estimulado a muchos de ellos. Sin embargo, he enviado a los hermanos, para que nuestra jactancia respecto de vosotros no quede vacía en esta parte; para que, según he dicho, estéis preparados, no sea que si vinieren conmigo algunos de Macedonia, y os hallaren desprevenidos, tuviésemos nosotros (por no decir vosotros) que avergonzarnos de esta confianza nuestra." Cap. 9:2-4. El estar San Pablo en Macedonia, al tiempo de escribir esta epístola es, en este pasaje, inferido sólo de su expresión, de que se había jactado con los Macedonios de la alegría de sus conversos de Acaya; y el temor que expresa de que si algunos de los cristianos de Macedonia vinieran con él a Acaya, hallarían que su jactancia no fue justificada, por el resultado. El asunto de la contribución es la única causa de mencionar Macedonia. ¿Se insinuará que este pasaje fue ideado meramente para manifestar que San Pablo estuvo ahora en Macedonia; y por esa declaración presentar una concordancia aparente con el propósito de visitar Macedonia, notificado en la primera epístola? ¿O se pensará probable, que si un sofista hubiera querido colocar a San Pablo en Macedonia, para favorecer su falsificación, que lo habría hecho de un modo tan indirecto como el de una contribución? La misma cosa puede observarse de otro texto en la epístola, en que ocurre el nombre de Macedonia: "Mas cuando llegué a Troas, a predicar el evangelio de Cristo, y una puerta me fue abierta en el Señor, no tuve sosiego en mi espíritu, por no haber hallado a Tito mi hermano: pero despidiéndome de ellos, partí para Macedonia." Quiero decir, que puede observarse de este pasaje también, que hay un motivo para mencionar Macedonia enteramente distinto que el de mostrar que San

Pablo estuvo *allí*. En verdad, si el pasaje que tenemos delante muestra de manera alguna ese punto, lo muestra tan obscuramente que Grocio, aunque no negaba que Pablo estaba en Macedonia, aplica este texto a otro viaje. ¿Será acaso ésta la mano de un falsificador, meditando cómo pueda establecer una conformidad falsa? El texto, sin embargo, de que se infiere más claramente que San Pablo escribió la presente epístola desde Macedonia, se halla en los versículos cuarto, quinto y sexto del capítulo séptimo: "Grande es mi confianza para hablaros: grande es mi gloria por causa vuestra: estoy lleno de consuelo, reboso de alegría en medio de toda nuestra aflicción! Porque aun cuando llegamos a Macedonia, nuestra carne no tuvo sosiego, sino que de todas maneras estábamos atribulados; por fuera guerra, por dentro temores. Sin embargo, el que consuela a los humildes, es a saber Dios, nos consoló con la venida de Tito." No obstante, me parece que aun aquí, nadie discutirá que la venida de Pablo a Macedonia, o su estancia en Macedonia, fuera la cosa principal que él quería decir; o que el decir esto fuera parte alguna de la intención con que el texto fue escrito; o que aun la mención del nombre Macedonia no fuera puramente incidental, en la descripción de aquellos pesares tumultuosos con que la mente del que escribía había sido últimamente agitada y de los cuales fue aliviado con la venida de Tito. Los primeros cinco versículos del capítulo octavo, que encomian la liberalidad de las iglesias de Macedonia, no prueban por sí mismos, según mi opinión, que San Pablo estuvo en Macedonia al tiempo de escribir la epístola.

2. En la primera epístola, San Pablo censura un matrimonio incestuoso que se había verificado entre los conversos de Corinto con el consentimiento, para no decir con la aprobación, de la iglesia; y manda a la iglesia que se purifique de este escándalo expul-

sando al ofensor de su sociedad: "De todas partes se dice que hay fornicación entre vosotros, y tal fornicación como ni aun entre los gentiles se halla, a saber, el que tenga uno la mujer de su padre. Y vosotros estáis engreídos y no os habéis más bien entristecido, para que fuese quitado de en medio de vosotros el que ha hecho esta mala obra. Porque yo en verdad, estando ausente en cuerpo, mas presente en espíritu, ya he juzgado, como si estuviese presente, a aquel que así ha ejecutado esta acción; y he determinado que en el nombre de nuestro Señor Jesús, estando reunidos en uno, vosotros y mi espíritu, con el poder de nuestro Señor Jesús, que el tal sea entregado a Satanás, para destrucción de la carne, para que el espíritu sea salvado en el día del Señor Jesús" (1 Cor. 5:1-5). En la segunda epístola hallamos esta sentencia ejecutada, y el ofensor tan afectado por el castigo, que San Pablo ahora intercede a favor de su restauración: "Basta al tal ese castigo que le fue hecho por los más de vosotros: de manera que al contrario debéis perdonarle, y consolarle, no sea que quizás el tal sea sumido en una tristeza excesiva. Por lo cual yo os ruego que manifestéis amor hacia él" (2 Cor. 2:6-8). ¿Será acaso fingida toda esta relación con el fin de llevar a cabo una historia continuada en las dos epístolas? La iglesia también, no menos que el ofensor, fue traída, por la reprensión de San Pablo, a un sentido profundo de la impropiedad de su conducta. Su arrepentimiento y su respeto por su autoridad fueron, como podría esperarse, muy gratos a San Pablo: "Nos consoló con la venida de Tito (y no tan sólo con su venida, sino también por el consuelo con que él fue consolado en vosotros), cuando nos informó de vuestro ardiente deseo, de vuestro llanto, y de vuestro celo por mí; de manera que me alegré todavía más. Porque aunque os entristecí con aquella epístola, no me pesa, aunque me pesó; pues veo que aquella epístola os entristeció, bien que por corto tiempo: ahora empero me alegro; no de que fueseis entristecidos, sino de que fueseis entristecidos para arrepentimiento; porque fuisteis entristecidos según Dios, para que en nada recibieseis daño de nuestra parte" (Cap. 7:7-9). El que este pasaje se refiere al matrimonio incestuoso, se prueba por el versículo doce del mismo capítulo: "Así pues, aunque os escribí, no fue por causa de aquel que hizo el mal, ni por causa de aquel que padeció el mal, sino para que os fuese manifestado nuestro solícito cuidado por vosotros." Es verdad que se notaban en la primera epístola varios tópicos de culpabilidad; pero no hubo ninguno, con excepción de éste del matrimonio incestuoso, que podía llamarse un asunto entre personas particulares, o de que podría decirse que una sola persona había hecho el mal y otra persona lo había sufrido. ¿Podría todo esto carecer de fundamento; o podría ponerse en la segunda epístola para servir meramente como una secuela obscura de lo que había sido dicho acerca de un matrimonio incestuoso en la primera?

3. En el capítulo diez y seis de la primera epístola se recomienda que se empiece en Corinto una colecta para los santos: "En cuanto a la colecta que se hace para los santos, según di orden a las iglesias de Galacia, haced así vosotros también" (Cap. 16:1). En el capítulo nueve de la segunda epístola se habla de semejante colecta como lista para ser recibida: "Porque en cuanto al ministerio para el socorro de los santos, es por demás que yo os escriba: pues conozco vuestra prontitud de ánimo, de la cual me glorío respecto de vosotros para con los de Macedonia, que Acaya ha estado preparada ya desde el año pasado; y vuestro celo ha estimulado a muchísimos de ellos." Cap. 9:1-2. Esta es tal continuación del asunto, que podría esperarse; o posiblemente se dirá, como podría fácilmente ser falsificada esa relación. Hay una circunstancia interesante en la concordancia de las

dos epístolas, que estoy convencido que el autor de una falsificación no habría citado, o si la había citado, estoy convencido de que lo habría hecho con más claridad. La segunda epístola menciona que los corintios habían comenzado el negocio caritativo un año antes: "Y en ello doy mi opinión; puesto que esto os conviene a vosotros, que comenzasteis antes de los macedonios, no sólo a hacer, sino a quererlo hacer el año pasado." Cap. 8:10. "Me glorío respecto de vosotros para con los de Macedonia, que Acaya ha estado preparada ya desde el año pasado." Cap. 9:2. Por estos textos, es evidente que algo había sido hecho en cuanto al asunto un año antes. Se ve, sin embargo, en otros textos en la epístola, que la contribución no había sido todavía colectada o pagada; porque unos hermanos fueron enviados por San Pablo a Corinto, "para preparar su dádiva." Cap. 9:5. Son instados a "llevarlo a cabo," cap. 8:11; y todo hombre fue instado a dar como había propuesto en su corazón. Cap. 9:7. La contribución, pues, como es anunciada en nuestra presente epístola, estaba lista, y sin embargo no había sido recibida de los contribuyentes; fue comenzada, hacía mucho que estaba ofrecida, pero hasta ahora no colectada. Pues bien, esta circunstancia está de acuerdo con una suposición y con una sola, esto es, que cada hombre había apartado y guardado, ya había provisto el fondo del cual había de contribuír después — el mismo caso que la primera epístola nos autoriza a suponer que había existido, en la que San Pablo había mandado a los Corintios: "Cada primer día de la semana, ponga aparte algo, para guardarlo, cada uno de vosotros, según prosperare," 1 Cor. 16:2 [1].

_____

(1) Las siguientes observaciones nos satisfarán acerca de la pureza de la conducta de nuestro apóstol en el asunto sospechoso de una contribución pecuniaria:

1. Afirma que no ha recibido ninguna autoridad inspirada por las direcciones que está dando: "No hablo según manda-

II. Comparando la segunda epístola a los Corintios con los Hechos de los Apóstoles, pronto llegamos a observar, no sólo que no existe vestigio de que la epístola fuese sacada de la historia, o la historia de las epístolas; sino que aparece en el contenido de las epístolas evidencia positiva de que ninguna tomó prestado de la otra. Tito, que tiene un papel conspícuo en las epístolas, no es mencionado de manera alguna en los Hechos de los Apóstoles. Los padecimientos de San Pablo enumerados, cap. 11:24,—"De parte de los judíos, cinco veces recibí cuarenta azotes, menos uno; tres veces he sido azotado con varas, una vez fui apedreado, tres veces he naufragado, un día y una noche lo he pasado nadando en alta mar,"— no pueden sacarse de su historia como es consignada en los Hechos; ni habría sido hecho este relato por un escritor que sacaba sus conocimientos acerca del apóstol Pablo de aquella historia, o que cuidaba de conservar una conformidad con ella. El informe en la epístola acerca del escape de San

---

miento" (Ver. Mod. nota), "sino a causa de la diligencia de otros, y para probar la sinceridad de vuestro amor" (2 Cor. 8:8). ¿Quién que tuviera un propósito siniestro en recomendar subscripciones, se expresaría así, cuando al hacerlo bajaría el crédito de su propia recomendación?*

2. Aunque afirma el derecho general de los ministros cristianos a ser mantenidos por su ministerio, sin embargo protesta en contra del uso de ese derecho, para su propio provecho: "Así también ha ordenado el Señor, que los que predican el evangelio, vivan del evangelio. Yo empero no me he valido de ninguno de estos derechos; y no escribo estas cosas para que se haga así conmigo; ¡porque bueno me fuera morir, más bien, que el que nadie me prive de esta gloria mía!", esto es, que alguien probara que mis profesiones de desinterés eran vanas (1 Cor. 9:14, 15).

3. Repetidas veces propone que otros se asocien consigo mismos, en el manejo de la colecta pública; no colegas nombrados por él mismo, sino personas escogidas con equel propósito por los

Pablo de Damasco, aunque está de acuerdo en cuanto al hecho principal con el relato de la misma obra en los Hechos; es relatado todo con tal diferencia de circunstancias, que lo hace completamente improbable que el uno fuese derivado del otro. Los dos informes presentados lado a lado, son como sigue:

2 Cor. 11:32, 33: "En Damasco, el gobernador bajo el rey Aretas, tenía guardada la ciudad de los damascenos, para prenderme; mas por una ventana, en un serón, fui descolgado por la pared, y así escapé de sus manos."

Hechos 9:23-25: "Mas cuando se hubieron cumplido muchos días, los judíos tomaron el acuerdo de matarle; pero su trama vino en conocimiento de Saulo. Y aun velaban las puertas, día y noche para matarle. Mas sus discípulos tomándole de noche le descolgaron por el muro, bajándole en una espuerta."

Pues bien, si estamos convencidos en general acerca de estos dos escritos antiguos, de los que el uno no fue conocido por el autor del otro, o no consultado por él, entonces las concordancias que pueden señalarse entre ellos no admitirán ninguna solución tan probable como el atribuírlos a la verdad y a la realidad, en cuanto a su común fundamento.

III. El principio de esta epístola exhibe una conexión con la historia que por sí sola satisfaría mi mente, de que la epístola fuera escrita por San Pa-

---

mismos contribuyentes: "Y cuando yo llegare, enviaré a aquellos que vosotros aprobareis por medio de cartas, para que lleven vuestra beneficencia a Jerusalem. Y si la suma mereciere que yo también vaya, ellos irán conmigo" (1 Cor. 16:3, 4). Y en la segunda epístola, lo que se propone aquí, lo hallamos realmente hecho, y hecho con el mismo propósito de defender su reputación de cualquiera acusación que pudiera hacerse en contra de ella, en la ejecución de una obra pecuniaria: "Y enviamos con él al hermano cuya alabanza en el evangelio se ha divulgado por todas las iglesias: y no tan sólo esto, sino que fue designado por las iglesias como nuestro compañero de viaje, en el asunto blo, y por él mismo en la situación en que la historia lo coloca. Que se recuerde, que en el capítulo diecinueve de los Hechos se expresa que San Pablo fue echado fuera de Efeso, o al menos como dejando Efeso, a causa de un motín en aquella ciudad, impulsado por algunos adversarios contra la nueva religión. La historia del tumulto es como sigue: "Y oyendo esto," esto es, la queja de Demetrio del peligro que tenía que temerse, del ministerio de San Pablo, en el culto establecido de la diosa de Efeso, "Se llenaron de ira, y gritaron, diciendo: ¡Grande es Diana de los Efesios! Y la ciudad se llenó de confusión; y de común acuerdo corrieron impetuosamente al teatro, habiendo aprehendido a Gayo y a Aristarco, macedonios, compañeros de viaje de Pablo. Y queriendo Pablo entrar dentro, al pueblo, no se lo permitieron los discípulos. Y también algunos de los principales de la

---

de esta beneficencia," dádiva, "la cual es administrada por nosotros para gloria del Señor, y para manifestación de vuestro ánimo pronto evitando empero esto, que nadie nos culpe en lo tocante a este caudal administrado por nosotros: porque usamos de precaución en cuanto a lo que es honrado, no sólo en presencia del Señor, sino también delante de los hombres;" esto es, no descansando en la conciencia de nuestra propia integridad, sino en semejante asunto, cuidando también de recomendar nuestra integridad al juicio público (2 Cor. 8:18-21).

*Esta observación parece descansar sobre una evidente mala interpretación. El apóstol Pablo no quiere negar que tiene autoridad divina por el consejo que ofrece, sino declarar enfáticamente que es consejo, y no mandamiento, y que quisiera que la ofrenda fuese libre y espontánea. La delicadeza del pensamiento y sentimiento en el pasaje se obscurece mucho, si perdemos de vista la verdadera expresión de la significación. Algunos deberes son claros y absolutos, y éstos los manda con autoridad apostólica; otros son indirectos, y no tienen valor, a menos que sean la expresión libre de amor cristiano. En este caso el apóstol, bajo la enseñanza del mismo Espíritu, afirma no ejercer autoridad, y sencillamente los ruega como un hermano cristiano.—*Editor*.

provincia de Asia que eran amigos suyos, enviaron a él, y le rogaron que no se presentase en el teatro. Unos pues gritaron una cosa y otros otra, porque la asamblea estaba en confusión, y la mayor parte no sabía por qué se habían reunido. Y de entre la multitud hicieron subir a la tribuna a Alejandro, impulsándolo los judíos. Y Alejandro hizo señal de silencio con la mano, queriendo hacer su defensa ante el pueblo. Mas ellos, percibiendo que era judío, todos a una voz, como por espacio de dos horas, gritaron: ¡Grande es Diana de los Efesios! Y después que cesó el tumulto, habiendo convocado Pablo a los discípulos, y exhortándolos se despidió de ellos, y partió para ir a Macedonia." Cuando hubo llegado a Macedonia escribió la segunda epístola a los Corintios, que ahora tenemos delante; y comienza su epístola de esta manera: "Bendito sea el Dios y Padre de nuestro Señor Jesucristo, el Padre de las misericordias y Dios de toda consolación; el cual nos consuela en toda nuestra aflicción, para que podamos nosotros consolar a los que están en cualquiera aflicción, por medio de la consolación conque nosotros mismos somos consolados por Dios. Porque de la manera que abundan los padecimientos de Cristo para con nosotros, así también nuestra consolación abunda por medio de Cristo. Mas ora sea que suframos, es para vuestra consolación y salvación: ora que seamos consolados, es para vuestra consolación, la cual obra en el sufrir con paciencia los mismos padecimientos que nosotros también sufrimos. Y nuestra esperanza en lo tocante a vosotros es firme; sabiendo que, así como sois participantes en los padecimientos, así también lo seréis en la consolación. Pues no queremos que estéis en ignorancia, hermanos, respecto de nuestra aflicción, *que nos sucedió en la provincia de Asia,* en grado tal, que estábamos excesivamente abrumados, sobre nuestras fuerzas, de manera que desesperábamos aún de la vida. En verdad, nosotros mismos teníamos dentro de nosotros la sentencia de muerte; para que no confiásemos en nosotros mismos, sino en Dios que resucita los muertos. El cual nos libró de tanto peligro de muerte, y aun nos libra; en quien confiamos que aun todavía nos seguirá librando." Nada podría ser más expresivo de las circunstancias en que la historia describe a San Pablo haber estado en el tiempo en que la epístola se da a entender que fue escrita; o antes bien, nada podía ser más expresivo de las penosas circunstancias en que la historia afirma que San Pablo estuvo al tiempo en que se da a entender que fue escrita esta epístola; o antes bien, nada podría ser más expresivo de las experiencias que resultaban de estas circunstancias, que este pasaje. Es el recuerdo en calma de una mente que ha emergido de una confusión de inminente peligro. Es aquella devoción y solemnidad de pensamiento que sigue a una liberación reciente. Hay justamente señas peculiares en el pasaje, para mostrar que ha de referirse al tumulto en Efeso: "No queremos que estéis en ignorancia, hermanos, respecto de nuestra aflicción, que nos secedió en la provincia de Asia." Y no hay más; ninguna mención de Demetrio, ni de la aprehensión de los amigos de San Pablo, de la intervención del síndico, de la ocasión o naturaleza del peligro de que había escapado San Pablo, ni aun de la ciudad donde sucedió; en una palabra, ninguna relación de que podría concebirse una sospecha, o que el autor de la epístola había usado la narración en los Hechos, o, por otra parte, que hubiera hecho el bosquejo, que el relato en los Hechos no hizo más que completar. El que el falsificador de una epístola, bajo el nombre de San Pablo, tomara circunstancias de una historia de San Pablo que existía entonces, o que el autor de una historia de San Pablo sacara material de cartas que llevaban el nombre de San Pablo, puede ser creído; pero no puedo creer que cualquier falsificador adoptara un expediente tan refinado que exhibiera sentimientos adaptados a una situación, y dejara a sus lectores para que buscaran una situación en la historia; ni mucho menos, que el autor de una historia anduviera inventando hechos y circunstancias idóneos para suplir las circunstancias halladas en la carta. Puede decirse, tal vez, que no aparece en la historia que cualquier peligro amenazara la vida de San Pablo en el motín en Efeso, tan inminente como el que según presenta la epístola, tuvo lugar. Este asunto, es verdad, no se manifiesta formalmente por el historiador; pero no podemos dudar de que el peligro personal del apóstol fue grande, cuando toda la ciudad se llenó de confusión; cuando el populacho se había apoderado de sus compañeros; cuando por la distracción de su mente insistió en salir entre ellos, cuando los cristianos que estuvieron en su derredor no se lo permitieron; cuando "sus amigos, algunos de los principales de la provincia de Asia, enviaron a él, y le rogaron que no se presentase en el teatro;" cuando, por fin, fue obligado a salir inmediatamente del lugar y del país, "Y después que cesó el tumulto, partió para ir a Macedonia." Todos esos detalles se hallan en el relato, y justifican la misma declaración de San Pablo, de que estuvo "excesivamente abrumado, más de lo que sus fuerzas podían resistir, de manera que desesperaba aún de la vida; parecía llevar dentro de sí la sentencia de muerte;" esto es, que se consideraba hombre condenado a morir.

IV. Ya se ha observado, que el propósito original de San Pablo fue el de visitar Corinto en camino para Macedonia: "Me propuse ir primero a vosotros . . . . y pasar por vosotros a Macedonia." 2 Cor. 1:15, 16. También se ha observado que cambió de propósito, y últimamente se resolvió ir a Macedonia *primero*. Pues bien, desde este punto existe una circunstancia de correspondencia entre nuestra epístola y la historia, que no es muy obvia a la observación del lector, pero creo que, si se observa, se hallará terminante y exacta. Tal circunstancia es ésta: Que aunque el cambio del propósito de San Pablo, no sea mencionado expresamente sino en la segunda epístola, sin embargo aparece, tanto en la historia como en esta segunda epístola, que tal cambio se había verificado antes de escribir la primera epístola; pero que no aparece, sin embargo, ni en la una ni en la otra, sino por una deducción, que no es advertida sino por alguno se detiene, expresamente, para examinarlo.

En primer lugar, pues, ¿cómo se ve este primer punto en la historia? En el capítulo diez y nueve de los Hechos y el versículo veintiuno, se nos dice que "Pablo se propuso en su espíritu, que habiendo recorrido a Macedonia y a Acaya partiría para Jerusalem. Y habiendo enviado a Macedonia dos que le asistían, a saber Timoteo, y Erasto; él mismo se detuvo todavía algún tiempo en Asia." Poco después de esto, y evidentemente persiguiendo la misma intención, hallamos en el cap. 20:1, 2, que "Pablo partió de Efeso para ir a Macedonia; y cuando hubo recorrido aquellas regiones, vino a Grecia." La resolución, por lo tanto, de pasar primero por Macedonia, y de allí a Grecia, fue concebida por San Pablo antes de enviar a Timoteo. El orden en que los dos países se mencionan muestra la dirección de su propuesta ruta, cuando había pasado por Macedonia y Acaya. Timoteo y Erasto, quienes habían de precederle en su viaje, fueron enviados por él desde Efeso a Macedonia. El mismo, poco tiempo después, y, como se ha observado, evidentemente continuando y persiguiendo el mismo designio, "partió para ir a Macedonia." Si pues, alguna vez había tenido otra idea de su viaje, lo cual no se advierte en la historia, debió de haber cambiado ese plan antes de este tiempo. Pero en el versículo diecisiete del capítulo cuarto de la primera epístola a los Corintios descubrimos que Timoteo había sido enviado de Efeso antes de escrita aquella epístola: "Por esto envié a vosotros a Timoteo, el cual es mi hijo amado." Por esto el cambio de la resolución de Pablo, que fue antes de enviar a Timoteo, fue necesariamente antes de escribir la primera epístola a los Corintios.

Así está el orden de fechas, como están sacadas de la historia, comparadas con la primera epístola. Ahora indaguemos, en segundo lugar, cómo este asunto se presenta en la segunda epístola que tenemos delante. En el versículo quince del primer capítulo de esta epístola, San Pablo menciona la intención que había tenido de visitar Acaya en su camino para Macedonia: "Y en esta confianza me propuse primero ir a vosotros; para que tuvieseis un segundo beneficio: y pasar por vosotros a Macedonia." Después de protestar, en el versículo diecisiete, contra cualquiera interpretación mala que podría darse a su falta de llevar a cabo esta intención, en el versículo veintitrés revela la causa de ello: "Empero llamo a Dios por testigo sobre mi alma, que ha sido para perdonaros que no he ido todavía a Corinto." Y después prosigue de esta manera: "Mas esto determiné conmigo mismo, que no iría a vosotros otra vez con tristeza. Pues si yo os entristeciere ¿quién pues será aquel que a mí me alegrara, sino el mismo que es entristecido por mi? *Y escribí respecto de este mismo asunto,* para que en llegando yo, no tuviese tristeza por parte de aquellos de quienes debiera tener gozo, confiados en todos vosotros, que mi gozo es el gozo de vosotros todos. Porque en medio de mucha aflicción y angustia de corazón, *os escribí, con muchas lágrimas;* no para que vosotros fueseis entristecidos, sino para que conocieseis el amor sobremanera grande que os tengo. Pero si alguno ha causado pesar, no me lo ha causado a mí sólo, sino en parte (por no cargar la mano), a todos vosotros. Basta al tal ese castigo que fue hecho por los más de vosotros." En esta cita, que el lector dirija su atención en primer lugar a la cláusula en letra cursiva, "Y escribí respecto de este mismo asunto," y considere él del contexto y de la estructura de todo el pasaje, si no es evidente que San Pablo escribió esto después de determinar, consigo mismo, que "no volvería a ellos con tristeza;" si en verdad no fue en consecuencia de esta determinación o al menos con esta determinación en su mente. Y en segundo lugar, considere si la declaración, "Mas esto determiné conmigo mismo, que no iría a vosotros otra vez con tristeza," no se refiere claramente al aplazamiento de la visita a que había hecho alusión en el versículo penúltimo cuando dijo, "Empero llamo a Dios por testigo sobre mi alma, que ha sido para perdonaros que no he ido todavía a Corinto;" y si ésta no es la visita de que habla en el versículo dieciséis, donde notifica a los corintios, que había pensado pasar por ellos a Macedonia, pero que, por razones que no indicaban ligereza o inconstancia en su disposición, él había sido obligado a cambiar su propósito. Si esto es así, entonces sucede que el escrito aquí mencionado fue posterior al cambio de su intención. La única pregunta entonces, que queda, será, si este escrito se refiere a la carta que nosotros ahora tenemos bajo el título de la primera epístola a los corintios, o a alguna otra carta no existente. Y sobre esta pregunta yo creo que la observación decisiva del Sr. Locke, a saber, que la segunda cláusula marcada entre comillas por bastardillas, "yo te escribí con muchas lágrimas," y la primera cláusula así marcada, "yo te escribí esto mismo," pertenecen a un escrito cualquiera que éste haya sido; y la segunda cláusula sirve para advertir una circunstancia que se encuentra en nuestra primera epístola a los corintios, particularmente, el caso y castigo de la persona incestuosa. Sobre todo esto, entonces, nosotros vemos que es posible que haya habido inferencias de las propias palabras de San Pablo, en el largo trozo que nosotros hemos puesto entre comillas: que la primera epístola a los corintios fue escrita después de que San Pablo había determinado posponer su viaje a Corinto; en otras palabras: que el cambio de su propósito, con respecto al curso de su viaje, sin embargo, expresamente mencionado sólo en la segunda epístola, había tenido lugar antes de la primera; es el punto que nosotros sacamos que se sobreentiende en la historia, por el orden de los eventos allí marcados y la alusión a esos eventos en la primera epístola. Ahora ésta es una especie de conformidad para confiar en ella más que en ninguna otra. No es un acuerdo entre dos aspectos de la misma cosa, o entre diferentes declaraciones del mismo hecho: porque el hecho no existe o no se menciona: no se da explicación alguna en realidad, sino que es la unión de dos conclusiones deducidas de orígenes diferentes e inferidas sólo por la investigación y la comparación.

Este punto, a saber, el cambio de la ruta anterior a la escritura de la primera epístola, queda también dentro de ella y de la razón de la manera como habla él en esa epístola de su viaje. Su primera intención había sido, como él lo declara, "pasar a Macedonia sin verlos," habiendo antes abandonado aquella intención escribe, en su primera epístola, que no quería verlos ahora de paso," esto es como tendría que haberlo hecho siguiendo su primer plan; "pero que podría ser que permaneciera una temporada con ellos y aunque ésta fuere en el invierno." 1 Cor. 16:5, 6. También da cuenta de una singularidad en el texto, que debe llamar la atención de cualquier lector: "Mas yo iré a vosotros cuando haya recorrido la Macedonia; porque tengo que recorrer la Macedonia." La declaración suplementaria, "porque tengo que recorrer la Macedonia," da a entender que había habido alguna comunicación previa acerca del viaje; y también que había habido alguna vacilación e indecisión en el plan del apóstol, según que percibimos ahora, que pudo haber sido el caso. Realmente las palabras lo declaran cuando dice: "Esto es al fin mi resolución." La expresión *hotan Makedonian dielthō* es ambigua; puede denotar "cuando pase," o "cuando tenga que pasar por Macedonia." Las consideraciones ofrecidas arriba le dan el último sentido. Finalmente, el punto que hemos procurado determinar confirma, o más bien es necesario, para sostener una conjetura que entraña el asunto de un número de nuestras observaciones sobre la primera epístola: que la insinuación de algunos de los de la iglesia, de que nunca volvería a visitarlos, se basaba en desilusiones previas de que cumplise sus deseos de que los viera.

V. Pero si San Pablo había cambiado de propósito antes de escribir la primera epístola, ¿por qué se dilató para explicar a los corintios la razón de aquel cambio, hasta que escribiera la segunda carta? Esta es una pregunta muy justa; y podemos, según creo, darle una respuesta satisfactoria. La verdadera causa, y la causa al fin dada por San Pablo de posponer su visita a Corinto, y no seguir la ruta que se había propuesto al principio, fue el estado desordenado de la iglesia de Corinto en ese tiempo, y las penosas reprimendas que habría tenido que ejercer, si hubiera llegado a ellos en medio de estas irregularidades. Quería pues ver, antes de venir personalmente, qué efecto tendría una carta de reprimenda autoritativa, y dejar tiempo para ver el resultado del experimento. Este fue su plan al escribir la primera epístola; pero no quería dárselos a conocer a ellos.

Después de haber producido la epístola su efecto — y hasta el último límite según parece, de las esperanzas del apóstol — cuando hubiera obrado en ellos un profundo sentido de su falta, y una solicitud casi apasionada de restaurarse a la aprobación de su instructor; cuando Tito, cap. 7:6, 7, 11, le había traído noticia "de su ardiente deseo, de su llanto, de su celo por él, de su tristeza, de su arrepentimiento, de solícito cuidado; qué defensa de sí mismos, qué indignación, qué temor, qué ardiente deseo, qué celo, qué justicia vengativa," que su carta y el interés general, despertado por ella, habían despertado entre ellos, entonces se explica plenamente el asunto. La mente afectuosa del apóstol es conmovida por este retorno al celo y deber. Les dice que no los visitó en el tiempo señalado, por temor de que su encuentro hubiese sido acompañado de pesar mutuo; y con pesar más amargo para él por la reflexión de que daba pena, a aquéllos a quienes eran los únicos que podían darle consuelo: "Mas esto determiné conmigo mismo, que no iría a vosotros otra vez con tristeza. Pues si yo os entristeciere, ¿Quién pues será aquel que a mí me alegraría, sino el mismo que es entristecido por mí?" cap. 2:1-2: que había escrito su primera epístola para amonestarles con anticipación de su falta, "para que en llegando, él no tuviese tristeza por parte de aquellos de quienes debiera tener gozo," cap. 2:3: que también tenía el propósito, tal vez no percibido por ellos, de hacer un experimento acerca de su fidelidad, "para conocer la prueba de vosotros si sois obedientes en todo," cap. 2:9. Este pleno descubrimiento vino muy naturalmente del apóstol, después de haber visto el éxito de sus medidas, pues antes, no hubiera sido conveniente comunicarles nada. Lo anterior es una serie de expresiones de sentimientos y conducta que resulta de una situación verdadera y de circunstancias verdaderas, y pudiera ser tan remoto como posible de ficción o impostura.

VI. Cap. 11:9: "Y cuando estaba presente con vosotros, y me faltaban recursos, no me hice una carga a nadie; pues lo que me faltaba, lo suplieron los hermanos que vinieron de Macedonia." El hecho principal manifestado en este pasaje, la llegada a Corinto de hermanos de Macedonia durante la primera estancia de San Pablo en aquella ciudad, es narrado explícitamente, Hechos 18:1, 5: "Después de esto, partiendo Pablo de Atenas, fue a Corinto. Mas cuando Silas y Timoteo vinieron de Macedonia, Pablo estaba completamente ocupado con la palabra, testificando a los judíos que Jesús era el Mesías."

VII. Esta cita de los Hechos prueba que Silas y Timoteo eran ayudantes de Pablo en la obra de predicar en Corinto, con lo cual corresponden las palabras de la epístola, cap. 1:19: "Porque el Hijo de Dios, Jesucristo, el que entre vosotros fue predicado por nosotros, es decir, por mí, Silvano y Timoteo, no fue Sí y No, sino que nuestra palabra en él, ha sido siempre Sí." Admito que la correspondencia, considerada en sí misma, es demasiado directa y obvia; y que un impostor, teniendo la historia delante, podría producir concordancias de la misma clase y probablemente lo haría. Pero recuérdese que esta referencia se halla en un escrito del cual, por muchas discrepancias, y especialmente las que se han mencionado en el No. II., podríamos inferir que no fue arreglado por ninguno que hubiera consultado y seguido la historia. Se presenta también alguna observación por la variación del nombre. Leemos Silas en los Hechos y Silvano en la epístola. La semejanza de estos dos nombres, si fueran nombres de distintas personas, es más grande de lo que pudo fácilmente haber procedido de accidente; quiero decir que no es posible que personas colocadas en situaciones tan semejantes, llevaran nombres que se asemejaran, tan estrechamente, uno al otro [1]. Por otra parte, la diferencia del nombre en los dos pasajes, contradice la suposición de que los pasajes, o el relato contenido en ellos, fueron transcritos el uno del otro.

VIII. Cap. 2:12, 13: "Cuando llegué a Troas, a predicar el evangelio de Cristo, y una puerta me fue abierta en el Señor, no tuve sosiego en mi espíritu, por no haber hallado a Tito mi hermano: pero despidiéndome de ellos, partí para Macedonia."

Para establecer una conformidad entre este pasaje y la historia, no es necesario presumir otra cosa, sino que San Pablo partió de Efeso a Macedonia siguiendo el mismo camino que llevó de Macedonia a Efeso, o antes bien a Mileto, en las cercanías de Efeso; en otras palabras, que en su viaje a la península de Grecia, fue y volvió usando el mismo itinerario. San Pablo está ahora en Macedonia, a donde había llegado recientemente de Efeso. Nuestra cita da a entender que en este viaje se había detenido en Troas. De esto la historia no dice nada, sino el breve relato, de que "Pablo partió de Efeso para ir a Macedonia." Pero la historia dice, que en su vuelta desde Macedonia a Efeso, "Pablo navegó de Filipos a *Troas;* y cuando el primer día de la semana los discípulos se reunieron para quebrar el pan, Pablo alargó su discurso toda la noche; que desde Troas fue por tierra hasta Assos, y desde Assos dándose a la vela navegó a lo largo de la costa de Asia Menor, pasó por Mitilene hasta Miletos." Esta relación prueba, primero, que Troas estaba en el camino por el cual San Pablo pasó entre Efeso y Macedonia; segundo, que él tenía discípulos allí. En un viaje entre estos dos lugares, la epístola, y en otro viaje entre los mismos lugares, la historia le hacen detenerse en esta ciudad. En el

---

(1) Que ellos eran la misma persona está confirmado por 1 Tes. 1:1, comparado con Hechos 17:10.

primer viaje, se le hace decir "una puerta me fue abierta del Señor en aquella ciudad;" en el segundo hallamos discípulos allí reunidos en su derredor, y el apóstol ejerciendo su ministerio con más trabajo y celo que de ordinario. La epístola, por lo tanto, es en este caso confirmada, si no por los términos de la historia, al menos por la probabilidad, una especie de confirmación que de ninguna manera debe menospreciarse, porque, hasta donde alcanza, no evidencia el resultado de una invención.

Sé que Grocio refiere la llegada a Troas, a que alude la epístola, a un período distinto, pero esto me parece imposible, porque nada me imagino más cierto, que el encuentro con Tito que San Pablo esperaba se verificara en Troas, fuera el mismo que se verificó en Macedonia, esto es, cuando Tito salió de Grecia. En la cita que tenemos delante él dice a los Corintios: "Cuando llegué a Troas...no tuve sosiego en mi espíritu, por no haber hallado a Tito mi hermano; pero despidiéndome de ellos, partí para Macedonia." También, en el capítulo siete, escribe: "Porque aun cuando llegamos a Macedonia, nuestra carne no tuvo sosiego, sino que de todas maneras estábamos atribulados; por fuera guerras, por dentro temores. Sin embargo el que consuela a los humildes, es a saber, Dios, nos consoló con la venida de Tito." Estos dos pasajes se refieren claramente al mismo viaje de Tito, a quien había esperado encontrar San Pablo en Troas, y su desilusión se trocó en regocijo por haberlo hallado en Macedonia. Y entre otras razones que fija el primer pasaje, a la venida de Tito de Grecia, está la consideración de que no significaba nada para los corintios el hecho de que San Pablo no encontrase a Tito en Troas, salvo el caso de que éste hubiera traído noticias de Corinto. La mención de su extrañeza en ese lugar, sobre cualquier otra suposición, es relativa.

IX. Cap. 11:24, 25: "De parte de los judíos, cinco veces recibí cuarenta azotes menos uno; tres veces he sido azotado con varas, una vez fui apedreado, tres veces he naufragado, un día y una noche lo he pasado en alta mar."

Estos detalles no pueden encontrarse en los Hechos de los Apóstoles, lo cual prueba, como ya se ha observado, que la epístola no fue sacada de la historia; sin embargo, son consecuentes con ella, lo cual significa tomando en cuenta todo lo circunstancial del relato, que es más de lo que podría suceder en ficciones arbitrarias e independientes. Cuando digo que estos detalles son *consecuentes* con la historia, quiero decir, primero, que no hay artículo en la enumeración que sea contradicho por la historia; segundo, que la historia, aunque guarda silencio respecto de muchos de los hechos enumerados aquí, ha dejado espacio para la existencia de estos hechos, consecuentemente con la fidelidad de su propia narración.

En primer lugar no se puede descubrir contradicción entre la epístola y la historia. Cuando dice San Pablo que *tres* veces fue azotado con varas, aunque la historia sólo narra una vez, en Filipos, Hechos 16:22, sin embargo no hay contradicción. No es sino la omisión en un libro, de cosas que están relatadas en otro. Pero de haber contenido la historia el relato de *cuatro* azotamientos con varas, al tiempo de escribir esta epístola en que dice San Pablo que había sufrido solo tres, habría habido una contradicción propiamente llamada así. La misma observación se aplica en general a las otras partes de la enumeración, acerca de las cuales la historia guarda silencio; pero hay una cláusula en la cita, que merece especialmente notarse, porque cuando es confrontada con la historia, se acerca más a una contradicción sin que se incurra realmente en ella, como de ninguna otra me acuerdo de haber encontrado: "Una vez" dice San Pablo, "fui apedreado." ¿Relata la historia que San Pablo, antes de escribir esta epístola, había sido apedreado más de una vez? La historia menciona claramente una ocasión en que San Pablo fue apedreado, esto es, en Listra de Iconia: "Mas vinieron allí ciertos judíos desde Antioquía e Iconio; y habiendo persuadido a las multitudes, apedrearon a Pablo, y le sacaron de la ciudad, creyendo que estaba muerto." Hechos 14:19. Y menciona otra ocasión en la cual "iba a hacerse una acometida de parte de los gentiles y también de los judíos, con sus jefes, para ultrajarlos y apedrearlos, entendiéndolo ellos," la historia procede a decirnos, "huyeron a Listra y Derbe." Esto sucedió en Iconio antes de la fecha de la epístola. Pues bien, de haberse verificado el asalto, de haber relatado la historia que una piedra fue arrojada, así como relata los preparativos que fueron hechos tanto por judíos como por gentiles para apedrear a Pablo y a sus compañeros; o aun de haberse interrumpido el relato de este incidente, sin seguir informándonos que Pablo y sus compañeros supieron del peligro y huyeron, habría resultado una contradicción entre la epístola y la historia. La verdad es necesariamente consistente; pero es apenas posible que relatos independientes, que no tienen la verdad por norma, se aproximen tanto a la contradicción sin caer en ella.

En segundo lugar digo, que si los Hechos de los Apóstoles guardan silencio acerca de muchos de los casos enumerados en la epístola, este silencio puede explicarse por el plan y motivo de la historia. La fecha de la epístola coincide con el principio del capítulo veinte de los Hechos. La parte, pues, de la historia que precede al capítulo veinte, es la única parte en que puede hallarse alguna noticia de las persecuciones a que se refiere San Pablo. Pues bien, no se ve que el autor de la historia estuviera con San Pablo hasta su partida de Troas, en camino para Macedonia, como se relata en el cap. 16:10; sino, antes bien, parece lo contrario. Es en este punto de la historia donde se cambia el lenguaje. En los versículos siete y ocho de este capítulo se emplea la tercera persona: "Y llegando frente a Misia, procuraron entrar a Bitinia; y no se lo permitió el espíritu de Jesús. Pasando entonces junto a Misia, descendieron a Troas." Y así, de la misma manera, se usa la tercera persona en toda la parte anterior de la historia. En el versículo diez de este capítulo, entra la primera persona: "Y cuando él hubo visto la visión, en el acto procuramos partir para Macedonia, coligiendo que Dios nos había llamado a predicar el evangelio a los de allí." Pues bien, desde este tiempo hasta la fecha de escribir la epístola, la historia ocupa cuatro capítulos, sin embargo es de esperarse que en éstos o en alguno de ellos hubiera una narración continuada de la vida del apóstol; pero lo que sucintamente esta historia relata en la parte interior del libro, es decir, desde el tiempo de su conversión hasta el tiempo en que el historiador se unió con él en Troas, con excepción de los detalles de su misma conversión, que se relatan detalladamente, puede entenderse por las siguientes observaciones:

La historia de un período de diez y seis años está comprendida en menos de tres capítulos; y de éstos una parte considerable se emplea relatando discursos. Después de su conversión continuó en las cercanías de Damasco, según la historia, por un tiempo considerable aunque indefinido — según sus propias palabras, Gal. 1:18, durante tres años; de los cuales no se da otra nota que este breve relato, que "desde luego predicó a Cristo en las sinagogas, afirmando que éste es el Hijo de Dios; y todos los que le oían quedaron asombrados, y decían, ¿no es éste aquel que en Jerusalem destrozaba a los que invocaban este nombre? él empero recobró mayor fuerza, y confundió a los judíos que habitaban en Damasco, demostrando que éste es el Cristo. Mas cuando se hubieron cumplido muchos días, los judíos tomaron el acuerdo de matarle." Desde Damasco prosiguió a Jerusalem; y de su residencia allí ningunos otros detalles se narran sino que estuvo con los apóstoles entrando y saliendo en Jerusalem, predicando denodadamente en el nombre del Señor. Y hablaba y disputaba con los helenistas: mas ellos procuraban matarle." Desde Jerusalem, la historia le envía a su ciudad natal de Tarso. Hechos 9:30. Parece probable, por el orden y disposición de la historia, que la estancia de San Pablo en Tarso duró algún tiempo; porque no oímos nada de él hasta que después de un intervalo aparentemente largo, y mucha narración interpuesta, Bernabé, deseando la ayuda de Pablo en la extensión de la misión cristiana, "Fue a Tarso para buscarle." Cap. 11:25. No podemos dudar de que el nuevo apóstol había estado ocupado en el ministerio; sin embargo de lo que hizo y lo que sufrió, durante este período, que puede ser que durara tres o cuatro años, la historia no ofrece dar ningunos informes. Puesto que Tarso estuvo situado sobre la costa del mar, y siendo que era su hogar, sin embargo es probable que visitara desde allí otros muchos lugares con el propósito de predicar el evangelio, no es imposible que en el transcurso de tres o cuatro años hiciera muchos viajes cortos a países vecinos, en cuya navegación se nos permite suponer que le sucedieran algunos desastres y naufragios a que se refiere en la cita que tenemos delante: "tres veces he naufragado, un día y una noche lo he pasado en alta mar." Estoy dispuesto a interpretar esta última cláusula como diciendo que se vio obligado a tomar un bote abierto, por la pérdida del navío, y continuar en alta mar en aquella situación tan peligrosa, una noche y un día. San Pablo está aquí narrando sus padecimientos; no refiriendo milagros. Desde Tarso, Bernabé trajo a Pablo a Antioquía, y allí se quedó un año; pero de los trabajos de ese año no se da ninguna otra descripción que la que se encuentra en los últimos cuatro versículos del capítulo once. Después de una dedicación más solemne al ministerio, Bernabé y Pablo procedieron desde Antioquía a Cilicia, y desde allí navegaron a Chipre, de cuyo viaje no se mencionan ningunos detalles. Después de vueltos de Chipre, hicieron un viaje juntos por Asia Menor; y aunque se han conservado dos discursos notables, y relatado detalladamente unos pocos incidentes, sin embargo, la relación de este viaje se hace con brevedad; por ejemplo, se dice que permanecieron largo tiempo en Iconio, Hechos 14:3; no obstante esto, de esta larga estancia, nada se dice con excepción de la manera en que fueron echados fuera, ningún memorial se inserta en la historia. Todo está incluído en un corto resumen: "Largo tiempo pues se quedaron hablando denodadamente en el Señor; el cual daba testimonio a la palabra de su gracia, concediendo que se hiciesen señales y maravillas por sus manos." Habiendo completado su itinerario los dos apóstoles volvieron a Antioquía "y allí se quedaron largo tiempo con los discípulos." Aquí tenemos otra larga porción de tiempo pasado en silencio. A esto sucedió un viaje a Jerusalem, sobre una disputa que entonces agitó mucho a la iglesia cristiana, acerca de la obligación de la ley de Moisés. Cuando el objeto de aquel viaje fue cumplido, Pablo propuso a Bernabé ir de nuevo y visitar a sus hermanos en todas las ciudades donde habían predicado la palabra del Señor. La ejecución de este plan llevó a nuestro apóstol por Siria, Cilicia y muchas provincias de Asia Menor; sin embargo el informe de todo el viaje está hecho en cuatro versículos del capítulo dieciséis.

Si se hubiera propuesto en los Hechos de los Apóstoles exhibir anales formales del ministerio de San Pablo, o cualquier relato continuado de su vida, desde su conversión en Damasco hasta su encarcelamiento en Roma, me habría parecido conveniente la omisión de las circunstancias a que se hace referencia en nuestra epístola; pero cuando parece por la historia misma, que grandes partes de la vida de San Pablo fueron relegadas al silencio, o sólo tocadas ligeramente, y que no se relatan más que ciertos incidentes y discursos aislados; cuando observamos también, que el autor de la historia no se unió con nuestro apóstol hasta unos pocos años antes de escribir la historia, al menos que no hay prueba en la historia de que lo hiciera; al comparar la historia con la epístola no nos sorprenderá descubrir omisiones, y atribuiremos a la verdad, el que no haya contradicciones.

X. Cap. 3:1: "¿Comenzamos acaso otra vez a encomendarnos a nosotros mismos? ¿o necesitamos, por ventura, como algunos, epístolas de recomendación para vosotros, o de vuestra parte?"

"Como algunos." Volveos a Hechos 18:27, y hallaréis que un poco antes de escrita esta epístola, Apolo había ido a Corinto con cartas de recomendación de los cristianos de Efeso: "Y cuando Apolos deseaba pasar a Acaya, le animaron los hermanos, y escribieron cartas a los discípulos para que le diesen buena acogida." Aquí las palabras de la epístola tienen la apariencia de aludir a un caso específico, y la historia suple aquel caso; suple al menos un caso tan opuesto como era posible a los términos usados por el apóstol y a la fecha y la dirección de la epístola en donde se hallare. La carta que fue llevada por Apolos desde Efeso era precisamente la carta de recomendación a que se refirió San Pablo; y fue a Acaya de la cual Corinto era la capital, y en verdad a Corinto mismo, Hechos 19:1, a donde Apolos la llevó; y esto sucedió como dos años antes de escrita esta epístola. Si se piensa antes bien que las palabras de San Pablo se refieren a alguna usanza general común entonces entre las iglesias cristianas, el caso de Apolo es un ejemplo de aquella usanza; y provee aquella especie de confirmación que resulta de ver las costumbres del período en que fueron escritas, fielmente conservadas.

XI. Cap. 13:1: "Esta es la tercer vez que voy a vosotros:" *Triton touto erchomai.*

¿No dan a entender estas palabras que el que las escribía había estado en Corinto dos veces antes? Sin embargo, si quieren dar a entender esto, deshacen toda congruencia que hemos procurado establecer. Los Hechos de los Apóstoles narran sólo dos viajes de San Pablo a Corinto. Hemos venido suponiendo que cada cita de tiempo excepto la de esta expresión, indica que esta epístola fue escrita entre el primero y el segundo de estos viajes. Si San Pablo para entonces había estado dos veces en Corinto, esta suposición tiene que abandonarse, y todo argumento u observación que depende de ella cae al suelo. Además de esto, los Hechos de los Apóstoles no sólo no narran más de dos viajes de San Pablo a Corinto, sino que no nos permiten suponer que podían haber sido hechos más de dos viajes semejantes o propuestos por él dentro del período que abarca la historia; porque, desde su primer viaje a Grecia, a su primera prisión en Roma, con que concluye la historia, se da cuenta del tiempo del apóstol. Si pues la epístola fue escrita después del segundo viaje a Corinto, y con la perspectiva de hacer un tercero, debió de haber sido escrita después de su primera prisión en Roma, esto es, después del tiempo comprendido por la historia. Cuando yo leí por primera vez esta epístola con la idea de compararla con la historia, que se me antojó hacerlo sin consultar ningún comentario, confieso que me sentí confundido por este texto. Parecía contradecir la opinión que yo me había formado por una variedad de circunstancias acerca de la fecha y el tiempo de la epístola. Al fin, sin embargo, se me ocurrió indagar si el pasaje indicaba necesariamente que San Pablo hubiera estado en Corinto dos veces; o si cuando dice, "ésta es la tercera vez que voy a vosotros," podría significar solamente que ésta era la tercera vez en que estuvo listo, que estuvo preparado, que tenía el propósito de emprender su viaje a Corinto. Me acordé que una vez antes se había propuesto visitar Corinto, y había desechado este propósito; el cual desistimiento forma el asunto de muchas disculpas y protestas, en los capítulos primero y segundo de la epístola. Pues bien, si el viaje acerca del cual había desistido fue contado por él como una de las veces en que iba a ellos, entonces la presente sería la tercera vez, esto es, de estar él listo y preparado para ir; aunque realmente había estado en Corinto solamente *una* vez antes. Habiendo sido tomada en cuenta esta conjetura, un examen más extenso del pasaje y de la epístola, produjo pruebas, que la puso fuera de duda. "Esta es la tercer vez que voy a vosotros:" en el versículo que sigue a estas palabras, añade "Ya he dicho antes, y otra vez os lo digo de antemano, como si estuviese (V. M., nota) presente *la segunda vez,* así ahora, estando ausente, lo digo a los que han pecado anteriormente, y a todos los demás, que si voy otra vez, no perdonaré." En este versículo el apóstol está declarando con anticipación lo que haría en su visita propuesta: su expresión, pues, "como si estuviese presente la segunda vez," se refiere a esa visita. Pero, si su visita futura, sólo le haría presente allí una segunda vez, se sigue que no había estado allí sino una vez. También, en el versículo quince del primer capítulo, les dice: "En esta confianza me propuse ir primero a vosotros, para que tuvieseis un *segundo* beneficio." ¿Por qué un segundo y no un tercer beneficio? ¿Por qué *deuteran* y no *tritēn charin,* si el *triton erchomai* en el capítulo quince significaba una tercera visita? porque, aunque la visita en el primer capítulo fuese la visita que quedó pendiente, sin embargo, como es evidente por la epístola, que nunca había estado en Corinto desde el tiempo del proyecto hasta el tiempo de escribir la epístola, se sigue, que si hubiera sido solamente una segunda visita la del aplazamiento entonces, sólo podría haber sido una segunda visita, la que se proponía hacer ahora. Pero el texto que me parece decide la cuestión, si quedare alguna duda sobre el asunto, es el versículo catorce del capítulo doce: "He aquí, esta es la tercera vez que estoy preparado para ir a vosotros:" "*Idou triton hetoimōs echō elthein.*" Es muy claro que el *triton hetoimōs echō elthein* del capítulo doce, y el *triton touto erchomai* del capítulo trece, son expresiones equivalentes, que se usaban para expresar la misma significación, y al referirse al mismo viaje. La comparación de estas frases nos da la misma explicación de San Pablo en sus propias palabras; y es la misma que estamos defendiendo, esto es, que *triton touto erchomai* no significa que iba la tercera vez, sino que ésta era la tercera vez que estuvo preparado para ir, *triton hetoimōs echōn.* No me parece que, después de esto, sea necesario llamar en nuestra ayuda el pasaje en el manuscrito alejandrino que da *hetoimōs echō elthein* en el capítulo trece así como en el doce; ni las versiones Siriacas y Cópticas, que siguen aquella lectura; porque confieso que esta lectura, además de no estar suficientemente apoyada por copias antiguas, es probablemente parafrástica, y ha sido insertada con el propósito de expresar más inequívocamente el sentido que la expresión más corta *triton touto erchomai* se suponía sugerir. Después de todo el asunto es bastante cierto: ni lo propongo como una nueva interpretación del texto que contiene la dificultad, porque la misma fue dada por Grocio hace mucho; pero me parecía la manera más corta de expresar el asunto, descubrir la manera en que la dificultad, la solución y las pruebas de aquella solución se presentaron sucesivamente a mi mente. Pues bien, en las investigaciones históricas, una inconsecuencia reconciliada viene a ser un argumento positivo. Primero, porque un impostor por lo regular está alerta para no parecer inconsistente; y en segundo lugar, porque, cuando se hallan aparentes inconsecuencias, rara vez sucede que otra cosa que no sea la verdad, las pueda hacer capaces de reconciliación. La existencia de la dificultad prueba la falta o la ausencia de esa precaución que por lo regular acompaña a la conciencia de falsificación; y la solución prueba que no es el convenio de proposiciones fortuitas que tenemos que resolver, sino que un hilo de verdad está entretejido en toda ella, el que conserva en su lugar cada cosa o circunstancia.

XII. Cap. 10:14-16: "Hasta vosotros también llegamos en la predicación del evangelio de Cristo: no gloriándonos de lo que está fuera de nuestros linderos, metiéndonos en labores ajenas; mas teniendo esperanza que, al paso que se aumente vuestra fe, por medio de vosotros, sean nuestros términos extendidos aun más; para predicar el evangelio en las regiones más allá de vosotros, y no gloriarnos, en la provincia ajena, de cosas ya preparadas."

Esta cita provee un reconocimiento indirecto y por esto no sospechoso pero al mismo tiempo distinto e indudable, de la verdad y la exactitud de la historia. Me parece que las palabras de la cita indican, que Corinto había sido el punto más lejano de los viajes de San Pablo *hasta ahora*. Expresa a los corintios su esperanza de que en alguna visita futura podría predicar el evangelio en las regiones más allá de aquéllas; que hasta ahora no se había adelantado mas allá de ellos, sino que hasta ahora Corinto había sido el punto o límite más lejano de sus viajes. Pues bien, ¿cómo está delineado en la historia el primer viaje de San Pablo a Europa, que era el único que había hecho antes de escribir la epístola? Navegando desde Asia, desembarcó en Filipos, y cruzando la región oriental de la península pasó por Anfípolis y Apolonia y llegó a Tesalónica; desde allí pasando por Berea llegó a Atenas, y desde Atenas, fue a Corinto, *donde se detuvo;* y desde donde, después de una residencia de un año y medio, navegó a Siria. De modo que Corinto fue el último lugar que visitó en la península; fue el lugar desde donde llegó a Asia, y fue, como tal, el límite de su progreso. No podría haber dicho la misma cosa, esto es, teniendo esperanza que sean extendidos nuestros términos aun más en las regiones más allá de vosotros, en una epístola a los filipenses, o en una epístola a los Tesalonicenses, puesto que tiene que reconocerse que ya había visitado las regiones más allá de *ellos,* habiendo proseguido de esas ciudades a otras partes de Grecia. Pero desde Corinto volvió a su punto de partida; podría decirse pues, como en efecto se dice, en el pasaje que tenemos delante, que ninguna región más allá de aquella ciudad había sido visitada por él. Sin embargo, esta circunstancia es el efecto espontáneo de la verdad, y es producida sin premeditación o designio.

CAPITULO V

La Epistola a los Galatas

I. EL ARGUMENTO de esta epístola, hasta cierto punto, prueba su antigüedad. Apenas puede dudarse, que fuera escrita durante la disputa acerca de la circuncisión de los conversos gentiles, que estaba fresca en la mente de los hombres; porque, aun cuando supongamos que fuese una falsificación, el único motivo creíble que puede aducirse para esta falsificación, fue el de traer el nombre y la autoridad del apóstol a esta controversia. Ningún designio podría ser tan inoportuno, ni tan imposible de entrar en los pensamientos de cualquier hombre, como el de producir una epístola escrita, seria y decididamente, sobre un aspecto de una controversia, cuando la controversia misma estaba muerta, y la cuestión ya no interesaba a ninguna clase de lectores. Ahora bien, la controversia acerca de la circuncisión de los cristianos gentiles fue de tal naturaleza, que, si de alguna manera se suscitó, debió haber sido en el principio del cristianismo. Como Judea fue la escena de la historia cristiana — puesto que los autores y predicadores del cristianismo fueron judíos — y ya que la religión misma reconocía la religión judaica y fue fundada sobre ella, al contrario de cualquier otra religión entonces profesada por la humanidad, no sorprendió que algunos de sus enseñadores la llevaran al mundo, más bien como una secta y modificación del judaísmo, que como una revelación separada y original; o que convidaran a sus prosélitos a guardar aquellas observancias en que ellos mismos vivían.

Es probable que esto sucediera; pero si no sucedió *antes* — si, mientras la religión estuvo en manos de enseñadores judaicos, no se adelantara semejante demanda, no se procurara imponer semejante condición, no es posible que la doctrina se originara, ni mucho menos que prevaleciera en algún período futuro. También opino, que fue mucho más probable que aquellas pretensiones del judaísmo fuesen esforzadas mientras los judíos seguían siendo nación, que después de su caída y dispersión — mientras Jerusalem y el templo estuvieran en pie, mas no después de su destrucción por las armas romanas, la fatal cesación del sacrificio y del sacerdote, la pérdida humillante de su patria, y, con ella, los grandes ritos y símbolos de su institución; parecería pues, por la naturaleza del asunto y la situación de los partidos, que esta controversia fue llevada a cabo en el intervalo de la predicación del evangelio a los gentiles y la invasión de Tito; y que nuestra presente epístola, que indubitablemente fue escrita para tener parte en esta controversia, tiene que referirse al mismo período.

Pero, también, la epístola supone que ciertos adherentes de la ley judaica, con mala intención, se habían metido sigilosamente en las iglesias de Galacia, y habían estado procurando, y esto con demasiado éxito, persuadir a los conversos de Galacia que habían sido enseñados en la nueva religión imperfectamente y de segunda mano, que el mismo fundador de su iglesia no poseía sino una comisión inferior y secundaria, estando el asiento de verdad y autoridad en los apóstoles y ancianos de Jerusalem; además de esto, que fuere lo que fuere lo que él profesaba entre ellos, él mismo, en otras ocasiones y en otros lugares, había cedido a la doctrina de la circuncisión. La epístola es ininteligible sin suponer todo esto. Refiriéndonos pues a esto, en cuanto a lo que realmente había pasado, hallamos a San Pablo haciendo un esfuerzo injusto tendiente a minar su crédito e introducir entre sus conversos una doctrina que él había uniformemente rechazado, en términos de grande aspereza e indignación. Y a fin de refutar las sospechas que se habían tenido acerca de la fidelidad de su enseñanza, así como para afirmar la independencia y el origen divino de su misión, le hallamos apelando a la historia de su conversión, a su conducta después de ésta, a la manera en que había conferenciado con los apóstoles cuando fue a encontrarlos en Jerusalem: alegando, que tan lejos estaba de haber derivado su doctrina de ellos, o ellos de ejercer alguna superioridad sobre él, que ellos mismos, sencillamente, habían dado su asenso a lo que él había ya predicado entre los gentiles, y cuya predicación fue comunicada no por ellos a él, sino por él a ellos; que él había mantenido la libertad de la iglesia gentil oponiéndose en una ocasión a un apóstol en su cara, cuando la timidez de su conducta parecía hacerla peligrar; que desde el principio, hasta esa misma hora, de continuo había resistido las demandas del judaísmo; y que las persecuciones que él padecía de diario, en manos de los judíos o por su instigación, y de las cuales traía en su persona las señales y cicatrices, podrían haber sido evitadas por él, si hubiera consentido en dedicarse a traer, por medio del cristianismo, conversos a la institución judaica; pero entonces habría nulificado el sacrificio de la cruz. Pues bien, un impostor que hubiera falsificado la epístola con el propósito de alegar la autoridad de San Pablo en la disputa, que, como se ha observado, es el único motivo creíble que puede asignarse para la falsificación, esto podría haber hecho que el apóstol diera su opinión sobre ello en términos fuertes y decisivos, o podría haber puesto su nombre a una serie de razonamientos y argumentación sobre el lado de la cuestión que, según el designio del impostor, había de recomendar. Yo puedo confesar la posibilidad de un plan como éste; pero que un escritor, con este propósito, fingiera una serie de trabajos supuestos que habrían pasado entre los cristianos de Galacia, y, en seguida, fingiera expresiones de ira y resentimiento excitadas por estas circunstancias; hacer que el apóstol se refiriera a su propia historia, recitando varios pasajes de su vida, algunos en verdad directamente, pero otros oblicuamente, y a otros que aun oscuramente se relacionaban con el punto en cuestión; en una palabra, substituír narración en lugar de argumento, insinuaciones y quejas en lugar de posiciones dogmáticas y razonamientos de controversia, en un escrito propiamente de polémica, y en que el propósito y designio habían de apoyar un lado de una cuestión muy agitada, es un asunto tan intrincado y tan diferente de los métodos proseguidos por todos los otros impostores, que exige pruebas muy flagrantes de imposición para inducirnos a creer que sea ésta efectiva.

II. En este número procuraré probar:

1. Que la Epístola a los Gálatas y los Hechos de los Apóstoles fueron escritos sin ninguna comunicación de la una con el otro.

2. Que la epístola, aunque escrita sin ninguna comunicación con la historia; por expresión verbal, implicación o referencia, atestigua muchos de los hechos contenidos en ella.

3. La Epístola y los Hechos de los Apóstoles fueron escritos sin ninguna comunicación de la una con el otro.

Para juzgar de este punto, tenemos que examinar los pasajes en cada lugar, que describen los mismos hechos; porque si el autor de cualquiera de estos escritos sacó sus informes del relato que había visto en el otro, cuando llegó a hablar de la misma obra hubiera seguido aquel relato. La historia de San Pablo en Damasco, como se ve en los Hechos, y en las referencias a ella en la epístola, forma un ejemplo de este género. Según los Hechos, Pablo, después de su conversión, estuvo ciertos días con los "discípulos que había en Damasco. Y desde luego predicó a Cristo en las sinagogas, afirmando que éste es el Hijo de Dios. Y todos los que le oían quedaron asombrados, y decían: ¿No es éste aquel que en Jerusalem destrozaba a los que invocaban este nombre? Y aquí también había venido para esto mismo, a conducirlos atados ante los jefes de los sacerdotes. Saulo empero cobró mayor fuerza, y confundió a los judíos que habitaban en Damasco, demostrando que éste es el Cristo. Mas cuando se hubieron cumplido muchos días, los judíos tomaron el acuerdo de matarle; pero su trama vino en conocimiento de Saulo. Y aun velaban las puertas día y noche para matarle. Mas sus discípulos, tomándole de noche, le descolgaron por el muro, bajándole en una espuerta. Y llegado que hubo a Jerusalem, procuraba unirse con los discípulos." Cap. 9:19-26.

Según la epístola, "Cuando plugo a Dios (el cual me separó para sí desde el seno de mi madre, y me llamó por su gracia), revelar a su Hijo en mí, a fin de que yo le predicase entre los gentiles, desde luego no consulté con carne y sangre; ni subí a Jerusalem, a verme con los que eran apóstoles antes que yo; sino que me fui a la Arabia; y volví otra vez a Damasco. Entonces pasados tres años, subí a Jerusalem."

Además de la diferencia que se puede observar entre los términos y estilo general de estos dos relatos, "el viaje a Arabia" y mencionado en la epístola y omitido en la historia da plena prueba de que no existía correspondencia entre estos dos escritores. Si la narración en los Hechos hubiera sido sacada de la epístola, hubiera sido imposible que este viaje hubiese sido pasado por alto, en silencio; si la epístola hubiera sido compuesta de lo que el autor había leído de San Pablo en los Hechos, es inexplicable que lo hubiese insertado [1].

El viaje a Jerusalem relatado en el segundo capítulo de la epístola —"entonces catorce años después, subí otra vez a Jerusalem"— suple otro ejemplo del mismo género. Este fue el viaje descrito en el capítulo quince de los Hechos, cuando Pablo y Bernabé fueron enviados de Antioquía y Jerusalem para consultar los apóstoles y ancianos, sobre la cuestión de los conversos gentiles, o fue algún viaje que la historia no menciona. Si se sigue la primera opinión, la discrepancia entre los dos relatos es tan considerable, que no es sin dificultad que pueden adaptarse a la misma circunstancia; de modo que, según esta suposición, no hay lugar de sospechar que los escritores fueran guiados o ayudados el uno por el otro. Si se prefiere la última opinión, entonces tenemos un viaje a Jerusalem, y una conferencia de los miembros principales de allí relatado detalladamente en la epístola y omitido del todo en los Hechos; y estamos libres para repetir la observación que hemos hecho antes, que la omisión de un hecho tan material de la historia es inexplicable, si el historiador hubiera leído la epístola; y que la introducción de él en la epistola, si el escritor sacó sus informes de la historia, no lo es menos.

_____

(1) N. B. Los Hechos de los Apóstoles sencillamente nos informan que San Pablo dejó Damasco a fin de ir a Jerusalem, "después de cumplidos muchos días." Si alguno duda que las palabras "muchos días" podrían usarse con el propósito de expresar algún período que incluía un término de tres años, hallaría un ejemplo completo de la misma frase usada con la misma extensión en el primer libro de Reyes, Cap. 11:38, 39: "Y habitó Simei en Jerusalem muchos días. Pero aconteció al fin de tres años, que se fugaron los siervos de Simei."

La visita de San Pedro a Antioquía durante la cual la disputa se suscitó entre él y San Pablo, no se menciona en los Hechos.

Si completamos con los ejemplos la observación general que ningún examen puede descubrir la menor señal de transcripción o limitación, ya sea de cosas o de palabras, estaremos plenamente satisfechos con esta parte de nuestro caso; esto es, que las dos narraciones, sean veraces o sean falsas, llegan a nuestras manos de orígenes independientes.

En segundo lugar, digo que la epístola probada así de haber sido escrita sin ninguna comunicación con la historia, da testimonio de una gran variedad de detalles contenida en la historia.

1. San Pablo, en los primeros años de su vida, se había dedicado al estudio de la religión judaica, y se distinguió por su celo a favor de la institución y por las tradiciones que habían sido incorporadas a ella. Sobre esta parte de su carácter la historia representa a San Pablo como hablando así: "Yo soy judío, nacido en Tarso, en Cilicia, pero educado en esta ciudad, a los pies de Gamaliel, instruído por él conforme a lo más riguroso de la ley de nuestros padres, siendo celoso por Dios, así como vosotros lo sois el día de hoy." Hechos 22:3.

La epístola dice como sigue: "Y me adelantaba en el judaísmo más que muchos de los de mi edad, en mi nación, siendo mucho más celoso de las tradiciones de mis padres." Cap. 1:14.

2. San Pablo antes de su conversión, había sido un perseguidor fiero de la nueva secta. "Saulo empero asolaba a la iglesia, yendo de casa en casa; y arrastrando a hombres y mujeres, los iba metiendo en la cárcel." Hechos 8:3.

Esta es la historia de San Pablo como se consigna en los Hechos; en el relato de su propia historia en la epístola, "porque habéis oído hablar" dice él "de mi manera de vida en otro tiempo en el judaísmo, de cómo perseguía desmedidamente a la iglesia de Dios y la destrozaba." Cap. 8:3.

3. San Pablo fue milagrosamente convertido en su camino para Damasco. "Y yendo por el camino, sucedió que se acercaba ya a Damasco, cuando de repente resplandeció alrededor de él una luz desde el cielo; y, caído a tierra, oyó una voz que le decía: ¡Saulo! ¡Saulo!, ¿por qué me persigues? Y él le dijo: ¿quién eres, Señor? Y el Señor respondió: ¡Soy Jesús, a quien tú persigues! ¡Dura cosa te es dar coces contra el aguijón! Y él, temblando y atónito, dijo: Señor, ¿qué quieres que yo haga?" Hechos 9:3-6. Con éstos compárese la epístola, cap. 1:15-17: "Pero cuando plugo a Dios (el cual me separó para sí desde el seno de mi madre, y me llevó por su gracia) revelar a su Hijo en mí, a fin de que yo le predicase entre los gentiles, desde luego no consulté con carne y sangre: ni subí a Jerusalem a verme con los que eran apóstoles antes que yo: sino que me fui a la Arabia, y volví otra vez a Damasco."

En esta cita de la epístola, deseo que se note cuán incidentalmente parece que el asunto se verificó en *Damasco*. En lo que puede llamarse la parte directa del informe, no se hace ninguna mención del lugar de su conversión; una expresión casual al fin, y una expresión metida para otro propósito, es la única cosa que da a entender que sucedió en Damasco: "Volví de nuevo a Damasco." Nada puede ser tan sencillo y falto de designio que esto. También hace algo más cercana la concordancia entre las dos citas, observar que ambas declaran que San Pablo predicó el evangelio luego que fue llamado: "Y desde luego predicó a Cristo en las sinagogas, afirmando que éste es el Hijo de Dios." Hechos 9:20. "Pero cuando plugo a Dios....revelar a su Hijo en mí, a fin de que yo le predicase entre los gentiles, desde luego no consulté con carne y sangre." Gal. 1:15.

4. El curso de los viajes del apóstol después de su conversión fue como sigue: "se fue de Damasco a Jerusalem, y desde Jerusalem a Siria y a Cilicia. En Damasco, sus discípulos, tomándole de noche, le descolgaron por el muro, bajándole en una espuerta. Y llegado que hubo a Jerusalem, procuraba unirse con los discípulos." Hechos 9:25, 26. Después, "los hermanos, al conocer esto" la conspiración tramada contra él en Jerusalem, "le condujeron a Cesarea, y de allí le enviaron a Tarso," una ciudad de Cilicia. Ver. 30. En la epístola el Apóstol da el siguiente informe breve de su proceder dentro del mismo período: "Entonces pasados tres años, subí a Jerusalem para conocer a Cefas y permanecí con él quince días. Después fui a las regiones de Siria y Cilicia." La historia nos había dicho que Pablo había pasado de Cesarea a Tarso: si hubiera hecho su viaje por tierra le llevaría por Siria a Cilicia; y vendría después de su visita a Jerusalem, "a las regiones de Siria y Cilicia," en el mismo orden en que las menciona en la epístola. Esta suposición que fuera desde Cesarea a Tarso *por tierra,* también aclara otro punto. Da cuenta de lo que dice San Pablo en el mismo lugar acerca de las iglesias de Judea: "Después fui a las regiones de Siria y Cilicia: y era aun desconocido de vista por las iglesias de Judea que había en Cristo; tan sólo oían ellas, decir: ¡Aquel que antes nos perseguía, ahora predica la fe que en un tiempo destruía! Y glorificaban a Dios en mí." Sobre cuyo pasaje observo, en primer lugar, que lo que se dice aquí de las iglesias de Judea, se dice en conexión con su viaje a las regiones de Siria y Cilicia. En segundo lugar, que el pasaje mismo tiene poca significación, y que la *conexión* es inexplicable, a menos que San Pablo fue-

ra por Judea — aunque probablemente por un viaje apresurado — al tiempo cuando vino a las regiones de Siria y Cilicia [1]. Suponiendo que pasara por tierra desde Cesarea a Tarso, todo esto como se ha observado, sería precisamente cierto.

5. Bernabé estuvo con San Pablo en Antioquía. "Y partió Bernabé para Tarso a buscar a Saulo: y habiéndole hallado, le condujo a Antioquía. Y sucedió que, por el espacio de un año entero, se reunieron con la iglesia." Hechos 11:25, 26. Otra vez, y en otra ocasión, Pablo y Bernabé navegaron a Antioquía, y "estuvieron allí no poco tiempo con los discípulos." Cap. 14:26.

Ahora, ¿qué dice la epístola? "Cuando vino Cefas a Antioquía, le resistí cara a cara, porque era de condenar. Y los otros judíos disimulaban juntamente con él; por manera que aun Bernabé fue descaminado junto con los demás." Cap. 2:11, 13.

6. Los apóstoles por lo regular residían en Jerusalem. "Y fue hecha en aquel tiempo una grande persecución contra la iglesia que estaba en Jerusalem; y todos los discípulos fueron dispersados por las regiones de Judea y Samaria, menos los apóstoles." Hechos 8:1. "Ellos," los cristianos de Antioquía, "determinaron que Pablo y Bernabé y ciertos otros con ellos, subiesen a los apóstoles y a los ancianos en Jerusalem, acerca de esta cuestión." Hechos 15:2. Con este relato está de acuerdo la declaración en la epístola: "Ni subí a Jerusalem a verme con los que eran apóstoles antes que yo," Cap. 1:

---

(1) El Dr. Doddridge opinaba que la Cesarea mencionada aquí no fue la ciudad célebre de ese nombre sobre el Mar Mediterráneo, sino Cesarea de Filipos, cerca de los límites de Siria, que está en una línea mucho más directa desde Jerusalem a Tarso que la otra. La objeción a esto, según observa el Dr. Benson, es, que Cesarea, sin ninguna adición, por lo regular denota la Cesarea de Palestina.

17; porque esta declaración implica, o antes bien admite que es sabido, que Jerusalem era el lugar donde los apóstoles habían de ser encontrados.

7. Hubo en Jerusalem dos apóstoles, o al menos dos miembros eminentes de la iglesia, de nombre Santiago. Esto se deduce directamente de los Hechos de los Apóstoles, que en el segundo versículo del capítulo doce, relata la muerte de Santiago hermano de Juan; y, sin embargo, en el capítulo quince y en una parte subsecuente de la historia, narra un discurso hecho por Santiago en la asamblea de los apóstoles y ancianos. Es también fuertemente denotado por la forma de la expresión usada en la epístola: "Mas no vi a otro alguno de los discípulos, sino a Santiago, el hermano del *Señor;*" esto es, para distinguirle de Santiago hermano de Juan.

A nosotros, a quienes ha sido familiar por mucho tiempo la historia contenida en los Hechos de los Apóstoles, estos puntos son obvios y bien conocidos; no nos parece más difícil hacerlos aparecer en una carta reputada como escrita por San Pablo, como introducirlos en un sermón moderno. Pero para juzgar correctamente del argumento que tenemos delante, debemos desechar este conocimiento de nuestros pensamientos. Debemos proponerles la situación de un autor que se sentó para escribir la epístola sin haber visto la historia, y entonces las coincidencias que hemos notado serían consideradas importantes. Serían al menos tomadas como confirmaciones separadas de los hechos diversos, y no sólo de estos hechos especiales, sino de la verdad general de la historia.

Porque ¿cuál es la regla respecto al testimonio corroborativo que prevalece en los tribunales de justicia, y que prevalece solamente porque la experiencia ha probado que es un guía útil a la verdad? Un testigo principal en una causa hace su informe; su narración en ciertas partes de ella es confirmada por testigos que son llamados después. El crédito derivado de su testimonio pertenece no solamente a las circunstancias en que los testigos auxiliares están de acuerdo con el testigo principal, sino hasta cierta medida a toda su evidencia; porque no es posible que el accidente o la ficción tirara una línea que tocara la verdad en tantos puntos.

De la misma manera, si se presentan dos informes manifiestamente independientes, esto es, manifiestamente escritos sin ninguna participación de noticias o acuerdo entre ellos, aun en escasas e insignificantes circunstancias — especialmente si, por la naturaleza y el designio distintos de los escritos, no podrían esperarse sino pocos puntos de consonancia, y aun éstos, incidentales, podrían esperar hallarse — tales escritos añadirían un peso notable a la autoridad de ambos, en cada parte de su contenido.

La misma regla se puede aplicar a la historia, al menos con tanta razón como a cualquier otro género de evidencia.

III. Pero no obstante que las referencias a varios detalles en la epístola, comparadas con el relato directo de los mismos detalles en la historia, suministran una prueba considerable de la verdad no sólo de estos detalles, sino de la narración que los contiene, sin embargo no muestran, como se dirá, que la epístola fue escrita por San Pablo; porque admitiendo lo que parece haber sido probado, que el que la escribió, quien quiera que fuese, no tuviera ningún acceso a los Hechos de los Apóstoles; sin embargo, muchos de los hechos a que se hace alusión, tales como la conversión milagrosa de San Pablo, su cambio de un perseguidor virulento a un predicador infatigable, sus trabajos entre los gentiles y su celo por las libertades de la iglesia gentil, eran tan notorios que ocurrirían fácilmente a la mente de cualquier cristiano quien quisiera personificar su carácter y usar fraudulentamente su nombre; no haría más que escribir lo que todo mundo sabía. Ahora bien, yo creo que esta suposición — esto es, que la epístola fuera compuesta sobre informes generales y la publicidad general de los hechos a que se hace referencia y que el autor no hizo más que entretejer en su obra lo que la fama común de la iglesia cristiana había traído a sus oídos — es repelida por la particularidad de las narraciones y referencias. Esta particularidad se puede observar en los ejemplos siguientes; y al leer éstos deseo que el lector reflexione, si exhiben el lenguaje de un hombre que no tenía nada sino informes generales en que fundarse, o de un hombre que realmente está hablando de sí mismo y de su propia historia, y, de consiguiente, de cosas acerca de las cuales él poseía un conocimiento claro, íntimo y circunstancial.

1. La historia, al dar un informe acerca de San Pablo después de su conversión, relata, "cuando se hubieron cumplido muchos días," efectuando con la ayuda de los discípulos, su escape de Damasco "prosiguió a Jerusalem." Hechos 9:25. La epístola hablando del mismo período, representa a San Pablo como diciendo que fue a Arabia, que volvió de nuevo a Damasco, y que después de tres años fue a Jerusalem. Cap. 1:17, 18.

2. La historia relata que cuando Pablo volvió de Damasco, estuvo con los discípulos "entrando y saliendo." Hechos 9:28. La epístola describiendo el mismo viaje, nos dice que "subió a Jerusalem para conocer a Cefas, y permaneció con él quince días." Cap. 1:18.

3. La historia relata que cuando Pablo llegó a Jerusalem, "Bernabé le trajo a los apóstoles." Hechos 9:27. La epístola dice que vio a Pedro; mas no vio

a otro alguno de los apóstoles, "sino a Santiago el hermano del Señor." Cap. 1:19.

Ahora esto es como debe ser. El historiador hace su narración en términos generales como de hechos que él no presenció. La persona de quien trata esta narración, cuando llega él mismo a hablar de estos hechos, menciona con particularidad el tiempo, los nombres y las circunstancias.

4. Semejante anotación de lugares, personas y fechas, se halla en el relato del viaje de San Pablo a Jerusalem, dado en el segundo capítulo de la epístola. Habían pasado catorce años desde su conversión; lo hizo en compañía de Bernabé y Tito; fue entonces que se reunió con Santiago, Cefas y Juan; fue entonces cuando se pusieron de acuerdo en que éstos fueran a la circuncisión, y él a los gentiles.

5. La disputa con Pedro, que ocupa la última parte del mismo capítulo, está caracterizada por la misma particularidad. Se verificó en Antioquía; fue después de que vinieron ciertos hombres de Santiago; fue mientras Bernabé estuvo allí, el cual fue llevado por su disimulo. Estos ejemplos niegan la insinuación, de que la epístola no presenta nada sino alusiones indefinidas a hechos públicos.

IV. Cap. 4:11-16: "¡Témome respecto de vosotros, no sea que, de algún modo, haya trabajado por vosotros en vano! ¡Ruégoos, hermanos, que seáis como yo; pues yo soy como vosotros! No me habéis hecho agravio alguno. Al contrario, sabéis que fue por causa de enfermedad corporal que os prediqué el evangelio la primera vez; y lo que era para vosotros una prueba en mi carne, no lo despreciasteis, ni rechazasteis; sino que me recibisteis, como a un ángel de Dios, como a Cristo Jesús mismo. ¿Dónde, pues, está ahora aquella felicidad vuestra de entonces? ¡porque os doy testimonio que si fuera posible, os hubierais sacado los ojos, y me los hubierais dado! Es así pues, que me he hecho enemigo vuestro, diciéndoos la verdad."

Con este pasaje compárese 2 Cor. 12:1-9: "Es preciso gloriarme, aunque en verdad no me conviene: mas vendré a visiones y revelaciones del Señor. Yo conozco a un hombre en Cristo, el cual, catorce años ha (ora en el cuerpo, no lo sé, o fuera del cuerpo, no lo sé; Dios lo sabe) fue arrebatado al tercer cielo. Y yo conozco al tal hombre, que (ora en el cuerpo, o fuera del cuerpo, no lo sé; Dios lo sabe) fue arrebatado al Paraíso, y oyó palabras inefables, que no es lícito a un hombre hablarlas. Con respecto a éste tal me gloriaré, pero respecto de mí mismo, no me gloriaré, sino en mis flaquezas. Bien que pudiera; porque aun cuando quisiese gloriarme, no sería un insensato, pues que diría la verdad: mas me contengo, para que nadie me conceptúe superior a lo que me ve, u oye respecto de mí. Y para que yo no fuese ensalzado desmedidamente, a causa de la grandeza de las revelaciones, me fue dada *una espina en la carne, un mensajero de Satanás, que me abofetease,* a fin de que yo no fuese ensalzado desmedidamente. Acerca de esto tres veces rogué al Señor, para que se apartase de mí. Y él me ha dicho: ¡Mi gracia te es suficiente; pues que mi poder se perfecciona en tu flaqueza! Por tanto yo muy gustosamente me gloriaré con preferencia en mis flaquezas, para que el poder de Cristo haga morada conmigo." No puede haber duda de que la "prueba en la carne," mencionada en la epístola de los Gálatas, y "la espina en la carne, y un mensajero de Satanás que le abofetease," mencionado en la epístola de los Corintios, habían de denotar la misma cosa. Ya fuese como hemos pretendido la misma persona en ambos casos, aludiendo como la ocasión le conducía a hacerlo, a alguna enfermedad corporal que padecía: esto es, estamos leyendo las verdaderas cartas de un verdadero apóstol; o sucede, que un sofista que había visto tal circunstancia en una epístola, logró meterlos en otra para establecer una correspondencia; o, finalmente, fue una circunstancia, en el ánimo personal de San Pablo, que se supone haber sido bien conocida de aquéllos en cuyas manos había probabilidad de que la epístola cayera, y por ese motivo introducida en los escritos como una señal para representar su nombre. He citado los pasajes plenamente, a fin de que el lector pueda juzgar con exactitud de la manera en que este detalle está introducido, en cada uno; porque aquel juicio, me parece, absolverá al autor de la epístola, de la acusación de haberlo introducido artificiosamente, ya con la idea de producir una consonancia aparente entre ellos, ya con otro propósito cualquiera.

El contexto por el cual la circunstancia que tenemos delante se ha introducido, está en los dos lugares totalmente distinto y sin ninguna señal de imitación; y, sin embargo, en ambos lugares se presenta la circunstancia naturalmente del contexto, y aquel contexto de la serie de pensamientos presentada en la epístola.

La epístola a los Gálatas, desde el principio hasta el fin, tiene el estilo de una queja irritada contra su defección del apóstol y de los principios que él les había enseñado. Era muy natural contrastar con esta conducta el celo con que al principio le habían recibido; y no era menos de mencionar así como una prueba de su disposición hacia él en otros tiempos, la indulgencia que, mientras estuvo entre ellos, habían mostrado para su enfermedad: "Lo que era para vosotros una prueba en mi carne, no lo despreciasteis, ni rechazasteis; sino que me recibisteis como a un ángel de Dios, como a Cristo Jesús mismo. ¿Dónde pues está ahora aquella felicidad vuestra de entonces?" esto es, las bendiciones que vosotros me dispensasteis; "¡Porque os doy testimonio que si fuera posible, os hubierais sacado los ojos, y me los hubierais dado."

En las dos epístolas a los Corintios, especialmente en la segunda, tenemos al apóstol contendiendo con ciertos enseñadores en Corinto, quienes habían formado un partido en aquella iglesia en contra de él. Para vindicar su autoridad personal así como el carácter de su ministerio entre ellos, toma ocasión — pero no sin disculparse repetidas veces por la locura, esto es por el indecoro, de hacer su propio panegírico [1]—para contestar las jactancias de sus adversarios: "Mas en cualquier respecto que alguno es osado (hablo con insensatez), yo soy osado también. ¿Son ellos hebreos? Yo también, lo soy. ¿Son israelitas? Yo también. ¿Son linaje de Abraham? Yo también. ¿Son ministros de Cristo? (hablo como quien ha perdido el juicio). Yo soy más: en trabajos más abundante, en cárceles con más frecuencia, en azotes sobre medida, en muertes muchas veces." Siendo conducido a hablar del asunto, sigue adelante, como era natural, a narrar sus pruebas y peligros, sus cuidados y labores incesantes en la misión cristiana. Desde las pruebas que había dado de su celo y actividad en el servicio de Cristo, pasa — y esto con la misma idea de establecer su pretensión a ser considerado como "en nada inferior a los más eminentes apóstoles"— a las visiones y revelaciones que de tiempo en tiempo le habían sido concedidas. Y entonces por una conexión seguida y fácil se introduce la mención de su enfermedad: "para que yo no fuese en-

_____

(1) "Ojalá me toleraseis en un poco de insensatez: y en verdad toleradme" (Cap. 11:1).

"Lo que hablo, no según el Señor lo hablo, sino como con insensatez, en esta misma confianza de gloriarme" (Cap. 11:17).

"Mas me he hecho un insensato: Vosotros me compelisteis" (Cap. 12:11).

salzado desmedidamente" dice él, "a causa de la grandeza de las revelaciones, me fue dada una espina en la carne, un mensajero de Satanás que me abofetease."

Así es pues, que, en embas epístolas, la noticia de su enfermedad está de acuerdo con el lugar en que se halla. En la epístola a los Corintios el orden de pensamientos se acerca a la circunstancia por una aproximación regular. En esta epístola está sugerido por el asunto y la ocasión de la epístola misma. La cual observación ofrecemos como un argumento para probar que no es, ni la una ni la otra epístola, una circunstancia presentada con el fin de procurar crédito para una impostura.

El lector aprenderá a percibir la fuerza de este argumento, si procura introducir cualquier circunstancia *dada*, en el cuerpo de un escrito. Para hacer esto sin brusquedad, o sin dar señas de designio en la transición, se exige, como él hallará, más arte de lo que él esperaba fuese necesario, ciertamente más de lo que cualquiera pudiese creer haberse necesitado en la composición de estas epístolas.

V. Cap. 4:29: "Empero como entonces sucedió, que el que nació según la carne, persiguió al que nació según el espíritu, así también sucede ahora."

Cap. 5:11: "Yo, hermanos, si aun predico la circuncisión según dicen, ¿por qué soy aún perseguido? en tal caso hase acabado la ofensa de la Cruz."

Cap. 6:17: "¡De aquí en adelante nadie me moleste; pues llevo impresas en mi cuerpo las marcas de Jesús."

De estos varios textos, se ve que las persecuciones que nuestro apóstol había padecido, fueron de manos o por la instigación de los judíos; que no fue por predicar el cristianismo en oposición al paganismo, sino que fue por predicarlo como distinto del judaísmo, que había traído sobre sí los padecimientos que habían asistido su ministerio. Y esta representación coincide perfectamente con la que resulta del detalle de la historia de San Pablo, tal como se advierte en los Hechos. En Antioquía de Pisidia, "esparcióse la palabra del Señor por toda aquella región. Pero los *judíos incitaron* a las mujeres religiosas, de honorable condición, y a los hombres principales de la ciudad, y levantando persecución contra Pablo y Bernabé, los echaron fuera de sus términos." Hechos 13:49, 50. No mucho tiempo después, en Iconio, "creyeron de los judíos y de los helenistas una gran multitud. Pero los *judíos* que *no creían* excitaron los ánimos de los gentiles, y los exacerbaron contra los hermanos." Cap. 14:1, 2. En Listra "Vinieron allí judíos desde Antioquía e Iconio; y habiendo persuadido a las multitudes, apedrearon a Pablo, y le sacaron de la ciudad, creyendo que estaba muerto." Cap. 14:19. La misma enemistad y de la misma clase de personas nuestro apóstol la experimentó en Grecia. En Tesalónica, "algunos de ellos," los judíos, "fueron persuadidos y se allegaron a Pablo y a Silas; también de los griegos religiosos una gran multitud, y de mujeres principales no pocas. Pero *los judíos* incitados por celos, tomaron consigo ciertos hombres malos, de los ociosos que frecuentaban la plaza, y habiendo reunido al populacho, alborotaron la ciudad; y acometiendo la casa de Jasón, procuraban sacarlos al pueblo." Cap. 17:4, 5. Sus perseguidores los siguieron a Berea: "Cuando conocieron los judíos de Tesalónica que también en Berea era predicada por Pablo la palabra de Dios, fueron asimismo allí, incitando y turbando a las multitudes." Cap. 17:13. Y finalmente en Corinto, cuando Galión era disputado de Acaya, *"los judíos* de común acuerdo acometieron a Pablo, y le llevaron ante el tribunal." Según pienso no parece que nuestro apóstol fuese alguna vez acometido por los gentiles, a menos que fuesen primero instiga-

dos a ello por los judíos, sino en dos casos; y en éstos
dos las personas que comenzaron el asalto fueron
interesadas personalmente en su expulsión del lugar.
Una vez esto sucedió en Filipos, después de la curación de la Pitonisa: "Viendo pues sus amos que se
había perdido ya la esperanza de sus ganancias, cogieron a Pablo y a Silas, y los arrastraron al Agora,
ante los magistrados." Cap. 16:19. Y una segunda
vez en Efeso, instigado por Demetrio, un platero, quien
hacía templecitos de Diana; reunió obreros de semejante ocupación, y les dijo: "Señores: sabéis que
por esta industria ganamos riqueza. Y veis y oís que
no sólo en Efeso, sino por casi toda la provincia de
Asia, este Pablo con sus persuasiones aparta a mucha gente, diciendo que no son dioses los que son
hechos de mano. ¡Y no sólo hay peligro de que este
nuestro ramo de industria venga a ser desacreditado,
sino que también el gran templo de la gran diosa
Diana sea despreciado, y sea destruída la magnifi-
cencia de aquélla a quien toda el Asia y el mundo
adoran."

VI. Observo un acuerdo en una regla algo peculiar
de conducta cristiana, como se presenta en esta epístola, y como se ejemplifica en la segunda epístola a
los Corintios. No es la repetición del mismo precepto
general, lo que habría sido una coincidencia de poco
valor; sino que es un precepto general en un lugar,
y la aplicación de ese precepto a un suceso verdadero en el otro. En el capítulo sexto y versículo primero de esta epístola, nuestro apóstol da la siguiente
dirección: "Hermanos, si alguno fuere sobrecogido
en cualquiera transgresión, vosotros que sois espirituales, restauradle al tal en espíritu de mansedumbre." En 2 Cor. 2:6-8, escribe así: "Basta al tal ese
castigo"—la persona incestuosa mencionada en la
primera epístola—"que fue hecho por los más de
vosotros: de manera que, al contrario, debéis per-

donarle y consolarle, no sea que quizás el tal sea sumido en una tristeza excesiva. Por lo cual yo os ruego que manifestéis amor hacia él." No puede haber duda de que fuera la misma mente la que dictó estos dos pasajes.

VII. Nuestra epístola se adelanta más que ninguna (otra) de las epístolas de San Pablo, porque afirma en términos directos la abrogación de la ley judaica, como instrumento de salvación, aun para los mismos judíos. No sólo eran exentos los gentiles de esta autoridad, sino que aun los judíos ya no habían de depender para nada de ella, o considerar que eran sujetos a ella por lo que toca a la religión. "Mas antes que viniese la fe, estábamos guardados bajo sistema de ley, encerrados en preparación para la fe, que más tarde había de ser revelada. De manera que la ley ha sido nuestro *ayo*." Cap. 3:23-25. Esto fue indubitablemente hablado de judíos y a judíos. De semejante manera, cap. 4:1-5: "Digo empero, que cuanto tiempo el heredero es niño, no se diferencia nada de su siervo, aunque sea el Señor de todo; sino que está bajo guardianes y curadores, hasta el tiempo señalado por su padre. Así también nosotros, judíos, cuando éramos niños, estábamos sujetos a servidumbre, bajo los rudimentos mundanos de la ley. Mas cuando vino la plenitud del tiempo, envió Dios a su Hijo, hecho de mujer, hecho bajo la ley, *para redimir a los que estaban bajo la ley,* para que recibiésemos la adopción de hijos." Estos pasajes no dejan de ser una declaración, de que la obligación de la ley judaica, considerada como una economía religiosa, cuyos efectos habían de verificarse en otra vida, había cesado en ese respecto aun para los judíos mismos. ¿Cuál pues debe ser la conducta del judío — porque tal era San Pablo — quien predicó esta doctrina? Para ser consecuente consigo mismo, ya no cumpliría en su propia persona, con las direcciones de la ley; o, si en efecto cumplía, sería por algún otro motivo que el de la confianza que tenía en su eficacia, como una institución religiosa. Por esto sucede que, siempre que se menciona en la historia que San Pablo cumple con la ley judaica, se menciona en conexión con circunstancias que señalan el motivo de que procedió; y según parece este motivo era siempre conciliatorio, esto es, el amor al orden y la tranquilidad, o la inclinación a no hacer ofensa innecesaria. Así en Hechos 16:3: "Quiso Pablo que éste (Timoteo) fuese con él y tomándole le circuncidó, *a causa de los judíos que había en aquellos lugares.*" También Hechos 21:26, cuando Pablo consintió en exhibir un ejemplo de cumplimiento público con un rito judaico purificándose en el templo, se insinúa claramente que hizo esto para satisfacer a muchos miles de judíos que creían, y quienes eran todos celosos de la ley." Hasta aquí, los ejemplos relatados en un libro corresponden con la doctrina consignada en el otro.

VIII. Cap. 1:18: "Entonces pasados tres años, subí a Jerusalem para conocer a Cefas, y permanecí con él quince días."

La brevedad de la estancia de San Pablo en Jerusalem, es lo que deseo que el lector observe. El relato directo del mismo viaje en los Hechos, Cap. 9:28, no determina nada relativo al tiempo de su estancia allí: "Y él estaba con ellos," los apóstoles, "entrando y saliendo en Jerusalem. Predicando denodadamente en el nombre del Señor. Y hablaba y disputaba con los helenistas: mas ellos procuraban matarle. Pero los hermanos, al conocer esto, le condujeron a Cesarea." O antes bien este relato, tomado por sí solo, haría suponer al lector, que la estancia de San Pablo en Jerusalem había durado más de quince días. Pero volveos al capítulo veintidós de los Hechos y hallaréis una referencia a esta visita a

Jerusalem, que indica claramente que la continuación de Pablo en aquella ciudad había sido de corta duración: "Y sucedió que habiendo yo vuelto a Jerusalem, y estando orando en el templo, me sobrevino un éxtasis. Y le vi a Él que me decía: ¡Date prisa y sal pronto de Jerusalem, porque de ti no recibirán testimonio respecto de mí!" Aquí tenemos los términos generales de un texto explicados, de tal manera, por un texto lejano en el mismo libro, de tal manera que trae una expresión indeterminada de una conformidad cercana con una especificación hecha en otro libro: una especie de consecuencia que, según creo, no se encuentra en las falsificaciones.

IX. Cap. 6:11: "Mirad con cuán grandes letras os escribo, de mi propio puño."

Estas palabras implican que no siempre escribía con su propia mano; que está en consonancia con lo que hallamos alusivo en algunas de las otras epístolas. La epístola a los Romanos fue escrita por Tercio: "Yo Tercio, que escribo esta epístola, os saludo en el Señor." Cap. 16:22. La primera epístola a los Corintios, la epístola a los Colosenses, y la segunda epístola a los Tesalonicenses, todas tienen, cerca de la conclusión esta cláusula, "La salutación mía, escrita de mi mismo puño, Pablo"; que tiene que entenderse, y así se entiende universalmente, que el resto de la epístola fue escrito por otra mano. No me parece imposible que un impostor, que había notado esta aserción en alguna otra epístola, inventara la misma en una falsificación; pero esto no sucede aquí. El autor de la epístola no limita la manera de poner la firma del apóstol Pablo, sólo suplica a los Gálatas que noten qué carta tan grande había escrito con su propia mano. No dice que ésta era distinta de lo que usaba de ordinaria; esto se deja a una inferencia. Ahora bien, el suponer que esto fuese un artificio para acreditar una impostura, es suponer que el autor de la falsificación, por saber que otras de San Pablo no fueron escritas por él mismo, lo hizo decir al apóstol, que ésta sí lo fue; esto parece dar un giro curioso a la circunstancia, e inclinarse a un propósito que habría sido cumplido más natural y directamente añadiendo la salutación o la firma, en la forma en que se halla en otras epístolas [1].

X. Una conformidad exacta se ve en la manera en que cierto apóstol o cristiano eminente, cuyo nombre era Santiago, se menciona en la epístola y en la historia. Ambos escritos se refieren a una situación suya en Jerusalem, algo distinta de la de los otros apóstoles; una especie de eminencia o presidencia en la iglesia allí, o, al menos, una residencia más fija y estable. Cap. 2:11, 12. "Pero cuando vino Cefas a Antioquía... antes que viniesen algunos de parte de Santiago, comía con los gentiles." Este texto atribuye claramente una especie de eminencia a Santiago; y como oímos de él dos veces en la misma epístola, como morando en Jerusalem, cap. 1:19, y 2:9, tenemos que referirla a la situación que él tenía en aquella iglesia. En los Hechos de los Apóstoles ocurren diversas insinuaciones, que dan la misma idea de la situación de Santiago. Cuando Pedro fue milagrosamente librado de la cárcel, y había sorprendido a sus amigos apareciendo entre ellos, después de declararles cómo el Señor le había sacado de la cárcel, dijo él: "Haced saber esto a Santiago y a los

---

(1) Las palabras *pēlikois grammasin* puede ser que se empleen para describir los caracteres con que escribió, y no lo largo de la carta. Pero esto no cambia la verdad de nuestra observación. Creo, sin embargo, que como San Pablo, por la mención de su propio puño tuvo el designio de expresar a los Gálatas el gran interés que sentía por ellos, las palabras, fuese cual fuese la significación de ellas, se aplican a toda la epístola; y no como lo interpreta Grocio, siguiendo a San Jerónimo, a los pocos versículos que siguen.

hermanos." Hechos 12:17. Aquí está manifiesto que Santiago es mencionado en términos de distinción. Vuelve a aparecer también con semejante distinción en el capítulo veintiuno y en los versículos dieci-siete y dieciocho: "Y cuando llegamos a Jerusa-lem," Pablo y su compañía, ".... al día siguiente, Pablo entró con nosotros a ver a Santiago; y todos los ancianos estaban presentes." En el debate que se verificó sobre los conversos gentiles en el Concilio de Jerusalem, esta misma persona parece haber to-mado la dirección. Fue él quien cerró el debate, y propuso la resolución con que el concilio al fin con-cluyó: "Por lo cual, yo juzgo que no inquietemos a los que de entre los gentiles se han convertido a Dios."

Después de todo, el que existe una conformidad en las expresiones usadas acerca de *Santiago* en todas partes de la historia y en la epístola, es incuestio-nable. Pero admitiendo esta conformidad y admitien-do que no se hizo por designio, ¿qué prueba? Prueba que la circunstancia misma se basa en la verdad; esto es, que Santiago era una persona real, tenía una posición elevada en una verdadera sociedad de cris-tianos en Jerusalem. Confirma también esas partes de la narración que están conectadas con esta cir-cunstancia. Supongamos, por ejemplo, que la verdad de la narración del escape de Pedro de la cárcel ha-bía de ser juzgada sobre el dicho de un testigo, quien, entre otras cosas, hizo que Pedro, después de ser li-brado dijera: "Haced saber esto a Santiago y a los hermanos;" ¿no sería bueno, en semejante caso, mos-trar por otras pruebas independientes, o por una comparación de pruebas, sacadas de fuentes inde-pendientes, que realmente vivía en ese tiempo en Je-rusalem tal persona como Santiago; que esta persona tenía tal puesto en esta sociedad que hizo que las pa-labras que se dice que Pedro usó acerca de él, fuesen propias y naturales en el caso? Si esto fuera pertinente en la discusión de testimonio oral, lo es todavía más al apreciar el testimonio de la historia remota.

No debemos pasar por alto el hecho de que la comparación de nuestra epístola con la historia presenta algunas dificultades, o por lo menos, algunas cuestiones de una magnitud considerable. En primer lugar puede dudarse, a qué viaje se refieren las palabras con que empieza el segundo capítulo de la epístola: "Entonces catorce años después subí a Jerusalem." El que corresponde mejor con la fecha y el viaje a que la mayor parte de los intérpretes aplican el pasaje, es el viaje de Pablo y Bernabé a Jerusalem, cuando fueron allí desde Antioquía sobre el asunto de los conversos gentiles; el cual viaje produjo el famoso concilio y decreto narrado en el capítulo quince de los Hechos. A mí esta opinión me parece estar sujeta a fuertes objeciones. En la epístola Pablo nos dice que fue por revelación. Cap. 2:2. En los Hechos, leemos que fue enviado por la iglesia de Antioquía. Después de no poca disensión y discusión, "ellos determinaron que Pablo y Bernabé, y ciertos otros con ellos, subiesen a los apóstoles y a los ancianos en Jerusalem, acerca de esta cuestión." Hechos 15:2. Este no se puede reconciliar fácilmente. En la epístola San Pablo escribe, que cuando llegó a Jerusalem, "expuso delante de ellos aquel evangelio que predicó entre los gentiles; mas privadamente con los de reputación." Cap. 2:2. Si por "ese evangelio" significaba la inmunidad de los cristianos gentiles de la ley judaica — y no sé qué otra cosa podría significar — no es fácil concebir cómo podría comunicar privadamente aquello que era el objeto de su mensaje público. Pero queda todavía otra dificultad mayor, esto es, que en el informe que la epístola da acerca de lo que pasó respecto de esta visita en Jerusalem, no se dice nada relativo a las deliberaciones y el de-

124

creto que son narrados en los Hechos, y que según esa historia, constituyen el asunto por el cual el viaje se emprendió. Apenas podría haberse evitado el mencionar el concilio, mientras el apóstol relataba lo que había hecho en Jerusalem, si en verdad la narración pertenecía al mismo viaje. A mí me parece más probable que Pablo y Bernabé hubieran hecho algún viaje a Jerusalem, que no se menciona en los Hechos. Antes del decreto apostólico, leemos que Pablo y Bernabé permanecieron en Antioquía no poco tiempo con los discípulos. Hechos 14:28. ¿Es imposible que, durante esta larga permanencia, subiesen a Jerusalem y volviesen a Antioquía? O sería inconveniente la omisión de semejante viaje a la brevedad general con que están escritas estas memorias, especialmente en aquellas partes de la historia de San Pablo que se verificaron antes que el historiador se uniera con ellos?

Pero también, la primera mención que hallamos de una visita de San Pablo a Galacia, está en el capítulo dieciséis y el versículo seis: "Y pasaron por la región de Frigia y Galacia.... procuraron entrar en Bitinia." El viaje narrado aquí sucedió después del decreto apostólico; por esto ese decreto debió haber existido cuando se escribió nuestra epístola. Ahora bien, puesto que el designio expresado de la epístola fue la de establecer la exención de los conversos gentiles de la ley de Moisés, y como el decreto pronunció y confirmó aquella exención, puede parecer extraordinario que no se nota de manera alguna aquella determinación, ni se apela, de alguna manera, a su autoridad. Sin embargo, mucho del peso de esta objeción, que se aplica también a algunas otras de las epístolas de San Pablo, se quita por las siguientes reflexiones.

1. No fue costumbre de San Pablo, ni de acuerdo con ella, apelar o consultar mucho la autoridad de

los otros apóstoles, especialmente cuando estaba insistiendo fuertemente, como lo hace en todas partes de esta epístola, en su propia inspiración original. El que podía hablar de los más eminentes de los apóstoles en términos tales como los que siguen: "de parte de aquellos que tenían reputación de hacer algo (cuales hayan sido en un tiempo, nada me importa, Dios no acepta la persona de nadie) digo que los que eran de reputación no me importaron nada"—no era posible que éste, digo yo, se apoyara en la decisión de ellos.

2. La epístola basa el punto sobre principios; y quizás no sería más admirable, que, en semejante argumento, el apóstol no citara el decreto apostólico, de lo que pudiera ser que en un discurso en que se proponía probar el deber moral y religioso de guardar el día de descanso, el escritor no citase el canon décimo tercero.

3. El decreto no abarcaba más de la posición mantenida en la epístola; el decreto no hace más que declarar que los apóstoles y ancianos en Jerusalem no forzaron la observancia de la ley Mosaica sobre los conversos gentiles, como condición para ser admitidos en la iglesia cristiana. Nuestra epístola arguye que la institución mosaica ya se había acabado, por lo que toca a todos los efectos sobre el estado futuro, aun con respecto a los judíos mismos.

4. Las personas cuyo error San Pablo corregía no eran personas que se sometían a la ley judaica porque lo impusiese la autoridad, o porque hubiese sido hecho parte de la ley de la iglesia cristiana; sino que eran personas quienes, habiendo ya llegado a ser cristianas, después voluntariamente tomaron sobre sí la observancia del código mosaico, con la idea de alcanzar así mayor perfección. Esta, me parece, es precisamente la opinión a que San Pablo se opone en esta epístola. Muchas de sus expresiones se apli-

can exactamente a ella: "¿Tan simples sois? ¿habiendo comenzado en el espíritu, ahora os perfeccionáis en la carne?" Cap. 3:3. "Decidme, los que deseáis estar bajo sistema de ley, ¿no oís la ley?" Cap. 4:21. "¿Cómo tornáis atrás a aquellos débiles y desvirtuados rudimentos, a que deseáis estar otra vez en servidumbre?" Cap. 4:9. No puede juzgarse hecho extraordinario que San Pablo resistiera esta opinión con seriedad; porque cambiaba el carácter de la economía cristiana, y sustraía expresamente de la perfección de aquella redención que Jesucristo había obrado por los que creían en él. Pero no valía nada alegar a semejantes personas la decisión dada en Jerusalem, porque ésta solamente enseñó que ellos no fueron obligadas a estas observancias por alguna ley de la iglesia cristiana; no se pretendió obligarlas así: no obstante eso, imaginaban que había una eficacia en estas observancias, un mérito, una recomendación a favor y una razón de ser aceptados de parte de Dios, los que cumplieran con ellas. Esta fue una fase de la opinión de que no se aplicaba el tenor del decreto. Por esto, la epístola de San Pablo a los Gálatas, que en todas partes se adapta a esta situación, se expresa de un modo muy distinto del lenguaje del decreto: "Estáis del todo separados de Cristo, vosotros que quisierais ser justificados en virtud de la ley," cap. 5:4; esto es, los que dependen de sí mismos o, del mérito que creen haya en las observancias legales. El decreto no había dicho nada semejante a esto; por esto habría sido inútil presentar el decreto en un argumento en el que éste fue el asunto. De la misma manera en que al contender con un anacoreta, que insistiera en la santidad superior de una vida retirada y ascética, y el valor de semejantes mortificaciones a la vista de Dios, no valdría nada probar que las leyes de la iglesia no exigían estos votos, ni aun probar que las leyes de la iglesia expresamente dejaban a todo cristiano en libertad respecto a este asunto. Esto valdría poco para menguar la estimación de su mérito o para resolver el punto controvertido [1].

Otra dificultad resulta de la conducta de Pedro hacia los conversos gentiles en Antioquía, como es relatada en la epístola, en la última parte del segundo capítulo; la cual conducta, se afirma, no es consecuente ni con la revelación que le fue comunicada sobre la conversión de Cornelio, ni con la parte que sostuvo en el debate en Jerusalem. Pero, a fin de entender, ya la dificultad o la solución, será necesario manifestar y explicar el mismo pasaje: "Pero cuando vino Cefas a Antioquía, le resistí cara a cara, porque era de condenar. Pues antes que viniesen algunos de

_____
(1) La solución de esta dificultad presentada por el señor Locke no es, de ninguna manera, satisfactoria. "San Pablo," dice él, "no recordó a los gálatas el decreto apostólico porque ya lo tenían." En primer lugar, no parece cosa cierta, que lo tenían; en segundo lugar, si lo tenían, esto pudo ser más bien la razón de referirlos a él. El pasaje en los Hechos por el cual el Señor Locke cree que las iglesias de Gálacia poseían el decreto, es el versículo cuarto del capítulo dieciséis: "Y según ellos," Pablo y Timoteo, "pasaban por las ciudades, entregaban a las hermanos para que los guardasen, los decretos que habían sido acordados por los apóstoles y los ancianos que estaban en Jerusalem." En mi opinión, el decreto fue entregado sólo a las iglesias a donde llegó San Pablo, siguiendo el plan que se propuso al salir: "de visitar a los hermanos en toda ciudad donde había predicado la palabra del Señor." La historia de este viaje y todo lo que pertenecía a él, se acaba en el versículo cinco, cuando la historia nos informa que "así pues las iglesias se fortalecieron en la fe y se aumentaron en número de día en día." Entonces, la historia sigue adelante dando una nueva sección de la narración diciéndonos que "pasaron por la región de Frigia y Galacia y procuraron entrar en Bitinia." El decreto mismo está dirigido a los hermanos que son de los gentiles en Antioquía, Siria, y Cilicia; esto es, las iglesias ya fundadas y en que esta cuestión había sido suscitada. Y me parece que la observación del noble autor de la miscelánea sacra no sólo es ingeniosa sino altamente probada, esto es, que hay en este lugar una dislocación del tex-

parte de Santiago, comía con los gentiles: mas cuando hubieron venido, retiróse y separóse de ellos, temiendo a los que eran de la circuncisión. Y los otros judíos disimulaban juntamente con él; por manera que aun Bernabé fue descaminado junto con los demás, por la disimulación de ellos. Mas cuando yo vi que no andaban derechamente conforme a la verdad del evangelio, dije a Cefas en presencia de todos: si tú, siendo judío, vives como los gentiles, y no como los judíos, ¿cómo obligas a los gentiles a judaizar?" Pues bien, la cuestión que suscitó la disputa a que se refieren estas palabras, no fue si los gentiles eran capaces de ser admitidos al pacto cristiano; ésta había sido plenamente reselta: ni fue si había de ser contada como esencial a la profesión del cristianismo

_____

to, y que los versículos cuatro y cinco del capítulo dieciséis deberían seguir el último versículo del capítulo quince, de modo que el pasaje entero sería como sigue: "Y pasaron por la Siria y Cilicia, confirmando las iglesias; y según pasaban por las ciudades, entregaban a los hermanos para que los guardasen, los decretos que habían sido acordados por los apóstoles y los ancianos que estaban en Jerusalem; así pues, las iglesias se fortalecieron en la fe, y se aumentaron en número de día en día." Y entonces el capítulo dieciséis comienza un párrafo nuevo y no interrumpido: "Y vino también a Derbe y a Listra," etc. Cuando San Pablo vino, como lo hizo a Galacia, para predicar el evangelio, por primera vez, en un lugar nuevo, no es posible que hiciera mención del decreto, o antes bien la carta, de la iglesia en Jerusalem, la cual presuponía que el cristianismo fuese conocido, y que se refería a ciertas dudas que se habían suscitado en ciertas comunidades establecidas.

La segunda razón aducida por el señor Locke, por la omisión del decreto, esto es, que el único objeto de San Pablo en la epístola fue la de justificarse de la acusación que había sido hecha contra él, de realmente predicar la circuncisión, no me parece ser estrictamente veraz. No fue su único objeto. La epístola está escrita en oposición general a la inclinación judaizante que él halló prevaleciente entre sus conversos. La declaración de su propia doctrina y de su firme adherencia a aquella doctrina, formaba una parte necesaria del designio de su carta, pero no fue el todo de ella.

que se conformaran a la ley de Moisés; tal fue la cuestión en Jerusalem: sino que si haciéndose cristianos los gentiles, los judíos podrían desde entonces comer y beber con ellos, como con sus propios hermanos. Sobre este punto San Pedro se mostró ser inconsecuente; y esto de acuerdo con su historia. Podría considerar la visión en Jope como un mandato sólo aplicable a la ocasión, antes bien que aboliendo universalmente la distinción entre judío y gentil; no quiero decir con respecto a la aceptación final con Dios, sino a la manera de vivir juntos en la sociedad: al menos, puede ser que no comprendiera este punto con tanta claridad y certeza, que lo defendiera no obstante el temor de traer sobre sí las censuras y las quejas de sus hermanos en la iglesia de Jerusalem, quienes todavía se adhieren a sus antiguas preocupaciones. Pero se dice que Pedro, compelió a los gentiles *ioudaizein*. "¿Cómo obligas a los gentiles a judaizar?" ¿Cómo hizo eso? La única manera en que parece que Pedro obligara a los gentiles a cumplir con la institución judaica, fue retirándose de su compañía. Por lo cual puede ser que se entendiera que hizo esta declaración: "No negamos vuestro derecho de ser considerados como cristianos; no negamos vuestro título a las promesas del evangelio, aun sin cumplir con nuestra ley; pero si quisiereis que nosotros los judíos viviéremos con vosotros como vivimos los unos con los otros, esto es, si quisiereis en todos respectos ser tratados como nosotros los judíos, debéis vivir vosotros mismos como tales." Esto, me parece fue el apremio de San Pedro sobre los gentiles, y por lo cual San Pablo le reprendió.

En cuanto a la parte que el historiador atribuye a San Pedro en el debate en Jerusalem, además de ser una cuestión distinta la que se debatía allí de la que se produjo la disputa en Antioquía, no hay nada que nos estorbe suponer que la disputa en Antioquía se tuvo antes de la consulta en Jerusalem; o que Pedro, a consecuencia de esta reprensión, pudo haber, después, sostenido sentimientos más firmes.

CAPITULO VI

LA EPÍSTOLA A LOS EFESIOS

I. ESTA EPÍSTOLA, y la epístola a los Colosenses, parecen haber sido enviadas a sus iglesias respectivas por el mismo mensajero: "Mas para que sepáis vosotros también el estado de mis cosas, y lo que voy haciendo, Tíquico, amado hermano y fiel ministro del Señor, os lo dará a conocer todo; a quien he enviado a vosotros, para esto mismo, a fin de que conozcáis lo que toca a nosotros, y para que él consuele vuestros corazones." Efesios 6:21, 22. Este texto, si no declara expresamente, que la carta fue enviada por Tíquico, me parece que lo insinúa claramente. Las palabras que él usa en la epístola a los Colosenses son muy semejantes a éstas, y suministra la misma inferencia que Tíquico, en compañía con Onésimo, fue el portador de la carta a esa iglesia: "De todas mis cosas os informará Tíquico, amado hermano, y ministro fiel, y consiervo mío en el Señor; a quien he enviado a vosotros para esto mismo, a fin de que conozcáis vosotros nuestro estado, y para que él consuele vuestros corazones; juntamente con Onésimo, fiel y amado hermano, el cual es uno de vosotros, ellos os informarán de cuánto pasa aquí." Col. 4:7-9. Ambas epístolas representan al que las escribe como encarcelado por la predicación del evangelio, y ambas tratan del mismo asunto general. Por esto, la epístola a los Efesios, y la epístola a los Colosenses, dan a entender que son dos cartas escritas por la misma persona, al mismo tiempo o cerca del mismo tiempo, y sobre el mismo asunto, y haber sido enviadas por el mismo mensajero. Pues bien, todo en los sentimientos, el orden y el lenguaje de los dos escritos, corresponde con lo que podría esperarse de esta circunstancia de identidad o cognación en su origen. La doctrina principal de ambas epístolas es la unión de los judíos y gentiles bajo la economía cristiana; y aquella doctrina en ambas es establecida por los mismos argumentos, o hablando más propiamente es ilustrada por los mismos símiles [1]: "una cabeza," "un cuerpo," "un hombre nuevo," "un templo," son en ambas epístolas las figuras bajo las cuales las sociedades de creyentes en Cristo, y su relación común con él, como tal, son representadas [2]. La distinción

---

(1) Me parece que San Pablo ha sido acusado a veces, de raciocinar de un modo inconclusivo, debido al hecho de que hemos tomado equivocadamente por raciocinio lo que sólo fue dicho por vía de ilustración. No debe leerse como hombre cuya propia persuasión de la verdad de lo que enseñaba dependía siempre o solamente del modo de verlo bajo el cual él representa su escrito. Dando por sentado la certeza de su doctrina, como descansando sobre la revelación que le había sido impartida, la exhibe con frecuencia al concepto de sus lectores bajo imágenes y alegorías, en que, si puede descubrirse una analogía, o aun puede hallarse a veces una semejanza poética, es tal vez todo cuanto se necesita.

(2)

Compárense	Efesios 1:22 4:15 2:15	con	Colosenses 1:18 2:19 3:10, 11
También	Efesios 2:14, 15 2:16 2:20	con	Colosenses 2:14 1:18- 21 2: 7

antigua y como había sido pensado la distinción indeleble entre judío y gentil, en ambas epístolas, es declarado ser ahora abolida por su cruz. Además de este acuerdo, en el tenor general de las dos epístolas, y en el arreglo también y en el ardor del pensamiento con que son compuestas, naturalmente podemos esperar, en cartas producidas bajo las mismas circunstancias en que éstas parecen haber sido escritas, una semejanza más cercana de estilo y lenguaje, que entre otras cartas de la misma persona pero de fechas lejanas, o entre cartas adaptadas a distintas ocasiones. En particular podemos esperar ver muchas de las mismas expresiones, y a veces oraciones enteras que sean semejantes; puesto que semejantes expresiones y oraciones serían repetidas en la segunda carta, sea cual fuere, por estar todavía frescas en la mente del que escribía desde que escribió la primera. Esta repetición ocurre en los siguientes ejemplos [1].

Efesios 1:7: "En quien tenemos redención por medio de su sangre, la remisión de nuestros pecados [2]."

Colosenses 1:14: "En quien tenemos la redención, por medio de su sangre, la remisión de nuestros pecados [3]."

Además de la semejanza de las palabras, es también notable que la declaración es, en ambos lugares, precedida por la misma idea introductoria. En la

_____

(1) Cuando se depende de comparaciones *verbales* viene a ser necesario poner el original también; pero a fin de que el lector inglés sea interrumpido lo menos posible, haré esto por lo regular en las notas.

(2) Efesios 1:7: *En ho echomen tēn apolutrōsin dia tou haimatos autou, tēn aphesin tōn paraptōmatōn.*

(3) Colosenses 1:14: *En ho echomen tēn apolutrōsin dia tou haimatos autou, tēn aphesin tōn hamartiōn.* Sin embargo, debe notarse que en este último texto muchas copias no tienen *dia tou haimatos autou.*

epístola a los Efesios, es el *"Amado,"* *ēgapēmenō;* en la de los Colosenses, es "Hijo de su amor," *huiou tēs agapēs autou,* "en quien tenemos redención." Parece que la declaración fue sugerida a la mente que escribía, por la idea que la había precedido.

Efesios 1:10: "Todas las cosas en Cristo, así las que están en el cielo como las que están sobre la tierra; en él digo [1]."

Colosenses 1:20: "Por medio de él digo, ora sean cosas sobre la tierra, ora sean cosas en el cielo [2]."

Esta cita es más digna de observarse, porque la conexión de las cosas en la tierra con las cosas del cielo es un sentimiento muy singular, y no hallado en otra parte alguna sino en estas dos epístolas. Las palabras también son introducidas por una descripción de la unión que Cristo había efectuado, y el que escribe sigue adelante diciendo a las iglesias gentiles que habían sido incorporados en ella.

Efesios 3:2: "Aquella administración de la gracia de Dios, que me fue dada en beneficio de vosotros [3]."

Colosenses 1:25: "Conforme al oficio de administrador que Dios me encomendó, en orden a vosotros [4]."

De estas declaraciones puede observarse también, que las ideas que las acompañan son semejantes. En ambos lugares, son precedidos por la mención de sus presentes padecimientos; en ambos lugares, son seguidos inmediatamente por la mención del misterio que fue el gran asunto de su predicación.

Efesios 5:19: "Con salmos e himnos y canciones es-

---

(1) Efesios 1:10: *Ta te en tois ouranois kai ta epi tēs gēs, en autō.*

(2) Colosenses 1:20: *Di' autou eite ta epi tēs gēs, eite la en tois ouranois.*

(3) Efesios 3:2: *Tēn oikonomian tes charitos tou Theou tēs dotheisēs moi eis humas.*

(4) Colosenses 1:25: *Tēn oikonomian tou Theou, tēn dotheisan moi eis humas.*

pirituales, cantando y haciendo melodía en vuestros corazones al Señor"[1].

Colosenses 3:16: "Con salmos e himnos y cánticos espirituales, cantando con gracia en vuestros corazones a Dios"[2].

Efesios 6:22: "A quien he enviado a vosotros para esto mismo, a fin de que conozcáis lo que toca a nosotros, y para que él consuele vuestros corazones"[3].

Colosenses 4:8: "A quien he enviado a vosotros para esto mismo, a fin de que conozcáis vosotros nuestro estado, y para que él consuele vuestros corazones"[4].

En estos ejemplos, no percibimos un conjunto de frases, recogidas de una composición, y ensartadas en la otra, sino la repetición ocasional de la misma expresión a una mente, que por segunda vez se ocupa de las mismas ideas.

2. El que escribe dos cartas, o dos discursos, sobre casi el mismo asunto, y no muy separados por el tiempo, pero sin ningún recuerdo especial de lo que había escrito antes, se hallará repitiendo algunas declaraciones en el mismo orden de las palabras en que ya las había usado; pero con más frecuencia se hallará empleando algunos términos principales, con el orden inadvertidamente cambiado, o con el orden cambiado por la introducción de otras palabras y frases que expresan ideas que se presentan al momento; o en muchos casos repitiendo no sencillamente palabras, ni aun oraciones enteras, sino partes y fragmentos de oraciones. De todas estas variedades,

---

1 Efesios 5:19: *Psalmois kai humnois, kai ōdais pneumatikais adontes kai psallontes en tē kardia humōn tō Kuriō.*

2 Colosenses 3:16: *Psalmois kai humnois kai ōdais pneumatikais, en chariti adontes en tē kardia humōn tō Kuriō.*

3 Efesios 6:22: *Hon epempha pros humas eis auto touto, hina gnōte ta peri humōn, kai parakalesē tas kardias humōn.*

4 Colosenses 4:8: *Hon epempsa pros humais eis auto touto, hina gnōte ta peri humōn, kai parakalesē tas kardias humōn.*

el examen de nuestras epístolas darán ejemplos claros; y yo me atendría a esa clase de ejemplos más que a los últimos, porque, aunque un impostor podría transcribir en una falsificación declaraciones y frases enteras, sin embargo la dislocación de palabras, el recuerdo parcial de frases y oraciones, la mezcla de nuevos términos e ideas antes usadas, que aparecieran en los ejemplos que siguen, y que son las propiedades naturales de escritos producidos bajo las circunstancias en las cuales se espera que estas epístolas fueron compuestas, no habrían ocurrido, según me parece, a la invención de un falsificador; ni, si se le hubieran ocurrido, habrían sido tan fácilmente ejecutadas. Esta variación estudiada sería un refinamiento de falsificación que, según creo yo, no existe; o si podemos suponer que se realizara en los ejemplos citados abajo, ¿por qué, podemos preguntar, no se ejercitó el mismo arte sobre aquellos que hemos citado en la clase anterior?

Efesios 1:19 a 2:5: "Para con nosotros que creemos conforme a aquella operación de la potencia de su fuerza, que él obró en Cristo, cuando le levantó de entre los muertos y le sentó a su diestra en las regiones celestiales, muy por encima de todo gobierno y autoridad y poder y señorío, y sobre todo nombre que se nombra, no sólo en este siglo sino en el venidero, y ha puesto todas las cosas bajo sus pies, y le ha constituído cabeza sobre todas las cosas, con respecto a su iglesia, la cual es su cuerpo, el complemento de Aquel que lo llena todo en todo. Y a vosotros os dio vida, estando muertos en las transgresiones y los pecados; en que anduvisteis en un tiempo, conforme al uso de este mundo, conforme al príncipe de la potestad del aire, espíritu que ahora obra en los hijos de la desobediencia; en medio de los cuales también nosotros todos en un tiempo vivíamos en las concupiscencias de nuestra carne, cumpliendo los deseos de la carne, y de los pensamientos; y éramos por naturaleza hijos de ira. Empero Dios, siendo rico en misericordia, a causa de su grande amor con que nos amó, aun cuando estábamos muertos en nuestras transgresiones, nos dio vida juntamente con Cristo [1]."

Colosenses 2:12, 13: "Por medio de la fe en la operación de Dios que le resucitó de entre los muertos. Y a vosotros, estando muertos en vuestras transgresiones, y en la incircuncisión de la carne, os dio vida juntamente con él" [2].

De la larga cita de Efesios quitad los paréntesis y os quedará una oración casi igual en sus términos a la cita corta de Colosenses. La semejanza es notable en el original griego. Aquí, pues, tenemos el mismo sentimiento, y casi en las mismas palabras; pero, en Efesios dos veces es interrumpida por pensamientos incidentales, que San Pablo, como era su costumbre, comenta al pasar [3], y luego vuelve a su discurso. Es interrumpido la primera vez por una idea que salta a su mente de la exaltación de Cristo; y la segunda vez por una descripción de la depravación pagana. Sólo quiero advertir que Griesbach, en su edición muy exacta, da los paréntesis casi de la misma manera en que están colocados aquí; y hace esto sin respeto alguno a la comparación que estamos proponiendo aquí.

---

(1) Efesios 1:19, 20; 2:1, 5: *Tous pisteuontas kata tēn energeian tou kratous tēs ischuos autou, hēn enērgēsen en tō Christō, egeiras auton ek nekrōn, kai ekathisen en dexia autou en tois epouraniois—kai humas ontas nekrous tois paraptōmasin kai tais hamartiais—kai ontas humas nekrous tois paraptomasin, sunezōopoiēsen tō Christō.*

(2) Colo. 2:12, 13: *dia tēs pisteōs tēs energeias tou Theou tou egeirantos auton ek tōn nekrōn. Kai humas nekrous ontas en tois paraptōmasin kai te akrobustia tēs sarkos humōn, sunezōopoiēse sun autō.*

(3) Véase Locke.

Efesios 4:2-4: "Con toda humildad y mansedumbre, con paciencia, soportándoos los unos a los otros con amor fraternal; esforzándoos para guardar la unidad del Espíritu en el vínculo de la paz. Hay un mismo cuerpo, y un mismo espíritu, así como fuisteis llamados en una misma esperanza" [1].

Colosenses 3:12-15: "Revestíos pues, como los escogidos de Dios, santos y amados, de una tierna compasión, de benignidad, de humildad de ánimo, de mansedumbre, de longanimidad; sufriéndoos los unos a los otros, y perdonándoos los unos a los otros, si alguno tuviere queja contra otro; así como el Señor también os ha perdonado, haced así también vosotros. Y sobre todas estas cosas, revestíos de amor, que es el vínculo de la perfección. Y reine en vuestros corazones la paz de Dios, a la cual también sois llamados en un solo cuerpo; y sed agradecidos" [2].

En estas dos citas las palabras *tapeinophrosunē, praotēs, makrodumia, anechomenoi allēlōn* ocurren exactamente en el mismo orden: *agapē* se halla también en ambas, pero en una conexión distinta; *sundesmos tēs eirēnēs* corresponde a *sundesmos tēs teleiotētos: eklēthēte en heni sōmati* corresponde a *hen sōma kathōs kai eklēthēte en mia elpidi:* sin embargo

---

(1) Efesios 4:2-4: *Meta pasēs tapeinophrosunēs kai praotētos, meta makrothumais, anechomenoi allēlōn en agapē, spoudazontes tērein tēn henotēta tou pneumatos en tō sundesmō tēs eirēnēs. Hen sōma kai hen pneuma, kathōs kai eklēthēte en mia elpidi tēs klēseōs humōn.*

(2) Colos. 3:12-15: *Endusasthe oun ōs eklektoi tou Theou, hagioi kai ēgapēmenoi, splagchna oiktirmōn, chrēstotēta, tapeinothrosunēn, praotēta, makrothumian, anechomenoi allēlōn, kai charizomenoi heautois, ean tis pros tina echē momphēn kathōs kai ho Christos echarisato humin hutō kai humeis, epi pasi de toutois tēn agaphēin, ētis esti sundesmos tēs teleiotētos, kai hē eirēne tou Theou brabeuetō en tais kardiais humōn, eis hēn kai eklēthēte en heni sōmati.*

esta semejanza se halla entre oraciones que, por otra parte, son muy distintas.

Efesios 4:16: "De quien todo el cuerpo, bien trabado y unido consigo mismo, por medio de cada coyuntura, coadyuvante, según la operación correspondiente a cada miembro en particular, efectúa el aumento del cuerpo" [1].

Colosenses 2:19: "De quien todo el cuerpo, suplido y coadyuvado por medio de coyunturas y ligaduras, se aumenta con el aumento de Dios" [2].

En estas citas se leen *ex hou pan to sōma sumbibazomenon* en ambos lugares, *epichorēgoumenon* correspondiendo a *epichorēgias, dia tōn haphōn* a *dia pasēs haphēs, auxei tēn auxēsin* a *poieitai tēn auxēsin:* y, sin embargo, las oraciones están considerablemente variadas en otras partes.

Efesios 4:32: "Y sed benignos los unos para con los otros, compasivos, perdonándoos los unos a los otros, así como Dios, también en Cristo os ha perdonado también a vosotros" [3].

Colosenses 3:13: "Sufriéndoos los unos a los otros, y perdonándoos los unos a los otros, si alguno tuviere queja contra otro; así como el Señor también os ha perdonado" [4].

Aquí tenemos "perdonándoos los unos a los otros,

---

1 Efesios 4:16: *Ex ou pan to sōma sunarmologoumenon kai sumbibazomenon dia pasēs haphēs tēs epichorēgias kat' energeian en metrō henos hekastou merous tēn auxēsin tou sōmatos poieitai.*

2 Colo. 2:19: *Ex hou pan to sōma, dia tōn haphōn kai sundesmōn epichorēgoumenon kai sumbibazomenon auxei tēn auxēsin tou Theou.*

3 Efesios 4:32: *Ginesthe de eis allēlous chrēstoi, eusplagchnoi charizomenoi heautois kathōs kai ho Theos en Christō charisato humin.*

4 Colo. 3:13: *Anechomenoi allēlōn, kai charizomenoi heautois, ean tis pros tina echē momthēn, kathōs kai ho Christos echarisato humin, houtō kai humeis.*

así como Dios, también en Cristo, os ha perdonado también a vosotros," en la primera cita, repetido substancialmente en la segunda. Pero en la segunda, la oración es interrumpida por la interposición de una cláusula nueva, "si alguno tuviere queja contra otro;" y la última parte está un poco variada: en lugar de "Dios en Cristo," está "Cristo os ha perdonado."

Efesios 4:22-24: "Que os desnudéis, tocante a vuestra pasada manera de vivir, del hombre viejo, que es corrupto, conforme a las concupiscencias engañosas; y que seáis renovados en el espíritu de vuestra mente, y que os revistáis del hombre nuevo, el cual, según la imagen de Dios, es creado en justicia, y santidad verdadera"[1].

Colosenses 3:9, 10: "Ya que os habéis desnudado del hombre viejo con sus obras, y os habéis revestido del hombre nuevo, el cual se va renovando en ciencia, según la imagen de Aquel que lo creó"[2].

En estas citas, "el desnudarse del hombre viejo, y el revestirse del hombre nuevo," aparece en ambas. La idea se explica más llamándole una renovación: en la una es "renovados en el espíritu de vuestra mente;" en la otra es "renovado en ciencia." En ambos se dice que el nuevo hombre es formado según el mismo modelo: en el uno es según Dios "creado en justicia y en santidad verdadera;" en la otra es renovado "según la imagen de aquel que lo creó." En una palabra, es la misma persona escribiendo sobre

---

1 Efesios 4:22-24: *Apothesthai humas kata tēn proteran anastrophēn ton palaion anthrōpon ton phtheiromenon kata tas epithumias tēs apathēs ananeousthai de tō pnuemati tou noos humōn, kai endusasthai ton kainon anthrōpon ton kata Theon ktisthenta en dikaiosunē kai hosiotēti tēs alētheias.*

2 Colo. 3:9, 10: *Apekdusamenoi ton palaion anthrōpon sun tais prazesin autou kai endusamenoi ton neon, ton anakainoumenon eis epignōsin kat' eikona tou ktisantos auton.*

un asunto semejante, con los términos e ideas que antes había empleado y se conservaban aún en su memoria [1].

Efesios 5:6-8: *Pues a causa de estas cosas viene la ira de Dios sobre los hijos de la desobediencia.* No seáis vosotros pues partícipes con ellos; porque en un tiempo erais tinieblas, mas ahora sois luz en el Señor: andad como hijos de luz" [2].

Colosenses 3:6-8: *"A causa de las cuales cosas viene la ira de Dios sobre los hijos de la desobediencia:* en las cuales vosotros también, en un tiempo anduvisteis, cuando vivíais en las tales cosas. Mas ahora, renunciad también vosotros, todas estas cosas" [3].

Estos versículos nos dan el ejemplo de aquella semejanza parcial que sólo puede encontrarse cuando no se propone ninguna imitación, cuando no se emplea ningún recuerdo estudiado, sino cuando la mente, ejercitada sobre el mismo asunto, se deja libre para la vuelta espontánea de tales términos y frases como, habiendo sido usado antes, por casualidad se presenten de nuevo. El sentimiento de ambos pasajes es en todas partes semejante: la mitad de aquel sentimiento, la denunciación de la ira de Dios, se expresa en palabras idénticas; la otra mitad, esto es,

---

1 En estas comparaciones con frecuencia percibimos la razón por qué el que escribe, aunque expresa la misma idea, emplea un término distinto; esto es, porque el término empleado antes se usa en la oración, bajo una forma distinta: así, en las citas que estamos considerando, el nuevo hombre es *kainos anthrōpos* en los Efesios, y *ton neon* en los Colosenses; pero es porque *ton kainon* se usa en la siguiente palabra *anakainoumenon*.

2 Efesios 5:6-8: *Dia tauta gar erchetai hē orgē tou Theou epi tous huious tēs apeitheias. Mē oun ginesthe summetochoi autōn. Ete gar pote skotos nun de phōs en kuriō, hōs tekna phōtos peripateite.*

3 Colo. 3:6-8: *Di' ha erchetai hē orgē tou Theou, epi tous huious tēs apeitheias. en hois kai humeis periepatēsate pote, hote ezēte en autois. Nuni de apothesthe kai humeis ta panta.*

143

la amonestación de dejar su primera conversación, en palabras del todo distintas.

Efesios 1:15, 16: "Mirad pues diligentemente cómo andáis; no como necios, sino como sabios, aprovechando cada oportunidad" [1].

Colosenses 4:5: "Andad sabiamente para con los de afuera, aprovechando cada oportunidad" [2].

Este es otro ejemplo de aquella mezcla que hemos notado de identidad y variedad en el lenguaje de un escritor. "Aprovechando cada oportunidad," *exagorazomenoi ton kairon*, es una repetición literal. "Mirad cómo andéis, no como necios, sino como sabios," *peripateite mē hōs asophoi, all' hōs sophoi* corresponde exactamente en sentido, y casi en términos, a "andar sabiamente," *en sophia peripateite*. *Peripateite akribōs* es una frase muy distinta, pero tiene el propósito de comunicar precisamente la misma idea como *peripateite pros tous exō*. *Akribōs* no se traduce bien "diligentemente." Significa lo que en lenguaje moderno diríamos "correctamente;" y cuando aconsejamos a una persona que se porte "correctamente," nuestro consejo siempre se da con referencia a la opinión de otros," *pros tous exō*. "Andad correctamente redimiendo el tiempo," esto es, teniendo respeto a las dificultades y obstáculos de los tiempos en que vivimos, "porque los días son malos."

Efesios 6:19, 20: "Y" orando "por mí para que se me conceda libertad de palabra, en abrir mi boca con denuedo, para dar a conocer el misterio del evangelio; a causa del cual soy un embajador en prisio-

---

1 Efesios 5:15, 16: *Blepete oun pōs akribōs peripateite, mē hōs asophoi, all' hos sophoi, exagorazomenoi ton kairon.*

2 Colosenses 4:5: *En sophia peripateite pros tous exō, ton kairon exagorazomenoi.*

nes; para que en ello yo hable denodadamente, así como debo hablar" [1].

Colosenses 4:3, 4: "Orando al mismo tiempo por nosotros también, para que Dios nos abra puerta para la palabra, a fin de hablar el misterio de Cristo; a causa del cual también estoy en prisiones; para que yo lo ponga de manifiesto, cual debo hablar" [2].

En estas citas, la frase, "así como debo hablar," *hōs dei me lalēsai* las voces "palabra," *logos* un "misterio," *mustērion* "abrir" *anoixē* y *en anoixei* son (en el griego) idénticas. "Para dar a conocer el misterio del evangelio," *gnōrisai to mustērion*, corresponde a "a ponerlo de manifiesto" *hina phanerōsō auto* "por el cual soy embajador en prisiones," *huper ou presbeuō en halusei*, con "a causa del cual también estoy en prisiones," *di' ho kai dedemai*.

Efesios 5:22-33; 6:1-9: "*Vosotras mujeres, estad sujetas a vuestros propios maridos, como al Señor:* porque el hombre es cabeza de la mujer, así como Cristo también es cabeza de la iglesia, siendo el mismo Salvador de la que es su cuerpo. Mas como la iglesia está sujeta a Cristo, así las mujeres lo han de estar a sus maridos en todo. Maridos amad a vuestras mujeres, así como Cristo también amó a la iglesia, y se entregó a sí mismo por ella; para santificarla, habiéndola limpiado con el lavamiento de agua con la palabra; para que se la presentase a sí mismo iglesia gloriosa, no teniendo mancha ni arruga, ni otra cosa semejante, sino que fuese santa e inmaculada.

---

1 Efesios 6:19, 20: *Kai huper emou, hina moi dotheiē logos en anoixei tou stomatos mou en parrēsia, gnōrisai to mustērion tou euaggeliou, huper ou presbeuō en halusei, hina en autō parrēsiasōmai, hōs dei me lalēsai.*

2 Colo. 4:3, 4: *Proseuchomenoi hama kai peri humōn, hina ho Theos anoixē humin thuran tou logou, lalēsai to mustērion tou Christou, di' ho kai dedemai, hina phanerōsō auto, hōs dei me lalēsai.*

Así también deben los hombres amar a sus propias mujeres, como a sus mismos cuerpos: el que ama a su mujer se ama a sí mismo. Pues nadie jamás aborreció a su propia carne, sino que la sustenta y regala, así como Cristo también a la iglesia; porque nosotros somos miembros de su cuerpo, participantes de su carne y de sus huesos. Por esto dejará el hombre a su padre y a su madre, y quedará unido a su mujer: y los dos serán una misma carne. Este es un gran misterio; yo hablo empero con respecto a Cristo y a la iglesia. Sin embargo en cuanto a vosotros también, amad cada uno individualmente a su propia mujer como a sí mismo; y vea la mujer con reverencia a su marido. *Hijos, obedeced a vuestros padres en el Señor;* porque esto es propio. Honra a tu padre y a tu madre (que es el primer mandamiento con promesa), para que te vaya bien, y seas de larga vida sobre la tierra. *Y vosotros, padres, no provoquéis a ira a vuestros hijos,* sino educadlos en la disciplina y amonestación del Señor. *Siervos, sed obedientes, a los que según la carne, son vuestros amos, con temor y temblor, en sencillez de vuestro corazón, como a Cristo: no sirviendo al ojo, como los que procuran agradar a los hombres, sino antes como siervos de Cristo, haciendo de corazón la voluntad de Dios; de buena gana haciendo el servicio, como que lo hacéis al Señor y no a los hombres; sabiendo que cualquiera cosa buena que hiciere cada uno, lo mismo volverá a recibir de parte del Señor, sea siervo o sea libre.* Y vosotros, los amos, haced lo mismo para con ellos, y dejad las amenazas; conociendo que el Amo de ellos y el vuestro esta en los cielos; y que no hay acepción de personas para con él" [1].

---

1 Efesios 5:22: *Hai gunaikes, tois idiois andrasin hupotassesthe, hōs tō Kuriō.*

Colosenses 3:18 [1]: "Mujeres, estad sujetas a vuestros maridos, como conviene en el Señor. Maridos, amad a vuestras mujeres, y no las tratéis con aspereza. Hijos, obedeced a vuestros padres en todo; porque esto es muy acepto en el Señor. Padres, no provoquéis a vuestros hijos, no sea que se desalienten. Siervos, obedeced en todo a los que, según la carne, son vuestros amos; no obedeciendo al ojo, como los que quieren agradar a los hombres, sino con sencillez de corazón, temiendo al Señor: y cuanto hiciereis, obradlo de corazón, como para el Señor, y no para los hombres; sabiendo que de parte del Señor recibiréis el galardón de la herencia; pues servís a Cristo el Señor. Porque el que obra mal, recibirá otra vez el mal que ha hecho: y no hay acepción de personas. Amos, haced para con vuestros siervos lo que es justo

---

1 Colosenses 3:18: *Hai gunaikes, hupotassesthe tois idiois andrasin, hōs anēken en Kuriō.*
Efesios 5:25: *Hoi andres, agapate tas gunaikas heautōn.*
Colosenses 3:19: *Hoi andres, agapate tas gunaikas.*
Efesios 6:1: *Ta tekna, hupakouete tois goneusin humōn en Kuriō, touto gar esti dikaion.*
Colosenses 3:20: *Ta tekna, hupakouete tois goneusin kata panta, touto gar estin euareston tō Kuriō.*
Efesios 6:4: *Kai hoi pateres, mē parorgizete ta tekna humōn.*
Colosenses 3:21: *Hoi pateres, mē erethizete ta tekna humōn.*
Efesios 6:5-8: *Hoi douloi, hupakouete tois kuriois kata sarka meta phobou kai tromou, en haplotēti tēs kardias humōn, hōs tō Christō, mē kat' ophthalmodouleian, hōs anthropareskoi, all' hōs douloi tou Christou, poiountes to thelēma tou Theou ek psuchēs, met' eunoias douleuontes (hōs) tō Kuriō, kai ouk anthrōpois, eidotes hoti ho ean ti hekastos poiēsē agathon, touto komisetai para tou Kuriou, eite doulos, eite eleutheros.*
Colosenses 3:22: *Hoi douloi, hupakouete kata panta tois kata sarka kuriois, mē en ophthalmodouleiais, hōs anthropareskoi, all' en haplotēti kardias, phoboumenoi ton Theon, kai pan ho, ti ean poiēte, ek psuchēs ergazesthe, hōs tō Kuriō, kai ouk anthrōpois eidotes hoti apo Kuriou apolēpsesthe tēn antapodosin tēs klēronomias, tō Kuriō Christō douleuete.*

y equitativo, conociendo que vosotros también tenéis un Amo en el cielo."

Los pasajes en letra cursiva en las citas de Efesios, son muy semejantes, no sólo en cuanto a su significación, sino en cuanto a sus términos, a la cita de los Colosenses. Tanto las palabras, como el orden de las palabras son, en muchas cláusulas un duplicado el uno del otro. En la epístola a los Colosenses, estos pasajes son puestos juntos; y en la que se dirige a los efesios son divididos por la introducción de otras declaraciones, especialmente por una alusión larga y digresiva a la unión misteriosa de Cristo con su iglesia; la cual poseyendo, como bien ha observado el Señor Locke, la mente del apóstol, de ser un pensamiento incidental, crece hasta ser el asunto principal. La afinidad entre estos dos pasajes en significación, en términos y en el orden de las palabras, es más estrecha que cualquier otra que puede señalarse entre otras partes de cualesquiera otras dos epístolas en el volumen.

Si el lector quisiera ver cómo el mismo asunto es tratado por una mano distinta, y cuán distinta es de la producción de la misma pluma, fíjese en los capítulos segundo y tercero de la primera epístola de San Pedro. Se trata de los deberes de siervos, de esposas y de esposos en aquella epístola, como lo son en la epístola a los Efesios; pero los asuntos ocurren en un orden distinto, y los sentimientos que sugiere cada uno son totalmente distintos.

3. En dos cartas escritas por la misma persona, casi al mismo tiempo, y sobre la misma ocasión general, podemos esperar se advierta la influencia de asociación en el orden en que los tópicos siguen uno al otro. Ciertas ideas universal o generalmente sugieren otras. Aquí el orden es lo que llamamos natural, y de semejante orden ninguna conclusión puede sacarse. Pero cuando el orden es arbitrario, aunque sea seme-

148

jante, la concurrencia indica el efecto de aquel principio por el cual ideas que han sido en otras ocasiones reunidas comúnmente, vuelven a formar los pensamientos juntos. Las epístolas que estamos considerando presentan los dos ejemplos que siguen de estas especies de acuerdo:

Efesios 4:24, 25: "Y que os revistáis del hombre nuevo, el cual, según la imagen de Dios, es creado en justicia y santidad verdadera. Por tanto desechando la mentira, hablad la verdad cada uno con su prójimo; porque somos miembros los unos de los otros" [1].

Colosenses 3:9, 10: "No mintáis los unos a los otros, ya que os habéis desnudado del hombre viejo con sus obras, y os habéis revestido del hombre nuevo, el cual se va renovando en ciencia" [2].

El vicio de "mentir" o una corrección de aquel vicio, no parece tener relación más cercana al "revestirse del nuevo hombre," que una reformación en cualquier otro aspecto de moral. Sin embargo, vemos que estas dos ideas, están en ambas epístolas en conexión inmediata.

Efesios 5:20, 21, 22: "Dando gracias siempre, por todas las cosas, en el nombre de nuestro Señor Jesucristo, al Dios y Padre nuestro; sujetándoos los unos a los otros en el temor de Dios. Vosotros, mujeres, estad sujetas a vuestros propios maridos, como al Señor" [3].

---

1 Efesios 4:24, 25: *Kai endusasthai ton kainon anthrōpon, ton kata Theon ktisthenta en dikaiosunē kai hosiotēti tēs alētheias, dio apothemenoi to pseudos, laleite alētheian hekastos meta tou plēsion autou, hoti esmen allēlōn melē.*

2 Colosenses 3:9, 10: *Mē pseudesthe eis allēlous, apekdusamenoi ton palaion anthrōpon, sun tais praxesin autou, kai endusamenoi ton neon, ton anakainoumenon eis epignōsin.*

3 Efesios 5:20, 21, 22: *Eucharistountes pantote huper pantōn, en enomati tou Kuriou hēmōn Iēsou Christou, tō Theō kai patri, hupotassomenoi allēlois en phobō Theou. Hai gunaikes, tois idiois andrasin hupotassesthe, hōs tō Kuriō.*

Colosenses 3:17, 18: "Y todo cuanto hiciereis, en palabra o en obra, hacedlo todo en el nombre del Señor Jesús, dando gracias a Dios Padre por medio de él. Mujeres, estad sujetas a vuestros propios maridos, como conviene en el Señor" [1].

En estos dos pasajes, sumisión sigue a la acción de dar gracias, sin ninguna similitud en las ideas que darían cuenta de la transición.

No es necesario hacer más comparaciones entre las dos epístolas. El argumento que resulta de ella es como sigue. Ningún otro par de epístolas contienen una circunstancia, que indique que fueron escritas al mismo tiempo, o casi al mismo tiempo. Ningunas otras epístolas reciben tantas señales de correspondencia o semejanza. Si el original que atribuimos a estas dos epístolas es el verdadero, esto es, si fueron ambas realmente escritas por el apóstol Pablo, y ambas enviadas a su destino respectivo por el mismo mensajero, la semejanza es en todos puntos lo que había de esperarse. Si fueron falsificaciones, entonces la mención de Tíquico en ambas epístolas, y de un modo que da a entender que él llevó o acompañó a ambas epístolas, fue insertada con el propósito de dar cuenta de esta semejanza, o de otro modo la estructura de las epístolas fue adaptada con designio a la circunstancia; o, finalmente, la conformidad entre el contenido de las falsificaciones y lo que es así señalado directamente acerca de su fecha, no fue sino un feliz accidente. Ni una de estas tres suposiciones ganará crédito con un lector que repasa las epístolas con atención, y considera atentamente los varios ejemplos que hemos señalado y las observaciones con que fueron acompañados.

---

1 Colosenses 3:17, 18: *Kai pan hoti an poiëte, en logō ē en ergō, panta en onomati Kuriou Iēsou, eucharistountes tō Theō kai patri di' autou. Hai gunaikes, hupotassesthe tois idiois andrasin, ōs anēken en Kuriō.*

II. Hay una cosa, cuando una palabra o frase peculiar se adhiere a la memoria de un escritor o conferencista, y las usan con muy mal gusto enfáticamente y a cada momento, tal palabra o frase se llama *jerigonza*. Es el efecto natural del hábito; y aparecería con más frecuencia de lo que sucede de no haber enseñado las reglas para escribir bien, de no haber acostumbrado el oído a distinguir la aliteración, el mismo sonido repetido con frecuencia, que nos haga desechar, por este motivo, la palabra que se ofrecía primero a nuestra memoria. Un escritor que, como el apóstol Pablo no sabía estas reglas o las descuidaba, no evitaba el uso de semejantes palabras. La verdad es que, un ejemplo de esta clase, corre a través de varias de sus epístolas, y en la epístola que tenemos delante *abunda; y ésta es la palabra* "riquezas" usada metafóricamente como un aumentativo de la idea a que por casualidad esté unida. Así, "las *riquezas* de su gloria," "sus *riquezas* en gloria," "las *riquezas* de la gloria de su herencia," "las *riquezas* de la gloria de este misterio," Rom. 9:23; Efesios 3:16; Fil. 4:19; Efesios 1:18; Colosenses 1:27: "*riquezas* de su gracia,*" dos veces en los Efesios 1:7 y 2:7; "la *riqueza* de la plena seguridad de la inteligencia," Colosenses 2:2; "la *riqueza* de su benignidad," Rom. 2:4; "las *riquezas*, así de la sabiduría como de la ciencia de Dios," Rom. 11:33; "*riquezas* de Cristo," Efesios 3:8. En un sentido semejante se usa el adjetivo, Rom. 10:12, *rico* para con todos los que le invocan;" Efesios 2:4, "*rico* en misericordia;" 1 Tim. 6: 18, "ricos en buenas obras." También el adverbio, Colosenses 3:16, "habite *ricamente* en vosotros la palabra de Cristo." Este uso figurativo de la palabra aunque tan familiar al apóstol Pablo, no ocurre en otra parte alguna del Nuevo Testamento, con excepción de una vez en la epístola de Santiago, 2:5: "¿No ha escogido Dios a los que son *pobres* en cuanto al mundo, para que sean *ricos* en fe?" donde es manifiestamente usado por antítesis. Propongo el uso frecuente, de esta frase que, sin embargo, es al mismo tiempo según parece, no forzado, en la epístola que tenemos delante, como una señal interna de su autenticidad.

III. Hay otra singularidad en el estilo de San Pablo, que, en dondequiera que se halle, puede considerarse una seña de autenticidad; la que, si se notara, creo que no sería imitado, puesto que casi siempre produce embarazo e interrupción en el raciocinio. Esta singularidad es una especie de digresión que, creo, puede ser llamada propiamente *desviarse por una palabra*. Se desvía del asunto por ocurrir alguna palabra especial; deja la línea del pensamiento con que se ocupa, y entra en una declaración, a manera de paréntesis, en que esa palabra es el término prevaleciente. Presentaré al lector algunos ejemplos de esto escogidos de las otras epístolas, y, enseguida, propondré dos ejemplos de ello, que se hallan en la epístola a los Efesios. En 2 Cor. 2:14-17, en la palabra *olor:* "Mas gracias a Dios, el cual siempre nos hace celebrar triunfos en Cristo, y por medio de nosotros manifiesta el *olor* del conocimiento de sí mismo en todo lugar (porque somos para Dios un *olor* grato de Cristo, en los que se salvan, y en los que perecen: a los unos, somos *olor* de muerte para muerte; y a los otros *olor* de vida para vida). ¿Y quién es suficiente para tales cosas? Pues no somos como los muchos que conocéis que hacen un comercio de la palabra de Dios; sino al contrario, como de sinceridad, y al contrario, como de Dios, para delante de Dios, hablamos en Cristo." También 2 Cor. 3:1-3, en la palabra *epístola:* "¿Necesitamos por ventura, como algunos, *epístolas* de recomendación para vosotros, o de vuestra parte? Nuestra *epístola* de recomendación sois vosotros mismos, escrita en nuestro corazón, conocida y leída de todos los hombres: siendo así que sois manifiestamente una *epístola* de Cristo, ejecutada por nuestro medio, escrita no con tinta, sino con el Espíritu del Dios vivo, no en tablas de piedra, sino en tablas que son corazones de carne." La posición de las palabras en el original, se muestra más claramente que en la traducción, que fue la palabra *epistolē*, la que sugirió la declaración que sigue: 2 Cor. 3:1. *Ei mē chrēzomen, hōs tines, sustatikōn epistolōn pros humas, ē ex humōn sustatikōn; hē epistolē humōn humeis este, eggegrammenē en tais kardiais humōn, ginōskomenē kai anaginōskomenē hupo pantōn anthrōpōn, phaneroumenoi hoti este epistolē Christou diakonētheisa huph' eggegrammenē ou melani, alla pneumati Theou zōntos, ouk en plaxi lithinais, all' en plaxi kardias sarkinais.*

También 2 Cor. 3:12, etc., en la palabra *velo:* "Teniendo pues una tan grande esperanza, hacemos uso de un lenguaje muy claro; y no hacemos como Moisés, el cual puso un *velo* sobre su rostro, para que los hijos de Israel no fijasen la vista en el fin de aquello que había de acabarse. Pero sus entendimientos quedaron embotados; porque hasta el día de hoy, cuando se les lee el Antiguo Pacto, el mismo *velo*, permanece sin ser alzado; el cual *velo* es quitado en Cristo. Empero, hasta el día de hoy, siempre que Moisés es leído, un *velo* yace sobre sus corazones. Mas cuando quiera que alguno de ellos se vuelva al Señor, le es quitado el *velo*. Y el Señor es el Espíritu; y en donde estuviere el Espíritu del Señor, allí hay libertad. Empero nosotros todos, con rostro descubierto, mirando como en un espejo la gloria del Señor, somos transformados en la misma semejanza, de gloria en gloria, así como por el Espíritu del Señor. Por lo cual teniendo nosotros este ministerio, según hemos recibido la misericordia, no desfallecemos."

¿Quién deja de ver que toda esta alegoría del *velo* resulta del todo del uso de la palabra, cuando nos dice que Moisés "puso un *velo* sobre su rostro," y que sacó al apóstol de la consideración del asunto propio del discurso, la dignidad del oficio en que se ocupaba? Este mismo asunto lo vuelve a introducir casi con las palabras con que lo había dejado: "Por lo cual teniendo nosotros este ministerio, según hemos recibido la misericordia, no desfallecemos." La declaración que hacía antes, y que había sido interrumpida por el *velo,* fue, "Teniendo pues una tan grande esperanza, hacemos uso de un lenguaje muy claro."

En la epístola a los Efesios, el lector notará dos ejemplos, en que ocurre el mismo hábito de composición: reconocerá la misma pluma. El uno lo hallará en el capítulo 4:8-11, en la palabra *subiendo:* "Por lo cual se dice: *Subiendo* a lo alto llevó multitud de cautivos, y dio dones a los hombres. Y esto de *subir,* ¿qué quiere decir, sino que descendió también a las partes inferiores de la tierra? El que descendió es el mismo que *ascendió* muy por encima de todos los cielos, para que lo llene todo. Y constituyó a algunos apóstoles," etc.

El otro aparece en el cap. 5:12-15, en la palabra *luz:* "Porque las cosas hechas por ellos en secreto, vergonzoso es hablar siquiera de ellas. Pero todo lo que es reprendido, por la *luz* está puesto de manifiesto; porque la *luz* es lo que lo aclara todo. Por lo cual se dice: Despiértate tú que duermes, y levántate de entre los muertos, y te *alumbrará* Cristo. Mirad pues diligentemente cómo andáis."

IV. Aunque no parece haber sido puesto en duda, alguna vez, que la epístola que estamos considerando fue escrita por San Pablo, no obstante es bien sabido que, por mucho tiempo, se ha dudado respecto de las personas a quienes fue dirigida. La cuestión se funda en parte sobre alguna ambigüedad en la evidencia externa. Marción, un hereje del segundo siglo, como lo cita Tertuliano, un padre del principio del tercer siglo, la llama la epístola a los Laodicenses. Por lo que sabemos de Marción, no podemos confiar mucho en su juicio; ni es enteramente claro que Marcio fuera bien entendido por Tertuliano. No obstante esto, si Marción fue citado para probar que algunas copias de su tiempo dieron en lo sobrescrito, su testimonio, si fue correctamente interpretado, no es disminuído por su herejía; porque, como observa Grocio, *"cur in ea re mentiretur nihil erat causae."* El nombre *en Epheso̅,* en el primer versículo, del cual solamente depende la prueba de que la epístola fue escrita a los Efesios, no se halla en todos los manuscritos que existen ahora. Confieso, sin embargo, que la evidencia externa supera con exceso manifiesto al lado de la lectura recibida. La objeción, pues, resulta principalmente del contenido de la misma epístola, el cual contenido, en muchos respectos milita en contra de la suposición de que fuera escrita a la iglesia en Efeso. Según la historia, San Pablo había pasado dos años enteros en Efeso. Hechos 19:10. Y sobre este punto, esto es, que San Pablo había predicado por un tiempo considerable en Efeso, la historia es confirmada por las dos epístolas a los Corintios, y por las dos epístolas a Timoteo. "Me detendré en Efeso hasta el Pentecostés." 1 Cor. 16:8. "No queremos que estéis en ignorancia, respecto de nuestra aflicción, que nos sucedió en la provincia de *Asia*." 2 Cor. 1:8. "Conforme te rogaba quedarte en Efeso, cuando iba a partir para Macedonia." 1 Tim. 1:3. "Y cuántos servicios me prestó en *Efeso,* tú lo sabes muy bien." 2 Tim. 1:18. Cito estos testimonios, porque, a haber habido una competencia en cuanto al crédito entre la historia y la epístola, habría pensado que estuve bajo obligación de darle preferencia a la epístola. Pues bien, cada epístola que escribió San Pablo a iglesias que el mismo había fundado, o que había visitado, abunda en referencias y apelaciones a lo que había pasado durante el tiempo que él estuvo presente entre ellos, siendo que no hay ni un texto en la epístola a los Efesios, del cual podamos deducir que hubiera estado alguna vez en Efeso. Las dos epístolas a los Corintios, la epístola a los Gálatas, la epístola a los Filipenses y las dos epístolas a los Tesalonicenses son de esta clase; y están llenas de alusiones a la historia del apóstol, su recepción y su conducta mientras estuvo entre ellos; pero es muy difícil darnos cuenta de la falta total de esas cosas, en la epístola que tenemos delante, si en verdad fuera escrita a la iglesia en Efeso, en cuya ciudad había vivido por tanto tiempo. Esta es la primera objeción y la más fuerte. Pero además de esto, la epístola a los Colosenses, fue dirigida a una iglesia en la cual San Pablo nunca había estado. Esto lo deducimos del primer versículo del segundo capítulo: "Porque quiero que sepáis cuán grande conflicto tengo a causa de vosotros y de los de Laodicea, y para cuantos no han visto mi rostro en la carne." No podía haber razón en referirse a los Colosenses y Laodicenses con los que no habían visto su rostro en la carne, si no pertenecieran ambos a la misma descripción [1]. Pues bien, él se dirigía de la misma manera a los Colosenses a quienes no había visitado, como a los cristianos a quienes escribió en la epístola que estamos considerando ahora: "Damos gracias a Dios, el Padre de nuestro Señor Jesucristo rogando siempre por vosotros, *teniendo noticia de vuestra fe,* en Cristo Jesús, y del amor que tenéis hacia todos los santos." Col. 1:3. Habla a los Efesios, en la epístola que tenemos delante, de la manera siguiente: "Por esto, yo tam-

---

1 El Dr. Lardner contiende contra la validez de esta conclusión; pero me parece que sin éxito.

bién, *habiendo oído hablar de vuestra fe* en el Señor Jesús, y el amor que tenéis hacia todos los santos, no ceso de dar gracias a causa de vosotros; haciendo mención de vosotros en mis oraciones." Cap. 1:15. Los términos en que se dirige a ellos merecen observarse. Las palabras, "habiendo *oído* hablar de vuestra fe y amor," son las mismas palabras que vemos que usa al dirigirse a extraños; y no es posible que empleara las mismas al dirigirse a una iglesia en que había por mucho tiempo ejercido su ministerio, y cuya fe y amor debió haber conocido personalmente [1]. La epístola a los Romanos fue escrita antes de que San Pablo hubiera estado en Roma; y se dirige a ellos de la misma manera y su salutación a ellos tiene el mismo tenor que las que acabamos de citar: "En primer lugar, doy gracias a mi Dios por medio de Jesucristo, a causa de vosotros todos, por cuanto vuestra fe es cosa conocida en todo el mundo." Rom. 1:8. Veamos ahora cuál fue la forma en que nuestro apóstol acostumbraba introducir sus epístolas, cuando escribía a personas a quienes ya conocía. Para los Corintios era ésta: "Doy siempre gracias a mi Dios, acerca de vosotros, a causa de la gracia de Dios que os ha sido dada en Cristo Jesús." 1 Cor. 1:4. A los Filipenses: "Doy gracias a mi Dios, cada vez que me acuerdo de vosotros." Fil. 1:3. A los Tesalonicenses: "Damos gracias a Dios siempre, a causa de todos vosotros, haciendo mención de vosotros en nuestras

---

1 El Señor Locke procura evitar esta dificultad, explicando que la *"fe* de ellos de quien San Pablo había oído," significaba la firmeza de su persuasión de que eran llamados al reino de Dios, sin tener que sujetarse a la institución mosaica. Pero esta interpretación parece ser extremadamente *forzada;* porque de la manera en que fe está aquí unida con amor, en la expresión, "vuestra fe y amor," no podría denotar ningún dogma especial que distinguiera una compañía de cristianos de otra; puesto que la expresión describe las virtudes generales de la profesión cristiana.

oraciones, acordándonos sin cesar, en presencia del Dios y Padre nuestro, de la obra de vuestra fe, y del trabajo de vuestro amor." 1 Tes. 1:3; A Timoteo: "Doy gracias a Dios, a quien sirvo desde mis antepasados, con conciencia pura, que sin cesar tengo memoria de ti en mis oraciones, noche y día." 2 Tim. 1:3. En estas citas es, por lo regular, su *recuerdo*, y nunca el haber *oído* de ellos lo que hace el asunto de su agradecimiento a Dios.

Dificultades tan grandes nos estorban para suponer que la epístola que tenemos delante fuese escrita a la iglesia de Efeso, de modo que me parece probable que sea realmente la epístola a los Laodicenses, a la que se hace referencia en el capítulo cuatro de la epístola a los Colosenses. El texto que contiene aquella referencia es éste: "Y cuando esta epístola haya sido leída entre vosotros, haced que sea leída también en la iglesia de los Laodicenses; y que vosotros también leáis la otra, traída de Laodicea." Ver. 16. La "epístola *traída de* Laodicea," era una epístola enviada por San Pablo a aquella iglesia, y por ellos transmitida a Colosas. Las dos iglesias se habían de comunicar mutuamente las dos epístolas que habían recibido. Este es el sentido en que lo explican la mayor parte de los comentadores, y es el sentido más probable que puede dársele. Es también probable que la epístola a que se hace alusión haya sido una epístola que hubiera sido recibida *últimamente* por la iglesia de Laodicea. Parece pues, con un grado considerable de evidencia, que existía una epístola de San Pablo que tenía casi la misma fecha que la epístola de los Colosenses, y una epístola dirigida a una iglesia, que el apóstol Pablo nunca había visto: que tal era la iglesia de Laodicea. Lo que se ha observado acerca de la epístola que tenemos delante, muestra que corresponde exactamente a ese carácter.

Ni parece muy difícil darse cuenta de la equivocación. El que examina el mapa de Asia Menor verá, que una persona, viniendo de Roma a Laodicea, probablemente se desembarcaría en Efeso como el puerto marítimo más cercano y más frecuentado en aquella dirección. ¿No podría Tíquico, pues, comunicar a los cristianos de Efeso la carta que le había sido encomendada? ¿Y no podrían ser multiplicadas y conservadas copias de esa carta, en Efeso? ¿No pudieron algunas de las copias omitir algunas de las palabras que indicaban su destino *en tē Laodikeia* [1], por no ser esto de alguna importancia para los Efesios? ¿No podrían salir copias de la carta de Efeso a la iglesia en general; y no pudo esto ocasionar la creencia de que la carta fue escrita a aquella iglesia? Y finalmente, ¿no podría esta creencia haber causado el error que suponemos se había metido en la inscripción?

V. Como nuestra epístola da a entender que fue escrita durante la prisión de San Pablo en Roma, que está más allá del período a que los Hechos de

---

1 Y es notable, que parece hayan existido algunas copias antiguas sin las palabras que la designan, ni las palabras *en Efeso,* ni las palabras *en Laodicea.* San Basilio, escritor del siglo cuarto, hablando de la epístola presente, tiene este pasaje muy singular: "y escribiendo a los Efesios como verdaderamente unidos a él quien es por conocimiento, él Pablo," los llamó en un sentido peculiar *tales como son, diciendo a los santos que son aún, "los fieles en Cristo Jesús;* porque así lo han transmitido los que vivieron antes que nosotros, y lo hemos hallado en copias antiguas." El Dr. Mill lo interpreta — y no obstante algunas objeciones que le han sido hechas, en mi opinión correctamente — estas palabras de Basilio, como declarando que su padre había visto ciertas copias de la epístola en que faltaban estas palabras "en Efeso." Y me parece que el pasaje debe considerarse como el modo fantástico de Basilio de explicar lo que era realmente una lectura corrompida y defectuosa; porque no creo posible que el autor de la epístola podría haber escrito originalmente *hagiois tois ousin* sin ningún nombre de lugar para seguirlo.

los Apóstoles traen su historia; y como hemos visto y confesado que la epístola no contiene ninguna referencia a hecho alguno en Efeso durante la residencia del apóstol en esa ciudad, no podemos esperar que diera muchas señales de concordancia con la narración. Ocurre, sin embargo, una coincidencia, y una coincidencia de aquella clase minuciosa y menos obvia, que, como ya se ha observado repetidas veces, es más digna de confianza.

En cap. 6:19, 20, leemos: "orad por mí para que se me conceda libertad de palabra, en abrir mi boca con denuedo, para dar a conocer el misterio del evangelio; a causa del cual soy un embajador en prisiones." *"En prisiones,"* en *halusei* en una *cadena.* En el capítulo veintiocho de los Hechos, se nos dice que a Pablo después de su llegada a Roma, se le permitió vivir solo con un soldado que lo cuidaba. El Dr. Lardner ha mostrado que este modo de custodiar se usaba entre los romanos, y que siempre que se usaba, el prisionero era amarrado al soldado con una cadena: en referencia a lo cual San Pablo en el versículo veinte de este capítulo, dice a los judíos, a quienes había reunido: "Por esta causa, pues, os he llamado, para veros, y hablar con vosotros; porque es a causa de la esperanza de Israel, que estoy atado *con esta cadena,"* *tēn halusin tautēn perikeimai.* Es, pues, de conformidad exacta con la verdad de la situación de San Pablo, al tiempo que declara de sí mismo en la epístola, *presbeuō en halusei.* Y la exactitud es más notable, porque *halusin* — una cadena — no se usa en ninguna parte en el singular, para expresar otra clase de custodia. Cuando los pies y las manos del prisionero fueron amarrados juntos, la palabra fue prisiones *desmoi,* como en el capítulo veintiséis de los Hechos donde Pablo contesta a Agripa: "Pluguiera a Dios, que con mucha, o con poca, no solo tú, sino cuantos me oyen hoy, llegasen a ser tales cual yo soy, salvo *estas prisiones," parektos tōn desmōn tou-tōn*. Cuando el prisionero fue confinado entre dos soldados, como en el caso de Pedro, Hechos 12:6, dos cadenas eran empleadas; y se dice hablando de su liberación milagrosa, que, las "cadenas"— *haluseis,* en el plural —"cayeron de sus manos." *Desmos,* el substantivo, y *dedemai* el verbo, siendo términos generales fueron aplicables a esto en común con cualquiera otra clase de coerción; pero *halusis,* en el singular no lo fue a ninguno sino a éste.

Si puede sospecharse que el que escribió la presente epístola, que en ningún otro particular parece haber usado la información acerca de San Pablo comunicada en los Hechos, había usado en este versículo la palabra que leyó en este libro, y que había adaptado su expresión a lo que halló allí narrado del trato que sufrió San Pablo en Roma; por poco que la coincidencia que se narra aquí fuese efectuada por fraude y designio, me parece una buena respuesta observar que en el pasaje paralelo de la epístola a los Colosenses no se conserva la misma alusión; las palabras allí son: "Orando al mismo tiempo por nosotros también, para que Dios nos abra puerta para la palabra, a fin de hablar el misterio de Cristo, a causa del cual también *estoy en prisiones," di' ho kai dedemai*. Después de lo que se ha mostrado en un número anterior, no puede haber sino poca duda de que estas epístolas fueron escritas por la misma persona. Si pues el que las escribía, buscó, y fraudulentamente insertó, la correspondencia en una epístola, ¿por qué no la introdujo en la otra? Un verdadero prisionero podría usar palabras generales que comprendieran éste entre otros muchos modos de custodia, o podría usar palabras apropiadas que especificaran esto y lo distinguieran de cualquier otro modo. Sería accidental cualquiera forma de expresión que adoptara. Pero un impostor, que tuviera el

propósito de emplear en un lugar el término apropiado con el fin de engañar, lo habría usado en ambos
lugares.

CAPITULO VII

La Epistola a los Filipenses

I. CUANDO se refiere un suceso de tal modo que la referencia se entiende fácil e inmediatamente por los que conocen el hecho anteriormente o por otras circunstancias; pero es oscuro, o imperfecto, o exige investigación o una comparación de partes distintas, a fin de hacerlo más claro para otros lectores, el suceso a que se refiere así es probablemente real; porque, de haber sido ficticio, el escritor habría relatado su historia más plena y claramente, no sólo por ser consciente de su ficción, sino por ser consciente de que sus lectores no podrían tener otro conocimiento del asunto a que aludía, que los mismos informes que les comunicaba.

La mención de Epafrodito, en la epístola a los Filipenses, de su viaje a Roma y del asunto que le llevó allá, es el asunto a que quiero aplicar esta observación. Hay tres pasajes en la epístola que se relacionan con esto mismo. El primero, Cap. 1:7, "Como es justo que yo piense esto de todos vosotros, siendo así que os tengo en mi corazón; por cuanto, así en mis prisiones como en la defensa y confirmación del evangelio, todos vosotros sois *sugkoinōnoi mou tēs charitos,* participantes conmigo en esta gracia." Nada más se dice en este lugar. En la última parte del segundo capítulo, y como a la mitad de la epístola de la última cita, el asunto vuelve a aparecer: "Sin embargo, tuve por necesario enviaros a Epafrodito, mi hermano y colaborador y compañero de armas, y vuestro mensajero, *el cual ministraba a mis necesidades:* porque tenía ardiente deseo de veros a todos vosotros, y estaba muy triste, por cuanto habíais oído que él estaba enfermo. Pues a la verdad estuvo enfermo, a punto de morir; pero Dios tuvo misericordia de él, y no tan sólo de él, sino también de mí, para que yo no tuviese tristeza sobre tristeza. Le he enviado pues con mayor solicitud, para que al verle otra vez, vosotros os regocijéis, y yo esté con menos tristeza. Recibidle pues en el Señor con todo gozo, y a los tales tenedlos en honra: porque a causa de la obra de Cristo llegó hasta la muerte no haciendo caso de su vida, *para suplir lo que faltaba de vuestra parte en mi servicio.*" Cap. 2:25-30. Se deja aquí el asunto, y no vuelve a mencionarse hasta cerca de la conclusión de la epístola cuando vuelve a tratarse como sigue: "Y yo me regocijo grandemente en el Señor, de que ya por fin habéis hecho revivir vuestro cuidado acerca de mí; en lo cual a la verdad tuvisteis cuidado, pero os faltó oportunidad. No es que lo diga yo en cuanto a necesidad; pues que he aprendido a estar contento en cualesquiera circunstancia en que me hallare. Sé estar humillado, y sé abundar: en toda cosa y entre todos los hombres, he sido enseñado no sólo a tener hartura, sino a sufrir hambre; no sólo a tener abundancia, sino a padecer necesidad. Todo lo puedo en Aquel que me fortalece. Sin embargo, habéis hecho bien en participar conmigo en mi aflicción. Y vosotros, oh filipenses, sabéis también, que en el principio del evangelio, cuando salí de Macedonia, ninguna iglesia participó conmigo en materia de dar y recibir, sino vosotros solos: pues aun estando yo en Tesalónica, una vez, y hasta dos veces, enviasteis para aliviar mi necesidad. No lo digo por cuanto yo desee alguna dádiva, sino porque deseo que abunde fruto a cuenta vuestra. Ahora empero lo tengo todo en abundancia: lleno estoy, habiendo recibido, por conducto de Epafrodito, las cosas enviadas de vuestra parte," cap. 4:10-18. Al lector filipense, que sabía que se acostumbraba hacer contribuciones en aquella iglesia para el sostenimiento y alivio del apóstol, que la ayuda que acostumbraban enviarle había sido dilatada por falta de oportunidad, que Epafrodito se había encargado de llevar su liberalidad a las manos del apóstol, que había cumplido con esta comisión con peligro de su vida apresurándose a llegar a Roma bajo la presión de una enfermedad grave — para el lector que sabía todo esto con anticipación, cada renglón en las citas que acabamos de hacer sería llano y claro. Pero ¿qué tenía que pasar con un extraño? El conocimiento de estas varias particularidades es necesario para la percepción y explicación de las referencias; sin embargo, aquel conocimiento tiene que resolverse en pasajes que se hallan a grandes distancias unos de otros. Textos tienen que interpretarse por textos que se hallan a gran distancia unos de otros, que necesariamente produce embarazo y dilación. El pasaje citado del principio de la epístola contiene un reconocimiento de parte del apóstol, de la liberalidad que los filipenses habían ejercido hacia él; pero la alusión es tan general e indeterminada, que, a no haberse dicho más en los capítulos subsecuentes de la epístola, apenas se habría aplicado de manera alguna a esta ocasión. En la segunda cita, se declara que Epafrodito ha ministrado a las necesidades del apóstol y de haber suplido su falta de servicio para con él; pero cómo, o si fue a expensas suyas, o de qué fondo ministró, o cuál fue la falta de servicio que suplió él, se dejan muy sin explicación hasta que llegamos a la tercera cita donde hallamos que Epafrodito ministraba a las necesidades del apóstol, sólo llevando a sus manos las contribuciones de los Filipenses: "lleno estoy, habiendo recibido, por conducto de Epafrodito, las cosas enviadas de vuestra parte," y que la falta de servicio que él suplió fue una dilación o interrupción de su acostumbrada liberalidad ocasionada por la falta de oportunidad: "Y yo me regocijo grandemente en el Señor, de que ya por fin habéis hecho revivir vuestro cuidado acerca de mí; en lo cual a la verdad tuvisteis cuidado, pero os faltó oportunidad." Todo se aclara al fin; pero se aclara poco a poco. La claridad es el resultado de la ilustración recíproca de textos separados. Si alguno quisiera pues insinuar que toda esta historia de Epafrodito, o su viaje, su asunto, su enfermedad y aun su existencia, pudiese no tener otro fundamento que la invención del falsificador de la epístola; contestaría que un falsificador habría establecido esta historia de una manera continuada y también más detallada y conspicuamente. Si la epístola es auténtica y la referencia verdadera, entonces todo lo que se dice acerca de Epafrodito y su comisión, fue claro para aquellos a cuyas manos se esperaba que la epístola llegara. Considerando a los filipenses como sus lectores, una persona podría naturalmente escribir sobre el asunto, como ha escrito el autor de la epístola, sin ningún viso de suposición o de falsificación.

II. La historia de Epafrodito sugiere otra observación: "Pues a la verdad estuvo enfermo, a punto de morir; pero Dios tuvo misericordia de él, y no tan sólo de él, sino también de mí, para que yo no tuviese tristeza sobre tristeza." En este pasaje no se hace ninguna insinuación de que la curación de Epafrodito fuera milagrosa. Me parece que se habla de ella como un acontecimiento natural. Este caso, juntamente con el de la segunda epístola a Timoteo, "A Trófimo le dejé enfermo en Mileto," suple una prueba de que el poder de obrar milagros, y por inferencia lógica de obrar otros milagros, fue una potencia que visitaba a los apóstoles solamente por intervalos, y no dependía en manera alguna de su propia voluntad. Pablo sin duda hubiera sanado a Epafrodito si hubiera podido hacerlo. De haber estado a su disposición el poder de obrar milagros, no habría dejado a su compañero de viajes enfermo en Mileto. Esto, me parece, es una observación justa sobre los ejemplos citados; pero no es la observación lo que me interesa hacer. Sirve mejor al propósito de mi argumento observar, que una falsificación no habría dejado de presentar un milagro; ni mucho menos habría presentado a San Pablo profesando suma ansiedad por la seguridad de su amigo, y sin embargo confesando que él mismo no podía aliviarlo; lo que hace casi expresamente en el caso de Trófimo, porque le "dejó enfermo" y lo hace virtualmente en el pasaje que vamos considerando, en que se felicita a sí mismo por el alivio de Epafrodito, en términos que casi excluyen la suposición de la exclusión de cualesquier medios sobrenaturales para efectuarlo. Esta es una reserva que nada sino la verdad habría impuesto.

III. Cap. 4:15, 16: "Y vosotros, oh filipenses, sabéis también que en el principio del evangelio, cuando salí de Macedonia, ninguna iglesia participó conmigo en materia de dar y recibir, sino vosotros solos; pues aun estando yo en Tesalónica, una vez, y hasta dos veces, enviasteis para aliviar mi necesidad."

Será necesario dar el griego de este pasaje, porque, según creo, nuestra traducción no da el sentido de él con exactitud.

Oidate de kai humeis, Philippēsioi, hoti en archē tou euaggeliou, hote exēlthon apo Makedonias, oudemia moi ekklesia ekoinōnēsen eis logon doseōs kai lēpseōs, ei mē humeis monoi, hoti kai en Thessalonikē kai hapax kai dis eis tēn chreian moi epempsate.

Suplico al lector que dirija su atención a los detalles correspondientes *hoti* y *hoti kai* que conectan las palabras *en archē tou euaggeliou, hote exēlthon apo Makedonias* con las palabras *en Thessalonikē* y denotan, como yo interpreto el pasaje, dos donativos distintos, o antes bien donativos en dos períodos distintos: uno en Tesalónica *hapax kai dis,* el otro después de su partida de Macedonia, *hote exēlthon apo Makedonias* [1]. Yo traduciría el pasaje así, para denotar estos distintos períodos: "Y vosotros, oh filipenses, sabéis también que en el principio del evangelio, cuando salí de Macedonia, ninguna iglesia participó conmigo en la materia de dar y recibir, sino vosotros solos; pues aun estando yo en Tesalónica, una vez, y hasta dos veces, enviasteis para aliviar mi necesidad. "Pues bien, con esta exposición del pasaje compárese 2 Cor. 11:8-9: "He despojado a otras iglesias, tomando salario de ellas, para serviros a vosotros. Y cuando estaba presente con vosotros, y me faltaban recursos, no me hice una carga a nadie; pues lo que me faltaba, lo suplieron los hermanos que vinieron de Macedonia." Parece por la historia de San Pablo, como es relatada en la historia de los Hechos de los Apóstoles, que al partir de Macedonia, pasó, después de una estancia muy corta en Atenas, a Acaya. En segundo lugar, parece que, por la cita de segunda de Corintios, que en Acaya no aceptó ningún auxilio pecuniario de los conversos de ese país; sino que sacó lo que demandaban sus necesidades, de los cristianos de Macedonia. En concordancia con esto parece, en tercer lugar, del texto que es el asunto del presente número, que los hermanos de Filipos, una ciudad de Macedonia, le habían seguido con su munificencia, *hote exēlthon apo Makedonias,* cuando

---

1 Lucas 2:15: *Kai egeneto, hōs apēlthon ap' autōn eis ton ouranon hoi aggēloi,* "cuando los ángeles se fueron," esto es *después* de su partida, *hoi poimenes eipon pros allēlous.* Mat. 12:43: *Hotan de to akatharton pneuma exelthē apo tou anthrōpou,* "cuando el espíritu inmundo ha salido," esto es, *después* de su partida, *deirchetai.* Juan 13:30: *Hote exēlthē (Ioudas),* "luego salio," esto es, *después* de su partida, *legei Iesous.* Hechos 10:7: *hōs de apēlthen ho aggelos ho lalōn tō Korneliō,* "y cuando se fue el ángel que le hablaba," esto es, *después* de su partida, *phōnēsas duo tōn oiketōn,* etc.

partió de Macedonia, esto es, cuando *había llegado a Acaya.*

El pasaje que estamos considerando ofrece otro punto de concordancia que merece nuestra atención. El donativo a que se hace alusión en la epístola a los Filipenses, se dice que fue hecho al principio del evangelio. Esta frase se explica más naturalmente como significando la primera predicación del evangelio en estas partes; esto es, en este lado del Mar Egeo. Los auxilios a que se hace referencia en la epístola a los Corintios, como recibidos de Macedonia, son mencionados como recibidos por él en su primera visita a la península de Grecia. Las fechas pues asignadas al donativo, en las dos epístolas, están de acuerdo; sin embargo, la fecha de uno se llega a conocer muy incidentalmente, esto es, por la consideración que fija la fecha de la epístola misma; y en la otra, por una expresión —"el principio del evangelio"— demasiado general para usarse si el texto hubiera sido escrito con la idea de producir la correspondencia que estamos comentando.

Además de esto, la frase "en el *principio* del evangelio," despierta una idea en la mente del lector, que el evangelio había sido predicado allí más de una vez. El que escribía apenas habría llamado la visita a ellos, a que se refiere el "principio del evangelio," a no haberlas visitado en algún otro período de él. El hecho corresponde con esta idea. Si consultamos los capítulos dieciséis y veinte de los Hechos, hallaremos que San Pablo, antes de su prisión en Roma, durante la cual se da a entender que esta epístola fue escrita, había estado dos veces en Macedonia, y cada vez en Filipos.

IV. El que Timoteo hubiera estado mucho tiempo con Pablo en Filipos es un hecho que parece mencionarse dos veces en esta epístola. En primer lugar, se une a la salutación con que se abre la epístola: "Pa-

169

blo y Timoteo, siervos de Cristo Jesús, a todos los santos en Cristo Jesús que están en Filipos." En segundo lugar y más directamente, el punto se deduce de lo que se dice acerca de él, cap. 2:19: "Mas espero en el Señor Jesús enviaros pronto a Timoteo para que yo también esté de buen ánimo, al saber vuestro estado. Pues no tengo otro tan del mismo ánimo conmigo, que se interese ingenuamente por lo que os toca a vosotros; porque todos buscan lo suyo propio, no las cosas que son de Jesucristo. Pero *vosotros conocéis la prueba de él,* que como hijo al lado de su padre, así ha servido él conmigo, en la promoción del evangelio." A haber sido expresamente notado en los Hechos de los Apóstoles la presencia de Timoteo con San Pablo en Filipos, cuando predicó el evangelio allí, podría pensarse, que esta cita tenía una adaptación con el sentir de la historia; aunque, aun en ese caso, la declaración, o antes bien la alusión en la epístola es demasiado aislada, para dar mucho lugar a semejante sospecha. Pero la verdad es que de la actuación de San Pablo en Filipos, que ocupa la mayor parte del capítulo dieciséis de los Hechos, no se hace ninguna mención de Timoteo. Lo que aparece acerca de Timoteo en la historia, por lo que toca al asunto presente, es esto: cuando Pablo vino a Derbe y Listra "he aquí estuvo un cierto discípulo llamado Timoteo....quiso Pablo que éste fuese con él." Entonces la narración procede relatando el progreso de San Pablo en varias provincias del Asia Menor, hasta que lo trae a Troas. En Troas fue amonestado en una visión a pasar a Macedonia. En obediencia a la cual visión cruzó el Mar Egeo a Samotracia, el día siguiente a Neápolis, y desde allí a Filipos. Se relataron en seguida su predicación, milagros y persecuciones en Filipos, después de lo cual Pablo y su compañía, cuando habían pasado por Amfípolis y Apolonia, llegaron a Tesalónica, y desde Tesalónica a

Berea. Desde Berea los hermanos enviaron a Pablo, "Pero Silas y Timoteo permanecieron aún allí." El itinerario, del cual lo de arriba se ha extractado, es sin duda suficiente para apoyar una inferencia de que Timoteo estuvo con San Pablo en Filipos. Los hallamos marchándose juntos al principio de este viaje desde Derbe en Liconio; los hallamos juntos cerca del fin de ella en Berea, en Macedonia. Es muy probable, pues, que llegaran juntos a Filipos, por donde su ruta pasaba entre estos dos lugares. Si se piensa así está bien, porque lo que yo deseo que se observe es, que al comparar sobre este asunto la epístola con la historia, no hallamos narrado en un lugar, lo que se narra en otro; sino que encontramos — cosa que puede significar mucho más — una alusión indirecta a un hecho que ésta implique.

V. Nuestra epístola da a entender que fue escrita ya al final de la prisión del apóstol Pablo en Roma, y después de una residencia en aquella ciudad de considerable duración. Estas inferencias son sacadas de distintas insinuaciones, y las que conservan entre sí una justa consistencia, ciertamente no meditada. En primer lugar el apóstol ya había estado prisionero en Roma tanto tiempo, que la reputación de sus prisiones y de su fidelidad aún en ellas, habían contribuído al adelanto del evangelio: "Mas quiero que sepáis, hermanos, que las cosas que me han sucedido, han resultado más bien para mayor adelantamiento del evangelio; de modo que mis prisiones están ya bien conocidas, en nombre de Cristo, por toda la Guardia Pretoriana y a todos los otros, y los más de los hermanos, cobrando ánimo con mis prisiones, tienen mayor denuedo para hablar la palabra del Señor." En segundo lugar, el informe dado de Epafrodito hacía entender que San Pablo, cuando escribió la epístola, había estado en Roma un tiempo considerable: "Tenía ardiente deseo de veros a todos vosotros, y estaba muy triste, por cuanto habíais oído que estaba enfermo." Epafrodito estuvo con San Pablo en Roma. Había estado enfermo. Los Filipenses habían recibido la noticia de su enfermedad y él también había sido informado de cuanto habían sido afectados ellos por la noticia. El ir y venir de estos informes debió haber ocupado un largo tiempo, y todos pudieron haber tenido lugar durante la residencia de San Pablo en Roma. En tercer lugar, después de una residencia en Roma que probaron así haber sido de una duración considerable, ahora opina que la decisión de su suerte este cercana. Contempla ambas alternativas — la de su liberación, cap. 2:23: "A este pues," Timoteo, "espero enviarle, luego que vea cómo van mis asuntos. Mas confío en el Señor, que yo también iré a vosotros en breve": y la de su condenación, ver. 17: "Mas aunque fuere derramada mi sangre, como libación, sobre el sacrificio y servicio de vuestra fe, me alegro y me regocijo con todos vosotros." Esta consistencia es material, si la consideración de ella se limita a la epístola. Y es también material, porque está de acuerdo con la duración de la primera prisión de San Pablo en Roma, con la historia consignada en los Hechos, la cual, habiendo traído al Apóstol a Roma, cierra la narración diciéndonos que "permaneció dos años enteros en su propia vivienda alquilada."

VI. Cap. 1:23: "Pues estoy estrechado por ambas partes, teniendo el deseo de partir y estar con Cristo; lo cual es mucho mejor."

Con esto compárese 2 Cor. 5:8: "Estamos confiados, digo, y deseosos más bien de estar ausentes del cuerpo, y presentes con el Señor."

La semejanza de sentimientos en estas dos citas es obvia. Yo lo advierto, pues, no tanto de lo expresado antes sino de la semejanza en la serie de pensamientos que, en cada epístola, conduce a esta convicción y de la conformidad de aquella serie de sentimientos, bajo cuyas impresiones, las epístolas dan a entender que fueron escritas. Esto, en mi opinión, habla en favor de que fue producto de la misma mente, y de una mente que opera sobre circunstancias verdaderas. El presentimiento, en ambas partes, es precedido por la contemplación de inminente peligro personal. A los filipenses escribe en el versículo veinte de este capítulo: "Según mi ardiente expectación y mi esperanza, que en nada seré avergonzado, sino que portándome con todo denuedo, como siempre, así ahora también, Cristo sea engrandecido en mi cuerpo, sea por medio de la vida, sea por medio de la muerte." A los Corintios, "Por todos lados nos vemos estrechados, mas no angustiados; perplejos mas no desesperados; perseguidos, mas no abandonados; derribados, mas no destruídos; siempre llevando en derredor en el cuerpo, la muerte de Jesús." Este tenor de reflexión se continúa hasta el lugar de donde fueron tomadas las palabras que comparamos. Las dos epístolas, aunque escritas en distintas ocasiones, de distintos lugares, y a distintas iglesias, fueron ambas escritas bajo circunstancias que naturalmente traen a la mente del autor el estado precario de su vida, y los peligros que le esperaban de continuo. Cuando la epístola a los Filipenses fue escrita, el autor era un prisionero en Roma que esperaba su juicio. Cuando la segunda epístola a los Corintios fue escrita, el autor acababa de salvarse de un peligro en que había perdido esperanza de la vida. La epístola comienza con el recuerdo de este asunto, y tal impresión acompañó los pensamientos del que escribía, hasta el fin.

Sé que no hay cosa más fácil que transplantar a una epístola falsificada un sentimiento o una expresión que se halla en una verdadera; o, suponiendo que ambas epístolas fuesen falsificadas por la misma mano, insertar la misma expresión o sentimiento en ambas, pero la dificultad está en introducirla en conexión justa y cercana con la serie de pensamientos que preceden, y con la serie de pensamientos sugeridos tan claramente por las circunstancias bajo las cuales está escrita la epístola. En dos epístolas, que dan a entender que fueron escritas en distintas ocasiones y en distintos períodos de la historia del autor, no sería fácil que se obrase semejante inserción.

VII. Cap. 1:29, 30; 2:1, 2: "Porque os ha sido concedido, a favor de Cristo, no sólo creer en él, sino también padecer por su causa: teniendo vosotros el mismo conflicto que visteis en mí, y ahora oís estar en mí. Si hay pues cualquiera exhortación en Cristo que valga, si cualquier consuelo de amor, si cualquiera comunión del Espíritu, si cualesquiera entrañas de piedad, haced completo mi gozo, estando de un mismo ánimo, teniendo un mismo amor, un mismo espíritu, unos mismos sentimientos."

Con esto compárese Hechos 16:22: "Y la turba," en Filipos, "levantóse a una contra ellos," Pablo y Silas: "y los pretores, desgarrándoles los vestidos mandaron azotarlos con varas. Y habiéndoles inferido muchas heridas, los echaron a la cárcel, mandando al carcelero que los guardase con la mayor seguridad. El cual habiendo recibido tal mandato los metió en la cárcel de más adentro, y les aseguró los pies en el cepo."

El pasaje en la epístola es muy notable, yo no conozco en ningún escrito un ejemplo más patético, o que represente más verdaderamente la operación de una mente ardiente y afectuosa, que lo que se exhibe en la cita que tenemos delante. El apóstol recuerda a los Filipenses que son unidos con él en el padecimiento de persecución por amor a Cristo. Los exhorta por los vínculos de su común profesión y por sus comunes padecimientos, a cumplir su gozo, a completar, por la unidad de su fe, y por su amor mutuo, aquel gozo que había sido inspirado en su pecho por los ejemplos de su celo y su afecto para con él. Pues bien, si éste fue el verdadero sentimiento de la mente del apóstol — de que lleva la mas fuerte evidencia interna,— entonces tenemos en las palabras "el mismo conflicto que visteis en mí," una confirmación auténtica de cuanto de la historia del apóstol en los Hechos, se relaciona con sus actividades en Filipos; y por medio de ésta, de la inteligencia y fidelidad general del historiador.

CAPITULO VIII

La Epistola a los Colosenses

I. HAY UNA circunstancia de conformidad entre la historia de San Pablo y sus cartas, especialmente las que fueron escritas durante su primera prisión en Roma, y más especialmente la epístola a los Colosenses y a los Efesios, la cual circunstancia, siendo demasiado cercana para que demos cuenta de ella como por accidente y, sin embargo, demasiado indirecta y latente para que sea imputada al acaso, no puede fácilmente ser atribuída a otro origen que la verdad. La referida circunstancia es ésta: que San Pablo, en estas epístolas atribuye su prisión, no a su predicación del cristianismo, sino al hecho de afirmar el derecho que tenían los gentiles de ser admitidos a él, sin conformarse a la ley judaica. Esta fue la doctrina por la cual a él le parecía que sufría el martirio. Así, en la epístola que tenemos delante, Cap. 1:24; Yo Pablo, "ahora me regocijo en mis padecimientos por vuestra causa"—*"por vuestra causa,"*—esto es, por causa de aquéllos a quienes nunca había visto, porque, pocos versículos después añade: "porque quiero que sepáis cuán grande conflicto tengo a causa de vosotros y de los de Laodicea, y para cuantos no han visto mi rostro en la carne." Su padecimiento por *ellos* pues, fue por su carácter general de cristianos gentiles, de acuerdo con lo que declara explícitamente en su epístola a los Efesios 3:1: "Por esta causa, yo Pablo, preso como soy de Cristo Jesús, a causa de *vosotros gentiles.*" También en la epístola que vamos considerando ahora, 4:3: "orando al mismo tiempo por nosotros también, para que

Dios nos abra puerta para la palabra, a fin de hablar el misterio de Cristo; a causa del cual también estoy en prisiones." Lo que era aquel "misterio de Cristo" la epístola de los Efesios nos informa claramente: "Por cuya lectura podáis conocer cuál sea mi inteligencia en el *misterio de Cristo;* que en otras edades no fue dado a conocer a los hijos de los hombres, como ha sido revelado a sus santos apóstoles y profetas en virtud del Espíritu; es a saber, *que los gentiles hubiesen de ser coherederos y miembros de un mismo cuerpo, con los judíos, y copartícipes de la misma promesa en Cristo Jesús, por medio del evangelio.* Esto pues, era la confesión por la cual afirma que estaba en prisiones. Ahora indaguemos, cómo la cuestión de la prisión del apóstol Pablo está representada en la historia. No hacía mucho que el apóstol había vuelto a Jerusalem desde su segunda visita a Grecia, cuando fue provocado un motín en aquella ciudad por el clamor de ciertos judíos de Asia, "los cuales habiendo visto a Pablo en el templo, alborotaron a todo el pueblo y echaron mano de él." La acusación presentada contra él, fue que "el hombre andaba enseñando a todos en todas partes, contra el pueblo de Dios, y contra la ley, y contra este lugar, y a más de esto, había introducido a griegos también en el templo, y había profanado este lugar." La primera parte de la acusación parece indicar la doctrina que él mantenía, esto es, la admisión de los gentiles, bajo la nueva economía, a una participación sin distinción del favor de Dios para con los judíos. Pero lo que sigue hace claro el asunto. Cuando, por la intervención del tribuno, Pablo había sido librado de manos del populacho, y fue permitido dirigirse a la multitud que le había seguido hasta la escalera del castillo, dio un breve informe de su nacimiento, del curso temprano de su vida, de su conversión milagrosa; y ésta, prosiguiendo en esta narración, la

178

lleva hasta que llega a describir una visión que le fue concedida cuando estaba orando en el templo; y que le mandó salir de Jerusalem: "Porque yo te enviaré lejos de aquí *a los gentiles*." Hechos 22:21. "Y le escucharon," dice el historiador, *"hasta esta palabra;* levantaron entonces la voz diciendo: ¡Quita de la tierra a un tal hombre!" Nada puede mostrar más claramente que como lo hace esta narración, cuál fue la ofensa que hizo caer sobre San Pablo la venganza de sus compatriotas. Su misión a los gentiles, y su declaración abierta de aquella misión, fue la parte intolerable del "crimen" del apóstol. Porque aunque parece que el verdadero motivo del procedimiento fue la conducta del apóstol para los gentiles, sin embargo como sus acusadores se presentaron ante un magistrado romano, era necesario hacer una acusación en una forma más legal. La profanación del templo fue el tema que les pareció bien usar. Esto pues, vino a ser el asunto inmediato de Tertulio ante Félix, y de la defensa de Pablo. Pero el que él desde el principio consideraba que su ministerio entre los gentiles fuese el verdadero origen de la enemistad que había sido ejercida en su contra y, en particular, la causa de la insurrección en que su persona había sido aprehendido, es bien claro por la conclusión de su discurso ante Agripa: "A esto mismo te he aparecido," dice él, describiendo lo que le sucedió en su viaje para Damasco, "para constituirte ministro mío, y testigo así de las cosas que has visto, como de aquéllas, a causa de las cuales, me apareciere otras veces a ti: librándote del pueblo; y de los gentiles, a quienes te envío; para abrirles los ojos, a fin de que vuelvan de tinieblas a luz, y de la potestad de Satanás a Dios; para que reciban remisión de pecados, y herencia entre los que son santificados, mediante la fe en mí. Por lo cual, oh rey Agripa, no fui desobediente a la visión celestial; mas declaré primeramente a los de Damasco, y también en Jerusalem, y por todo el país de Judea, y luego a los gentiles, que se arrepintiesen y se convirtiesen a Dios, haciendo obras correspondientes al arrepentimiento. *A causa de esto* los judíos me prendieron en el templo, y procuraban matarme." La aprehensión, pues, de la persona de San Pablo, de la cual nunca fue librado, hasta su liberación final en Roma, y de la cual, por lo tanto, su aprehensión en Roma fue la continuación y el efecto, no fue consecuencia de ninguna persecución general emprendida contra el cristianismo; tampoco le sobrevino sencillamente por profesar y enseñar la religión de Cristo, lo cual hicieron Santiago y los ancianos en Jerusalem, así como él; y sin embargo quedaron en aquel tiempo sin ser molestados; sino que le fue traída distinta y específicamente por su actividad en predicar a los gentiles, y por ponerlos al nivel de la posteridad de Abraham que había sido favorecida y aún pagada de sí misma. Que concuerdan bien las cartas de San Pablo con su causa y origen, que dan a entender que fueron escritas durante esta prisión, ya lo hemos visto.

II. Cap. 4:10, 11: "Os saluda Aristarco, mi compañero en prisiones, y Marcos, primo de Bernabé (respecto de quien ya recibisteis órdenes; si viniere a vosotros recibidle), y Jesús, que se llama Justo; los cuales son de la circuncisión."

Hallamos a Aristarco como compañero de nuestro apóstol en el capítulo décimo nono de los Hechos y el versículo veintinueve: "Y la ciudad" de Efeso "se llenó de confusión; y de común acuerdo corrieron impetuosamente al teatro, aprehendiendo a Gayo y a *Aristarco,* macedonios, *compañeros de viaje de Pablo.*" Y le hallamos en su viaje con San Pablo a Roma, en el capítulo veintisiete versículo dos: "Y embarcándonos en una nave de Adrumeto, que iba a navagar por los lugares costeños de la provincia de Asia, nos hicimos a la vela, estando con nosotros *Aristarco, macedonio de Tesalónica.*" Pero no podría el autor de la epístola haber consultado la historia; y, observando que el historiador había traído a Aristarco con Pablo a Roma, no podría él por ese motivo y sin ningún otro fundamento, haber puesto su nombre entre las salutaciones de una epístola, que se dice haber sido escrita por el apóstol desde ese lugar? Yo concedo tanto de posibilidad a esta objeción, que no habría propuesto esto entre el número de coincidencias no hechas con designio, a haber estado sólo Aristarco. La observación que me llama la atención al leer el pasaje es la de que, juntamente con Aristarco cuyo viaje a Roma trazamos en la historia, están unidos Marcos y Justo, de cuya venida a Roma la historia no dice nada. Sólo Aristarco aparece en la historia, y sólo Aristarco habría aparecido en la epístola, si el autor hubiera arreglado para que resultase esa conformidad. O si le dais otro giro: si suponéis que la historia fue compuesta con arreglo a la epístola, porque el viaje de Aristarco a Roma debería ser narrado, y no el de Marcos y Justo ya que el propósito de la narración fuese citar el nombre de Aristarco en la epístola, no parece tener razón.

"Marcos, sobrino *(hijo de hermana)* de Bernabé" (Valera). ¿No se insinúa aquí la razón de la adhesión de Bernabé a Marcos, en la contienda que tuvo él con nuestro apóstol acerca de él mismo? "Y después de algunos días dijo Pablo a Bernabé: ¡Volvámonos ahora, y visitemos a los hermanos en cada ciudad donde hemos proclamado la palabra del Señor, y veamos cómo les va; y Bernabé deseaba llevar con ellos a Juan también, el que se llamaba Marcos. Pablo empero no tenía por conveniente llevar consigo aquel que los había abandonado desde Pamfilia, y no fue con ellos a la obra. Y suscitóse entre ellos una contienda tan recia, que se separaron el uno del otro;

y tomando Bernabé a Marcos, dióse a la vela para Chipre." La historia que narra la disputa no ha conservado la circunstancia del parentesco de Marcos y Bernabé. No se nota en ninguna parte, sino en el texto que tenemos delante. Hasta donde se advierte pues, la cita aquí no se debe a designio, ciertamente.

"Hijo de hermana de Bernabé." Esta mujer, la madre de Marcos, y la hermana de Bernabé, era, como podría esperarse, persona de alguna importancia entre los cristianos de Jerusalem, como podemos ver algo de ello en la historia. Cuando Pedro fue librado de la cárcel, "fue a la casa de María, madre de Juan, que tenía por sobrenombre Marcos; donde muchos estaban reunidos, y estaban orando." Hechos 12:12. Hay algo de coincidencia en esto — algo que da a entender verdaderos hechos entre personas reales.

III. La siguiente coincidencia, aunque tiene la apariencia de ser muy tenue y refinada, no debe, tal vez, ser considerada imaginaria. En las salutaciones con que ésta y la mayor parte de las epístolas de San Pablo concluyen, tenemos, "Aristarco, Marcos y Jesús, que se llama Justo: *los cuales son de la circuncisión.*" Cap. 4:10, 11. Entonces siguen también, "Epafras, Lucas, el amado médico, y Demas." Pues bien, como esta referencia, "quienes son de la circuncisión," se agrega después de los primeros tres nombres, se infiere, no sin grande apariencia de posibilidad, que los demás, entre quienes está Lucas no eran de la circuncisión. Pues bien, ¿puede descubrirse en los Hechos de los Apóstoles alguna expresión que dé a entender si el autor del libro era judío o no? Si podemos descubrir que no era judío, fijamos una circunstancia en su carácter que coincide con lo que se insinúa aquí acerca de Lucas, indirectamente, en verdad, pero con algo de certidumbre: y hasta cierto punto confirmamos tanto el testimonio de la iglesia primitiva, de que los Hechos de los apóstoles fueron escritos por San Lucas, y la realidad general de las personas y circunstancias reunidas en la epístola. El texto en los Hechos, que ha sido interpretado como mostrando que el autor no fue judío, es el versículo diecinueve del primer capítulo, donde, al describir el campo que había sido comprado con el premio de la iniquidad de Judas, se dice: "Y fue notorio esto a todos los moradores de Jerusalem; de manera que aquel campo fue llamado en *su* lengua, Aceldama, esto es, campo de sangre." La mayor parte de los comentadores toman estas palabras como la observación del historiador, y no como parte del discurso de San Pedro en medio del cual se hallan. Si esto se admite, entonces se arguye que la expresión, "en *su* lengua," no habría sido usada por un judío, sino conviene a la pluma de un gentil que escribía acerca de judíos. El lector juzgará de la posibilidad de esta conclusión, y no damos énfasis a la coincidencia sino hasta donde se extiende la probabilidad. La coincidencia si la es, es tan lejana de toda posibilidad de designio, que nada necesita añadirse para satisfacer al lector sobre aquella parte del argumento.

IV. Cap. 4:9: "Juntamente con Onésimo, fiel y amado hermano, *el cual es uno de vosotros.*"

Obsérvese cómo puede probarse que Onésimo era colosense. Volveos a la epístola de Filemón y hallaréis que Onésimo era siervo o esclavo de Filemón. La cuestión, pues, será a qué ciudad Filemon pertenecía. En la epístola dirigida a él esto no se declara. Solo se ve que era del mismo lugar, sea cual fuere ese lugar donde vivía un cristiano eminente llamado Arquipo. "Pablo, preso de Jesucristo, y el hermano Timoteo, a Filemón amado amigo y colaborador nuestro; Apia también, amada hermana nuestra, y a *Arquipo* nuestro compañero de armas, y a la iglesia que está en tu casa." Ahora volveos a la epístola de los Colosenses, y hallaréis a Arquipo, saludado por nombre entre los cristianos de aquella iglesia. "Y decid a Arquipo: mira por el ministerio que has recibido en el Señor, para que cumplas con él." Cap. 4: 17. El resultado necesario es, que Onesimo era de la misma ciudad, conforme a lo que se dice de él, "el cual es uno de vosotros." Y este resultado es el efecto de la verdad, que produce consecuencia sin que el que escribe piense o se cuide de ello, o de un tejido de falsificaciones que se confirman y concuerdan la una con la otra por una especie de caso fortuito de que no conozco ningún ejemplo. La suposición de designio, me parece es excluída, no sólo porque el propósito a que el designio debió haber sido dirigido, esto es, la verificación del pasaje en nuestra epístola en que se dice acerca de Onésimo "el cual es uno de vosotros," es un propósito que dejaría de notarse por noventa y nueve lectores de cien; sino porque los medios que se usan son demasiado tortuosos para haber sido empleados por afectación y designio. Un falsificador que quisiera cumplir con este propósito, ¿habría hecho necesario que sus lectores lo buscaran, yendo de acá para allá investigando en epístola tras epístola, a fin de relacionar a Onésimo con Filemón, Filemón con Arquipo, y Arquipo con Coloso?, todo lo cual tendría que hacer antes de llegar a descubrir, que se dijo con verdad de Onésimo, "el cual es uno de vosotros."

CAPITULO IX

LA PRIMERA EPISTOLA A LOS TESALONICENSES

I. TODO LECTOR de la Escritura sabe que la primera epístola a los Tesalonicenses habla de la venida de Cristo en términos que imprimen una forma llamativa a su propia venida: "Porque esto os lo decimos en palabra del Señor: Que nosotros los vivientes, los que quedamos hasta el advenimiento del Señor, no llevaremos ventaja alguna a los que durmieron ya: Porque el Señor mismo descenderá del cielo con mandamiento soberano, con voz del arcángel y con trompeta de Dios, y los muertos en Cristo se levantarán primero: luego, nosotros los vivientes, los que hayamos quedado, seremos arrebatados juntamente con ellos a las nubes, al encuentro del Señor, en el aire; y así estaremos siempre con el Señor. Vosotros empero hermanos, no estáis en tinieblas, para que aquel día a vosotros os sorprenda como ladrón." Cap. 4:15-17; 5:4.

Sea cual fuere alguna otra interpretación que pueda *darse* a estos textos, la idea que dejan en la mente de un lector ordinario, es que el autor de la epístola esperaba que el día del juicio llegaría en su propio tiempo o estaría muy cerca. Pues bien, el uso que hago de esta circunstancia es éste, que la misma epístola no fue producida en un período subsecuente. ¿Habría dado un impostor esta experiencia a San Pablo, después que la experiencia había aprobado que era errónea? o ¿habría puesto en la boca del apóstol, o lo que es la misma cosa, en escritos que se

185

afirmaban venían de su mano, expresiones, que si no necesariamente daban a entender, al menos que podrían ser fácilmente interpretadas como enseñando una opinión que se conocía entonces como fundada en una equivocación? Manifiesto esto como un argumento que da a entender que la epístola fue contemporánea de San Pablo, que es poco menos que mostrar que realmente procedió de su pluma. Porque dudo si alguna falsificación hubiera sido ejecutada durante la vida de la persona cuyo nombre lleva; tampoco había probabilidad de que la situación de la iglesia primitiva originara semejante esfuerzo de fraude.

II. Nuestra epístola concluye con la recomendación de que fuese leída públicamente en la iglesia a que fue dirigida: "Os conjuro por el Señor, que sea leída esta epístola a todos los hermanos." La existencia de esta cláusula en el cuerpo de la epístola es una evidencia de su autenticidad; porque el producir una carta que daba a entender que había sido públicamente leída en la iglesia de Tesalónica, siendo que ninguna carta semejante había sido leída o mencionada en aquella iglesia, sería hablar de una falsificación que se destruía por sí misma. Al menos, parece difícil que el autor de una falsificación presentara también algo que pudiera usarse en su contra. La epístola fue leída públicamente en la iglesia de Tesalónica durante la vida de San Pablo, o no se presentó. Si lo fue, ninguna publicación pudo ser más auténtica, ninguna especie de notoriedad podría ser más indubitable, ningún método de conservar la integridad de la copia podría haber sido más seguro. Si no lo fue, la cláusula que citamos se quedaría como una condenación permanente de la falsificación, y se supondría que habría de ser un estorbo invencible para su éxito.

Si conectamos este argumento con el anterior, veremos que se combinan para hacer una prueba fuerte de la genuinidad de la epístola. El artículo anterior lleva la fecha de la epístola hasta el período de San Pablo; el presente artículo fija la publicación de ella a la iglesia de Tesalónica. La iglesia en Tesalónica fue engañada por una epístola falsa, que durante la vida de San Pablo recibieron y leyeron públicamente como suya, teniendo comunicación con él en todo tiempo, y refiriéndose la epístola a esa comunicación anterior; o bien otras iglesias cristianas, en la misma vida del apóstol, recibieron una epístola que afirmaba haber sido leída en la iglesia en Tesalónica, no obstante que no había sido mencionada en aquella iglesia; y finalmente, permanece la conclusión, que la epístola que aun tenemos en nuestras manos es genuina.

III. Entre nuestra epístola y la historia, la concordancia en muchos puntos es detallada y completa. La historia relata, que después de haber recibido muchos azotes en Filipos, encerrados en la cárcel de más adentro, y sujetos sus pies en los cepos, luego de ser librados de su prisión salieron de allí, y, cuando habían pasado de Amfípolis y Apolonia, vinieron a Tesalónica donde Pablo entró y expuso que Jesús es el Cristo. Hechos 16:17. La epístola escrita en el nombre de Pablo y Silvano, esto es Silas, y de Timoteo que también parece haber estado con ellos en Filipos (véase Filipenses IV), habla a la iglesia en Tesalónica así: "Sino que habiendo padecido antes, y habiendo sido ultrajados, como sabéis, en Filipos, cobramos confianza en nuestro Dios, para hablaros el evangelio de Dios, en medio de mucho conflicto." Cap. 2:2.

La historia relata que después de haber estado ellos por algún tiempo en Tesalónica, "los judíos incrédulos....alborotaron la ciudad; y acometieron la casa de Jasón," donde estuvieron Pablo y Silas "y procuraron sacarlos a la multitud." Hechos 17:5. La epístola declara: "Cuando estábamos con vosotros, os dijimos de antemano, que hemos de padecer aflicción; *así como sucedió, y lo sabéis*." Cap. 3:4.

La historia presenta juntos a Pablo y Silas y Timoteo en Corinto, poco después de predicar el evangelio en Tesalónica: "Mas cuando Silas y Timoteo vinieron de Macedonia" a Corinto, "Pablo estaba completamente ocupado con la palabra." Hechos 18:5. La epístola está escrita en nombre de estas tres personas, que por consiguiente debieron haber estado juntos en ese tiempo, y habla en todas partes de su ministerio en Tesalónica como un trabajo reciente: "Nosotros hermanos, *habiendo sido privados de vosotros por un corto tiempo*, de presencia, no de corazón, nos esforzamos con mayor diligencia para ver vuestro rostro." Cap. 2:17.

La armonía es indubitable; pero los puntos históricos en que consiste están tan expresamente manifestados en la narración, y mencionados tan directamente en la epístola que se hace necesario que nosotros mostremos que los hechos en un escrito no fueron copiados del otro. Pues bien, entre algunas discrepancias más minuciosas, que serán notadas después, hay una circunstancia que se mezcla con todas las alusiones en la epístola, y que no aparecen en ninguna parte de la historia; y entre éstas está una visita que Pablo había pensado hacer a los tesalonicenses mientras él residía en Corinto: "Porque deseábamos ir a vosotros, yo Pablo, una vez y dos veces; y nos estorbó Satanás." Cap. 2:18. "Noche y día, rogando vehementemente que veamos vuestro rostro, y completemos lo que falta a vuestra fe. Y dirija nuestro mismo Dios, y Padre y nuestro Señor Jesús nuestro camino hacia vosotros." Cap. 3:10, 11. Sabe un proyecto que no fue ejecutado, cualquier persona consciente no lo habría mencionado en sus cartas, y lo más probable es que su historiador guardase silencio por lo tanto, o lo ignorase. El que escribió la epístola, no podría, sin embargo, haber desprendido esta circunstancia de la historia, porque no se halla en ella; ni, si el historiador hubiera sacado sus hechos de la epístola, posiblemente hubiera pasado por alto una circunstancia que es uno de los hechos más obvios y prominentes que pueden colegirse de aquella fuente de información.

IV. Cap. 3:1, 6, 7: "Por lo cual no pudiendolo sufrir ya más, nos pareció bien, *quedarnos solos en Atenas;* y enviamos a Timoteo nuestro hermano y ministro de Dios, y nuestro colaborador en el evangelio de Cristo, para fortaleceros y consolaros en cuanto a vuestra fe. Mas volviendo a nosotros ahora Timoteo de vosotros, y trayéndonos buenas noticias de vuestra fe y amor....por esta causa fuimos consolados, hermanos, con respecto a vosotros, en todo nuestro aprieto y aflicción, por medio de vuestra fe."

La historia relata, que cuando Pablo salió de Macedonia para Atenas, Silas y Timoteo se quedaron en Berea. "Los hermanos enviaron a Pablo, para que fuese hasta el mar; pero Silas y Timoteo permanecieron aun allí. Los que conducían a Pablo, empero, le llevaron a Atenas." Hechos 17:14, 15. La historia también relata, que después de haber quedado Pablo por un tiempo en Atenas, y había proseguido desde allí a Corinto, mientras ejercía su ministerio en aquella ciudad, Silas y Timoteo vinieron a él desde Macedonia. Hechos 18:5. Pero para reconciliar la historia con la cláusula en la epístola que hace a San Pablo decir, "nos pareció bien quedarnos solos en Atenas y enviaros a Timoteo," es necesario suponer que Timoteo había llegado a reunirse con San Pablo en Atenas — circunstancia que la historia no menciona. Observo, pues, que aunque la historia no nota expresamente esta llegada, sin embargo contiene insinuaciones que hacen muy probable que el hecho se verificara. Primero, luego que San Pablo había llegado a Atenas, envió un mensaje a Silas y Timoteo, "que viniesen a él con la mayor prontitud." Hechos 17:15. En segundo lugar, permaneció en Atenas a fin de que ellos se le unieran allí, "Y mientras Pablo les esperaba en Atenas, enardecióse su espíritu dentro de él." Hechos 17:16. En tercer lugar, su partida de Atenas no parece haber sido apresurada ni abrupta. Se dice, que, "después de esto" esto es, su disputa con los judíos, sus conferencias con los filósofos, su discurso en el areópago, y el ganar algunos conversos, "partiendo de Atenas fue a Corinto." No se insinúa que se marchara de Atenas antes del tiempo que se había propuesto dejarla; no se sugiere que fuera echado de allí como lo fue de muchas ciudades, por tumultos o persecuciones, o porque su vida ya no estaba segura. Observemos pues los detalles que la historia menciona — que Pablo había ordenado a Timoteo que viniera a él sin dilación, que se quedó en Atenas con el propósito de que Timoteo llegara a él, que se quedó allí mientras su voluntad le dictaba que continuara allí. Poniendo juntas estas circunstancias que la historia revela, es muy probable que Timoteo viniera al apóstol en Atenas; un hecho que, como hemos visto, la historia virtualmente afirma, cuando hace que Pablo vuelva a enviar a Timoteo desde Atenas a Tesalónica. El volver a enviar a Timoteo a Macedonia da cuenta también del hecho de que no vino a Corinto hasta que Pablo hubo estado establecido en aquella ciudad por un tiempo considerable. Pablo habiendo llegado a conocer a Aquila y Priscila, vivía con ellos y trabajaba por ser del mismo oficio; y razonaba en la sinagoga cada día de sábado, y persuadía a los judíos y a los griegos. Hechos 18:1-5. Si esta fue la primera ocasión en que le encontraron después de su separación en Berea, no hay nada que dé cuenta de una dilación tan contraria a lo que presenta la historia misma, a lo que parece haber sido el plan y la esperanza de San Pablo. Esta es una conformidad de una especie peculiar. La epístola descubre un hecho que no aparece en la historia, pero que hace que lo que se dice en la historia sea más significativo, probable y consistente. La historia da señales de una omisión; la epístola, por referencia, presenta una circunstancia que suple aquella omisión.

V. Cap. 2:14: "Porque vosotros, hermanos, habéis venido a ser imitadores de las iglesias de Dios, que hay por Judea en Cristo Jesús; porque vosotros también habéis padecido las mismas cosas *de vuestros propios paisanos,* que ellos de los judíos."

A un lector de los Hechos de los Apóstoles podría parecer, a primera vista, que las persecuciones que sufrían los predicadores y conversos del cristianismo, fueron infligidas por manos de sus antiguos adversarios los judíos. Pero si leemos cuidadosamente los informes dados allí, observaremos que aunque la oposición hecha contra el evangelio por lo regular tuvo su origen en la enemistad de los judíos, no obstante, en casi todo lugar, los judíos procuraron poner por obra su propósito alborotando a los habitantes gentiles en contra de sus compatriotas convertidos. Fuera de Judea no tuvieron mucho poder de hacer mucho perjuicio de otro modo. Este fue el caso en particular en Tesalónica: "Pero los judíos, incitados por celos alborotaron la ciudad." Hechos 17:5. Sucedió lo mismo poco tiempo después en Berea: "Pero cuando conocieron los judíos de Tesalónica que también en Berea era predicada por Pablo la palabra de Dios, fueron asimismo allí, incitando y turbando a las multitudes." Hechos 17:13. Y antes de esto, el apóstol había encontrado una especie semejante de persecución en su viaje por Asia Menor; en cada ciudad "los judíos que no creían, excitaron los ánimos de los gentiles, y los exacerbaron contra los hermanos." Hechos 14:2. La epístola, por lo tanto, representa el caso exactamente como la historia lo manifiesta. Fueron los judíos siempre quienes originaron las persecuciones contra los apóstoles y sus adherentes. Habla la verdad, pues, de ellos, cuando dice en la epístola "los cuales no sólo dieron muerte al Señor Jesús, y a los profetas, sino que a nosotros nos han *expulsado*, vedándonos hablar a los gentiles." Cap. 2:15, 16. Pero fuera de Judea fue a manos de los gentiles, fue "de sus propios paisanos," que recibieron inmediatamente los perjuicios que tuvieron que soportar: "vosotros también habéis padecido las mismas cosas de vuestros propios paisanos, que ellos de los judíos."

VI. Las aparentes discrepancias entre nuestra historia y la epístola, aunque de una magnitud suficiente para repeler la imputación de asociación o transcripción — en cuyo concepto forman una parte de nuestro argumento — no son numerosas ni es muy difícil de reconciliarlas.

Una de éstas puede observarse en los versículos nueve y diez del segundo capítulo: "Porque os acordáis, hermanos, de nuestra fatiga y arduo trabajo; cómo, trabajando noche y día, para que no fuésemos una carga a ninguno de vosotros, os predicamos el evangelio de Dios. Vosotros sois testigos, y Dios también, de cuán santa y justa e irrevocablemente nos portamos, para con vosotros que creéis." El que lee este pasaje naturalmente llega a suponer que el que lo escribió había permanecido en Tesalónica por un tiempo considerable; sin embargo, del ministerio de San Pablo en aquella ciudad, la historia no da otros informes sino los siguientes: que "llegaron a Tesalónica, donde había sinagoga para los judíos;" que "según era su costumbre," él "entró en medio de ellos, y durante tres sábados razonó con ellos de las Escrituras;" que "algunos de ellos fueron persuadidos y se allegaron a Pablo y a Silas." La historia entonces sigue adelante diciéndonos que los judíos que no creyeron metieron la ciudad en un alboroto, y asaltaron la casa de Jasón donde se hospedaron Pablo y sus compañeros; que la consecuencia de este ultraje fue, que los hermanos inmediatamente enviaron a Pablo y a Silas de noche a Berea. Hechos 17:1-10. Por la mención del hecho de que predicó tres sábados en la sinagoga de los judíos, y por falta de otros informes específicos de su ministerio, por lo regular se ha dado por sentado que Pablo no permaneciera en Tesalónica más de tres semanas. Sin embargo, no es necesario inferir esto. Parece haber sido la práctica de San Pablo, en casi todo lugar a donde llegó, acudir a la sinagoga luego que llegaba. Le parecía que estaba obligado a presentar el evangelio a los judíos primero, según lo que declaró en Antioquía de Pisidia: "Era necesario que la palabra de Dios fuese predicada primero a vosotros." Hechos 13:46. Si los judíos desechaban su ministerio, abandonaba la sinagoga y predicaba a un auditorio gentil. En Corinto al llegar allí por primera vez, razonó en la sinagoga cada sábado; "Y cuando ellos (los judíos) se opusieron y blasfemaron," se retiró de ella, diciéndoles expresamente, "desde ahora me voy a los gentiles;" y se quedó en aquella ciudad "un año y seis meses." Hechos 18:6-11. En Efeso de la misma manera, por espacio de tres meses acudía a la sinagoga; pero "cuando algunos se endurecieron y rehusaron creer, hablando mal del Camino delante de la multitud, apartóse Pablo de ellos, y separó a los discípulos, razonando diariamente en la escuela de Tiranno. Y esto sucedió por espacio de dos años." Hechos 19:9, 10. Al examinar la historia, no veo nada en ella que sea contrario a la suposición de que San Pablo siguiera el mismo plan en Tesalónica que adoptó en otros lugares; y que aunque acudió a la sinagoga sólo tres sábados, sin embargo permaneció en la ciudad y ejerció su ministerio entre los gentiles mucho más tiempo; y hasta que el éxito de su predicación había provocado a los judíos a excitar el tumulto y la insurrección por la cual tuvo que alejarse.

Otra aparente discrepancia se halla en el versículo nueve del primer capítulo de la epístola: "porque ellos mismos declararon respecto de nosotros, qué manera de entrada tuvimos a vosotros, y cómo *os volvisteis de los ídolos a Dios*, para servir al Dios vivo y verdadero." Este texto contiene un aserto que, mediante el ministerio de San Pablo en Tesalónica muchos gentiles idólatras habían sido convertidos al cristianismo. Sin embargo, la historia al describir los efectos de ese ministerio, sólo dice, que "algunos de ellos, los judíos, "fueron persuadidos y se allegaron a Pablo y a Silas; también de los griegos religiosos una gran multitud, y de mujeres principales no pocas," cap. 17:4. Los griegos devotos eran personas que ya adoraban al único y verdadero Dios; y por esto no podría decirse que, al aceptar el cristianismo, volvieron a Dios de los ídolos.

Esta es la dificultad. Las siguientes observaciones pueden ayudarnos a encontrar la respuesta. El manuscrito Alejandrino y el de Cambridge ponen por *tōn sebomenōn Hellēnōn polu plēthos, tōn sebomenōn kai Hellēnōn polu plēthos*, en cuya traducción están bien confirmados por la Vulgata Latina. Y esta traducción es en mi opinión, fuertemente sostenida por las consideraciones, primero, que *hoi sebomenoi* solo, esto es, sin *Hellēnes* se usa en este sentido en el mismo capítulo —habiendo venido Pablo a Atenas, *dielegeto en tē sunagōgē tois Ioudaiois kai tois sebomenois;* en segundo lugar, que *sebomenoi* y *Hellēnes* en ninguna parte se usan juntos. La expresión es redundante. El *hoi sebomenoi* debe ser *Hellēnes*. En tercer lugar es mucho más probable que *kai* fuese omitido, *incuria manus*, que haber sido introducido. O, después de todo, si no se nos permite cambiar la presente traducción, que sin duda es retenida por un gran número de copias, ¿no se puede considerar que el pasaje en la historia no hizo más que describir los efectos de la predicación de San Pablo durante los tres días de sábado en que predicó en la sinagoga? Y no puede ser verdad, como hemos observado arriba, que su apelación a los gentiles en general y su éxito entre ellos fueron posteriores a esto?

CAPITULO X

La Segunda Epistola a los Tesalonicenses

I. HA DE SER curioso presentar la oscuridad misma como un argumento, o sacar una prueba a favor de un escrito, de aquello que es naturalmente considerado como el principal defecto de su composición. La presente epístola, como quiera que sea, presenta un pasaje que hasta ahora no se ha explicado, y que probablemente no será explicado por nosotros, de cuya existencia bajo la oscuridad y las dificultades que lo acompañan, sólo puede darse cuenta por la suposición de que la epístola sea genuina; pero por tal suposición es muy fácil darse cuenta de él. El pasaje a que hago alusión se halla en el segundo capítulo: "Ese día no puede venir, sin que venga primero la apostasía, y sea revelado el hombre de pecado, el hijo de perdición; el cual se opone a Dios, y se ensalza sobre todo lo que se llama Dios, o que es objeto de culto, de modo que se siente en el templo de Dios, ostentando que él es Dios. ¿No os acordáis que CUANDO ESTABA TODAVIA CON VOSOTROS, OS DECIA ESTAS COSAS? *Y ahora sabéis lo que le detiene para que sea revelado a su propio tiempo.* Porque el misterio de iniquidad está ya obrando: *sólo que hay quien ahora detenga, y detendrá hasta tanto que sea quitado de enmedio.* Y entonces será revelado el Inicuo a quien el Señor Jesús matará con el espíritu de su boca; y destruirá con el resplandor de su advenimiento." Sería superfluo probar, porque es en vano negar, que este pasaje está envuelto en grande obscuridad, y más especialmente lo que está impreso con letra sursiva. Pues bien, la observación que tengo que hacer se basa en esto, que el pasaje se refiere a una conversación que el autor había tenido previamente con los Tesalonicenses sobre el mismo asunto: "¿No os acordáis que cuando estaba todavía con vosotros, *os decía estas cosas? Y ahora sabéis* lo que le detiene." Si en realidad tuvieran semejante conversación — si mientras "cuando estaba todavía con ellos les decía estas cosas," entonces se sigue que la epístola es auténtica. Y de la realidad de esta conversación parece ser una prueba, que lo que se dice en la epístola podría ser entendido por los que habían estado presentes en semejante conversación, y, sin embargo, no haber podido ser explicado por cualquier otro. Nadie escribe de una manera ininteligible de propósito. Pero puede suceder fácilmente, que una parte de una carta que se relaciona con un asunto sobre el cual ciertas personas habían conversado antes, que se refiere a lo que se había dicho antes, que es en verdad una parte o una continuación de un discurso previo, que careciera completamente de significación para un extraño que hallara la carta en el camino, y, sin embargo, ser tal escritura enteramente clara a la persona a quien está dirigida, y con quien la comunicación previa se había hecho. Y si, en una carta que así accidentalmente cayera en mis manos, hallara un pasaje que se refiere a una conversación previa, y difícil de explicarse sin saber aquella conversación, me parecería que esta misma dificultad sería prueba de que la conversación se había verificado, y, consecuentemente, que la carta tuviera la genuina correspondencia de verdaderas personas.

II. Cap. 3:8, 9: "Ni comimos de balde el pan de nadie; sino que con fatiga y arduo trabajo, noche y día trabajamos, para que no fuésemos carga para ninguno de vosotros: no porque no tengamos derecho, sino para daros a vosotros por dechado, para que nos imitaseis."

En una carta que se da a entender fue escrita a otra de las iglesias de Macedonia, hallamos la siguiente declaración:

"Vosotros, oh filipenses, sabéis también que en el principio del evangelio, cuando salí de Macedonia, *ninguna iglesia participó conmigo en materia de dar y recibir, sino vosotros solos.*"

La conformidad entre estos dos pasajes es precisa y clara. Limitan la actuación al mismo período. La epístola a los filipenses se refiere a lo que pasó en el principio del evangelio, es decir, durante la primera predicación del evangelio en ese lado del Mar Egeo. La epístola a los Tesalonicenses habla de la conducta del apóstol en esa ciudad, cuando por primera vez los visitó la cual, según nos dice la historia, fue en su primera visita a la península de Grecia.

Hasta que San Pablo dice a los Filipenses que ninguna iglesia comunicó con él en materia de dar y recibir, sino ellos solamente, no podría, consecuentemente con la verdad de la declaración, haber recibido nada de la iglesia de Tesalónica. Lo que aparece por contradicción general en una epístola a otra iglesia, cuando escribe a los Tesalonicenses mismos, se nota expresa y particularmente: "Ni comimos de balde el pan de nadie; sino que con fatiga y arduo trabajo, noche y día trabajamos, para que no fuésemos carga a ninguno de vosotros."

Los textos aquí citados más adelante también exhiben una señal de conformidad de lo que se pone en boca de San Pablo diciendo de sí mismo en los Hechos de los Apóstoles. El apóstol no sólo recuerda a los Tesalonicenses que no había sido una carga para ninguno de ellos, sino también manifiesta el motivo que dictó ese aserto: "no porque no tengamos derecho, sino para daros a vosotros por dechado, para que nos imitaseis." Cap. 3:9. Esta conducta y lo que es mucho más preciso, el fin que es el objetivo de ella, fue la misma que la historia atribuye a San Pablo en el discurso, en el cual se presenta, como dirigiéndose a los ancianos de la iglesia en Efeso: "Vosotros mismos sabéis que estas manos mías ministraron a mis necesidades, y a los que conmigo estaban. En todo os *di ejemplo*, de cómo *trabajando así, debéis soportar a los débiles.*" Hechos 20:34. El sentimiento en la epístola y en el discurso es, en ambas partes de ellos, tan semejante; y, sin embargo, las palabras que lo comunican muestran tan poco de imitación o aun de semejanza, que la concordancia no puede explicarse bien sin suponer que el discurso y la carta realmente procedieron de la misma persona.

III. Nuestro lector se acordará del pasaje, en la primera epístola a los Tesalonicenses, en que San Pablo habló de la venida de Cristo: "Porque esto os lo decimos en la palabra del Señor: Que nosotros los vivientes, los que quedamos hasta el advenimiento del Señor, no llevaremos ventaja alguna a los que han dormido ya. Porque el Señor mismo descenderá del cielo . . . . y los muertos en Cristo se levantarán primero: luego nosotros los vivientes, los que hayamos quedado, seremos arrebatados juntamente con ellos a las nubes, al encuentro del Señor, en el aire; y así estaremos siempre con el Señor. Vosotros empero, hermanos, no estáis en tinieblas, para que aquel día a vosotros os sorprenda como ladrón." 1 Tes. 4:15-17; 5:4. Parecería que los Tesalonicenses, o al menos algunos entre ellos, hubieran sacado de este pasaje la idea — y esto no muy sorprendente — de que la venida de Cristo había de verificarse instantáneamente *hoti enestēken* [1]; y que esta persuasión

---

1 *"Hoti enestēken, nempe hōc anno,"* esto es, en este año, dice Grocio; *"enestēken hic dicitur de re praesenti, ut Rom. 8:38; 1 Cor. 3:22; Gal. 1:4; Heb. 9:9"*— se usa aquí con referencia a algo presente, como en Rom. 8:38, etc.

había producido, como bien pudiera, mucha agitación en la iglesia. Por esto el apóstol escribe ahora entre otros propósitos, para sosegar esta alarma y para corregir la mala interpretación que había sido dada a sus palabras: "Empero con respecto al advenimiento de nuestro Señor Jesucristo, y nuestra congregación en torno de él, os rogamos hermanos, que no os dejéis mover inconsideradamente del aplomo de vuestra mente, ni seáis perturbados ni por medio de supuesto espíritu de profecía, ni por medio de mensaje, *ni por medio de epístola, que se supone remitida por nosotros,* como si estuviese inmediato el día del Señor." Si la alusión por la cual abogamos es admitida, esto es, si se admite que el pasaje en la segunda epístola se refiere al pasaje en la primera, viene a ser una prueba considerable de la genuinidad de ambas epístolas. No tengo idea de esto, porque no conozco ningún ejemplo, de semejante artificio, como el de hacer un pasaje ambiguo en una carta, y entonces representar a las personas a quienes la carta está dirigida como equivocando la significación del pasaje, y, finalmente, escribir una segunda carta con el fin de corregir esta equivocación.

He dicho que este argumento se origina en el supuesto de que aquella alusión sea admitida como se ha dicho, porque no ignoro que muchos expositores entienden el pasaje en la segunda epístola como refiriéndose a algunas cartas fraudulentas que habían sido producidas en el nombre de San Pablo, y en las que el apóstol aparecía como diciendo que la venida de Cristo era inminente. En defensa, sin embargo, de la interpretación que proponemos, deseamos que el lector observe,

1. El hecho significativo de que existe un pasaje en la primera epístola, al que el de la segunda se refiere dando cuenta del error que el que escribe tiene deseos de corregir. De no haber existido aún nin-

guna otra epístola que la segunda, y de haber llegado a considerarse sólo bajo estas circunstancias, si el texto que tenemos delante se refiere a una epístola fraudulenta o a algún mal entendimiento de una verdadera, muchas conjeturas y muchas probabilidades pudieron haberse admitido en la investigación, que podrían tener poco peso cuando se produce una epístola que contiene el mismo género de pasajes que buscamos, esto es, un pasaje dado a ser interpretado de la misma manera que la que merece la objeción del apóstol.

2. Que la cláusula que introduce los pasajes en la segunda epístola tiene una afinidad particular con lo que se halla en el pasaje citado de la primera epístola. La clausula es ésta: "Porque el Señor mismo descenderá del cielo con mandato soberano, con voz del arcángel y con trompeta de Dios, y los muertos en Cristo se levantarán primero; luego, nosotros, los vivientes, los que hayamos quedado, seremos arrebatados juntamente con ellos a las nubes, *al encuentro del Señor*, en el aire." 1 Tes. 4:16, 17. Supongo que ésta sea "la congregación en torno de él," a que se refiere en la segunda epístola; y que el autor al usar estas palabras retenía en su pensamiento, lo que había escrito sobre el asunto antes.

3. La segunda epístola está escrita a nombre de Pablo, Silas y Timoteo y amonesta a los Tesalonicenses contra el ser desviados por "carta que se dice ser de nosotros," *hōs di' hēmōn*. ¿No se apropian estas palabras, *di' hemōn*, la referencia a algún escrito que llevara los nombres de estos tres enseñadores? Pues bien, esta circunstancia que es de mucha importancia, pertenece a la epístola que tenemos entre manos; porque la epístola que llamamos la Primera a los Tesalonicenses contiene estos nombres en su sobrescrito.

202

4. Las palabras en el original, hasta donde nos importa citarlas, son éstas: *eis to mē tacheōs salenthēnai humas apo tou noos, mēte throeisthai, mēte dia pneumatos, mēte dia logou, mete di' epistolēs, hōs di' hēmōn, hōs hoti enestēken hē hēmera tou Christou.* Bajo el peso de las observaciones anteriores ¿no pueden las palabras *mēte dia logou, mēte di' epistolēs, hōs di' hēmōn* ser entendidas como significando *quasi nos quid tale aut dixerimus aut scripserimus* [1], dando a entender que sus palabras habían sido entendidas equivocadamente, o que no habían dicho semejante cosa?

---

1 Si se prefiriera una interpretación contraria, me parece que no implicaría la conclusión de que una epístola fraudulenta habría sido para entonces publicada a nombre del apóstol. Satisfará completamente la alusión en el texto, conceder que alguno en Tesalónica hubiera pretendido decir lo dicho por San Pablo y sus compañeros, o haber visto una carta de ellos, en que habían dicho que el día de Cristo estuviera cercano. De semejante manera como, Hechos 15:1, 24, se narra, que algunos habían afirmado falsamente haber recibido instrucciones de la iglesia en Jerusalem, que habían sido recibidas "a quienes no dieron autorización." Y así el Dr. Benson interpretó el pasaje *mēte throeisthai, mēte dia pneumatos, mēte dia logou, mēte di' epistolēs hōs di' hemōn:* "No os dejéis mover inconsideradamente, por medio de supuesto espíritu de profecía, ni por medio de mensaje, ni por medio de epístola, que se supone remitida por nosotros."

CAPITULO XI

La Primera Epistola a Timoteo

JUZGANDO por el tercer versículo del primer capítulo, "Conforme te rogaba quedarte en Efeso, cuando iba a partir para Macedonia," es evidente que esta epístola fue escrita poco después de que San Pablo hubiera ido desde Macedonia hasta Efeso. El Dr. Benson fija su fecha al tiempo del viaje de San Pablo, narrado al principio del capítulo veinte de los Hechos: "Y después que cesó el tumulto" incitado por Demetrio en Efeso "habiendo convocado Pablo a los discípulos, y exhortádoles, se despidió de ellos, y partió para ir a Macedonia." Y en esta opinión el Dr. Benson es reforzado por Michaelis, como fue precedido por la mayor parte de los comentadores que habían considerado la cuestión. Sin embargo, hay una objeción a esta hipótesis que, según me parece, estos hombres eruditos pasaron por alto; y es sencillamente ésta: que la sobreinscripción de la segunda epístola a los Corintios parece probar, que al tiempo en que ellos suponen que San Pablo haya escrito esta epístola a Timoteo, Timoteo en verdad estuvo con San Pablo en Macedonia. Pablo, como se relata en los Hechos, partió de Efeso, para ir a Macedonia. Cuando estuvo en Macedonia escribió su segunda epístola a los Corintios. Acerca de este punto, del que existe poca variedad de opiniones, se indica claramente en el contenido de la epístola. También se infiere seguramente que la epístola se escribió poco después de la llegada del apóstol a Macedonia, donde comienza su carta con una serie de reflexiones refiriéndose a sus persecuciones en Asia como a hechos recientes, como a peligros de los cuales últimamente habían sido librados. Pero en la salutación conque comienza la epístola, Timoteo, se ve unido a San Pablo, y, de consiguiente, no podía haberse quedado en Efeso. Y en cuanto a ser la única solución de la dificultad que puede pensarse, esto es, que Timoteo, aunque se quedó en Efeso cuando San Pablo se marchó de Asia pudo, sin embargo, seguirle tan pronto después de su partida, que llegara a estar con él en Macedonia, antes de que escribiera su epístola a los Corintios; aquella suposición es inconsecuente con los términos y el tenor de la epístola en todas sus partes; porque el que la escribe habla uniformemente de su propósito de volver a Timoteo en Efeso, y no de esperar que Timoteo viniera a él a Macedonia. "Estas cosas te escribo, *esperando ir en breve a verte:* pero si tardare más largo tiempo, para que sepas cómo debes portarte en la casa de Dios." Cap. 3:14, 15. *"Entre tanto que yo vaya allá,* aplícate a la lectura, a la exhortación de la enseñanza." Cap. 4:13.

Siendo pues, que el dejar a Timoteo en Efeso cuando Pablo fue a Macedonia, no concuerda con ningún viaje a Macedonia narrado en los Hechos, estoy de acuerdo con el obispo Pearson al poner la fecha de esta epístola y el viaje a que se refiere en ella, en un período subsecuente a la primera prisión del apóstol San Pablo en Roma, y, de consiguiente, después de la era de que los Hechos de los Apóstoles traen su historia. La única dificultad en que paramos nuestra opinión es la de que, según nosotros, San Pablo debió haber venido a Efeso después de su liberación en Roma, al contrario, según parece, de lo que él predijo a los ancianos de Efeso, que no volverían a ver su rostro. Y es para salvar la infalibilidad de esta predicción, y por ninguna otra razón grave, que una fecha más temprana sea asignada a esta epístola.

La misma predicción, sin embargo, cuando se considera bajo las circunstancias en que fue hecha, no parece llamar tanta atención. Las palabras de que tratamos se hallan en el versículo veinticinco del capítulo veinte de los Hechos: "Y ahora he aquí que yo sé que vosotros todos, entre quienes he andado predicando el reino de Dios, no veréis más mi rostro." En los versículos veintidós y veintitrés del mismo capítulo, esto es, dos versículos antes, el apóstol hace esta declaración: "Y ahora, he aquí que voy obligado en el espíritu a Jerusalem, sin saber las cosas que me han de suceder allí: salvo que el Espíritu Santo me testifica en cada ciudad, diciendo que prisiones y aflicciones me esperan." Este testimonio del Espíritu Santo, fue indubitablemente profético y sobrenatural. Pero no llegó a otra cosa sino a predecir que prisiones y aflicciones le esperaban. Y puedo muy bien concebir que esto fuera todo cuanto le fue comunicado al apóstol por revelación extraordinaria, y que el resto fuera la conclusión de su propia mente, la inferencia melancólica que él sacó de intimaciones fuertes y repetidas de peligros que se acercaban. Y la expresión "Yo se," usada aquí por San Pablo, tal vez, cuando se aplica a acontecimientos futuros acerca de sí mismo, no expresa un acerto tan positivo y absoluto como podemos creer a primera vista. En el primer capítulo de la epístola a los Filipenses y el versículo veinticinco, "Ya se" dice él, "que me quedaré y permaneceré con todos vosotros, para vuestro adelantamiento y gozo en la fe." No obstante esta fuerte declaración, en el capítulo segundo y versículos veintitrés y veinticuatro de esta misma epístola, y hablando también del mismo acontecimiento, se contenta con usar el lenguaje de alguna duda e incertidumbre: "A éste pues espero enviarle, luego *que vea cómo van mis asuntos,* mas *confío* en el Señor que yo también iré a vosotros en breve." Y unos pocos versículos antes de éstos, no sólo parece dudar de su seguridad, sino casi a estar desesperado; a contemplar al menos la posibilidad de su condenación y martirio: "Mas aunque fuere derramada mi sangre, como libación, sobre el sacrificio y ofrenda de vuestra fe, me alegro y me regocijo con todos vosotros."

I. Pero ¿podemos mostrar que San Pablo visitara Efeso después de su liberación en Roma?, o bien, ¿podemos recoger algunas referencias de sus otras cartas que indiquen posibilidad de que así lo hubiese hecho? Si podemos hacer esto, entonces tenemos una *coincidencia;* si no podemos hacerlo, no tenemos sino una suposición sin autorización, y es la conclusión a que podemos llegar. Pues bien, con este propósito, examinemos la epístola a los Filipenses y la epístola a Filemón. Estas dos epístolas dan a entender que fueron escritas mientras Pablo estaba aún prisionero en Roma. A los Filipenses escribe como sigue: "Confío en el Señor, que yo también iré a vosotros en breve." A Filemón que era colosense dió esta nota: "Al mismo tiempo también, prepara hospedaje para mí, pues que espero que por medio de las oraciones, os he de ser concedido." El examen del mapa nos mostrará que Colosas fue una ciudad de Asia Menor, al este y a no gran distancia de Efeso. Filipos estuvo al otro lado, esto es al lado occidental del mar Egeo. Si el apóstol llevó a cabo su propósito — si llevando a cabo su intención expresada en su carta a Filemón, vino a Colosas poco después de haber sido puesto en libertad en Roma, es muy improbable que dejara de visitar Efeso, de la que estuvo tan cerca y donde había pasado tres años de su ministerio. Como también había prometido a la iglesia de Filipos verlos "en breve," si pasaba de Colosas a Filipos, apenas podría evitar su visita a Efeso en el camino.

II. Cap. 5:9: "No se aliste a nadie como viuda, siendo de menos de sesenta años."

Esto está de acuerdo con la historia que se relata en el capítulo seis de Hechos: "En aquellos días, habiéndose multiplicado el número de los discípulos, hubo murmuración de los helenistas contra los hebreos, *de que sus viudas eran descuidadas en la administración diaria.*" Parece que desde la primera formación de la iglesia cristiana, se hacía provisión de los fondos públicos de la sociedad para las *viudas* indigentes que pertenecían a ella. La historia, como hemos visto distintamente, narra la existencia de semejante institución en Jerusalem unos pocos años después de la ascensión de nuestro Señor, y es obligada muy incidentalmente a mencionarla; esto es, por una disputa que se ocasionó en ella, y que produjo consecuencias importantes para la comunidad cristiana. La epístola sin sospechar que tomaba prestado de la historia, se refiere brevemente por cierto, pero decisivamente, a un establecimiento semejante que existió algunos años después en Efeso. Esta concordancia, en el caso de ambos escritos, fue fundada sobre verdaderas circunstancias.

Pero en este artículo, la cosa importante que debe notarse es la expresión, "que no se aliste a nadie como viuda." No se hace ninguna referencia o explicación a lo que esta palabra "aliste" pueda referirse, sino que la orden viene de un modo conciso y sin antecedente, "que no se aliste a nadie como viuda." De este modo escribe un hombre que está consciente de lo que escribe a personas que ya conocen el asunto de su carta, y quienes, está seguro, fácilmente comprenderán y practicarán lo que él dice por conocerlo tan bien; pero no es la forma en que escribiría un hombre en cualquiera otra ocasión, y especialmente en la que alguien escribiera una carta fingida, o introdujera una suposición [1].

III. Cap. 3:2, 3: "Es pues necesario que el obispo sea irreprensible, marido de una sola mujer, templado, de buen sentido, modesto, hospitalario, apto para enseñar; no dado al vino, no peleador, sino apacible; no rencilloso, no codicioso de torpe ganancia; uno que gobierne bien su propia casa, teniendo sus hijos en sujeción, con toda decencia."

"No peleador": Este es el artículo que yo escojo de la colección, como testificando al menos la anti-

---

1 No es del todo fuera de nuestro propósito general observar, en el pasaje que tenemos delante, la elección y reserva que San Pablo recomienda a los gobernadores de la iglesia en Efeso en cuanto a dar alivio a los pobres, porque refuta una calumnia que ha sido insinuada, de que la liberalidad de los primeros cristianos fue un artificio para coger conversos, o de todos modos una de las tentaciones por las cuales los ociosos y los mendigos fueron atraídos hacia esta sociedad: "No se aliste a nadie, como viuda, siendo de menos de sesenta años, habiendo sido mujer de un solo hombre, teniendo buen testimonio en cuanto a buenas obras; si hubiere criado hijos, si hubiere hospedado a los extranjeros, si hubiere lavado los pies a los santos, si hubiere socorrido a los afligidos, si hubiere seguido estrictamente toda buena obra. Pero rehusa a las viudas más jóvenes." Cap. 5:9, 10, 11. Y en otro lugar, "Si algún creyente, hombre o mujer, tiene viudas, alivie sus necesidades, y no sea cargada la iglesia con su sustento, para que socorra a las que son viudas de verdad." Y al mismo efecto o algo más para nuestro presente propósito, el apóstol escribe en la segunda epístola a los Tesalonicenses, "Pues aun cuando estábamos con vosotros, os mandábamos esto: ¡Si alguno no quiere trabajar tampoco coma!", esto es, a expensas públicas. "Porque oímos decir que algunos andan desarregladamente entre vosotros, sin ocuparse en ningún trabajo, sino que son entrometidos en los asuntos ajenos. A los tales pues, les mandamos y exhortamos en el Señor Jesucristo, que trabajando sosegadamente, coman su propio pan." ¿Podría un pobre mal intencionado o de malas costumbres valerse de contribuciones reguladas con tanta prudencia; o podría la mente que dictó aquellas direcciones sobrias y prudentes ser influída, en sus recomendaciones de caridad pública, por otros motivos que los más propios de la beneficencia?

güedad, si no la genuinidad de la epístola, porque es un asunto que nadie que viviera en un período avanzado de la iglesia hubiera hecho artículo de amonestación. Estuvo de acuerdo con la infancia de la sociedad, pero no con ningún otro estado de ella. Después de que el gobierno de la iglesia adquiriese la forma digna que pronto y naturalmente asumió, este mandato no hubiera sido propio. ¿Podría una persona, bajo una jerarquía tal como la que vino a ser la cristiana cuando el cristianismo se estableció, haber pensado en la necesidad de prescribir acerca de las cualidades de un obispo, diciendo que éste no fuese "peleador"? Y este mandato tenía igualmente que ser ajeno a la imaginación del que escribera, fuera que lo hiciese de sí propio, o personificando el carácter de un apóstol.

IV. Cap. 5:23: "Nó bebas más agua sola, sino usa de un poco de vino, a causa de tu estómago, y de tus frecuentes enfermedades."

Imaginaos a un impostor sentándose para fingir una epístola en nombre de San Pablo. ¿Es creíble que entrara en su cabeza dar una amonestación tal como es ésta; tan remota de todo cuanto tiene que ver con doctrina y disciplina, y todo cuanto concernía públicamente a la religión o la iglesia, o a alguna secta, orden o partido en ella, y de todo propósito con que semejante epístola podría escribirse? Me parece que nada, sino la realidad, esto es, la verdad, el estado de salud de una persona verdadera, podría haber sugerido un pensamiento de una naturaleza tan íntima.

Pero si la peculiaridad del consejo es digno de observarse, el lugar en donde éste se encuentra es todavía más. El contexto es éste: "No impongas las manos de ligero a nadie, ni seas participante en los pecados ajenos: guárdate puro. No bebas más agua sola, sino usa de un poco de vino, a causa de tu estómago, y de tus frecuentes enfermedades. Los peca-

dos de algunos hombres son ya manifiestos, yéndo-
les delante a juicio; mas a algunos les vienen detrás." La amonestación a Timoteo acerca de su dieta
se halla entre dos amonestaciones tan distintas del
asunto que apenas es posible que la haya hecho. La
serie de pensamientos parece ser interrumpida para
dejarla entrar. Pues bien, ¿cuándo sucede esto? Sucede cuando alguien escribe según va acordándose;
cuando apunta un asunto al momento que se le ocurre, por temor de olvidarlo después. De aquí que el
pasaje que estamos considerando tenga mucha importancia. En cartas verdaderas, en la intimidad de
la correspondencia real, con frecuencia tienen lugar
ejemplos de esta clase; rara vez, según creo, en cualquiera otra clase de escritos. Por el momento, el
hombre mira lo que escribe como una composición,
como lo haría el autor de escritos fraudulentos; él
sería el primero en hacerlo así; idea de orden en el
arreglo y de expresión de sus pensamientos se pre-
sentaría en su mente y en su pluma, desde luego.

V. Cap. 1:15, 16: "Fiel es este dicho y digno de ser
recibido de todos, que Cristo Jesús vino al mundo
para salvar a los pecadores; de los cuales yo soy el
primero. Sin embargo, para esto fui recibido a misericordia, para que en mí, el primero, Jesucristo presentase toda su extremada paciencia, como ejemplo
para los que hubiesen después de creer en El para
vida eterna."

Cuál fuera la misericordia que San Pablo se recuerda aquí, y cuál fuera el crimen de que se acusa,
se ve en los versículos inmediatamente anteriores:
"Doy gracias a Aquel que me habilitó, a Cristo Jesús,
Señor nuestro, por cuanto me tuvo por fiel, ponién-
dome en el ministerio; a mí, *que antes había sido
blasfemo y perseguidor, e injuriador:* mas fui recibido a *misericordia,* por cuanto lo hice ignorantemen-
te en incredulidad." Ver. 12:13. Toda la cita se re-

fiere claramente a la enemistad original de San Pablo para con el nombre Cristiano, la interposición de la Providencia en su conversión, y su designación subsecuente al ministerio del evangelio; y esta referencia afirma en verdad la substancia de la historia del apóstol consignada en los Hechos. Pero lo que en el pasaje me hiere la mente más poderosamente es la observación que sugiere el hecho: "Sin embargo, por esto fui recibido a misericordia, para que en mí, el primero, Jesucristo mostrase toda su extremada paciencia, como ejemplo para los que hubiesen después de creer en él para vida eterna." Es una reflexión justa y solemne, que resulta de las circunstancias de la conversión del autor, o antes bien de la impresión que el gran acontecimiento había dejado en su memoria. Se dirá, tal vez, que un impostor conociendo la historia de San Pablo hubiera puesto semejante sentimiento en su boca; o, lo que es la misma cosa, en una carta hecha en su nombre. Pero podemos preguntar ¿en dónde puede hallarse semejante impostor? La piedad, la verdad, la bondad del pensamiento deben protegerlo de esta imputación. Porque ni aun confesando que uno de los grandes maestros de la tragedia antigua pudo haber dado a su escena un sentimiento tan virtuoso y tan elevado como lo es éste, y al mismo tiempo tan apropiado, y tan bien adecuado a la situación de la persona que lo expresa; sin embargo, todo aquel que esté familiarizado con estas pesquisas confesará, que hacer esto en un escrito ficticio está fuera del alcance de las inteligencias que se han ocupado con cualesquiera *escritos fraudulentos,* que nos han llegado con nombres o bajo títulos cristianos.

CAPITULO XII

La Segunda Epistola a Timoteo

I. FUE LA tradición uniforme de la iglesia primitiva, que San Pablo visitó Roma tres veces, y dos veces allí sufrió la prisión; y que sufrió la muerte en Roma al fin de su segunda prisión. Esta opinión acerca de los dos viajes a Roma está confirmada por una gran variedad de insinuaciones y alusiones en la epístola que tenemos delante, comparadas con lo que salió de la pluma del apóstol en otras cartas que se da a entender que fueron escritas en Roma. El que nuestra presente epístola fuera escrita mientras San Pablo estaba *preso,* se dice claramente en el versículo octavo del primer capítulo: "No te avergüences pues del testimonio de nuestro Señor, ni de mí, preso suyo." Y también, mientras estuvo prisionero *en Roma,* en los versículos dieciséis y diecisiete del mismo capítulo: "Conceda el Señor misericordia a la casa de Onesíforo!, porque muchas veces él me refrigeró, y no se avergüenza de mi cadena: al contrario, estando en Roma, me buscó con diligencia, y me halló." Puesto que parece, de la cita anterior, que San Pablo escribió esta epístola mientras estuvo encarcelado, apenas puede dudarse, que la palabra *cadena,* en la última cita, se refiera a aquel encarcelamiento — la cadena con la cual estuvo *entonces* sujeto, la custodia con que fue *entonces* guardado. Y si la palabra "cadena" designa el encarcelamiento del autor al tiempo de escribir la epístola, las palabras siguientes dan a entender que fue escrita desde Roma: "No se avergonzó de mi cadena: al contrario, estando en Roma, me buscó con diligencia." Ahora bien, el que no fueran escritas durante la primera prisión en Roma, o durante la misma prisión en que fueron escritas las epístolas a los Efesios, los Colosenses, los Filipenses y a Filemón, puede deducirse con considerable evidencia, de una comparación de estas varias epístolas con la presente.

1. En las primeras epístolas, el autor confiaba en que sería librado de su prisión y su pronta salida de Roma. Dice a los Filipenses, Cap. 2:24: "Mas confío en el Señor, que yo también iré a vosotros en breve." Y a Filemón le manda que le prepare hospedaje: "pues que espero," dice él, "que por medio de vuestras oraciones os he de ser concedido." Ver. 22. En la epístola que tenemos delante emplea un lenguaje extremadamente distinto: "Porque yo ya estoy para ser ofrecido en sacrificio, y el tiempo de mi partida ha llegado! ¡He peleado la buena pelea, acabado he mi carrera, he guardado la fe; de ahora en adelante me está reservada la corona de justicia, que me dará el Señor, el justo Juez, en aquel día." Cap. 4:6-8.

2. Cuando las epístolas anteriores fueron escritas de Roma, Timoteo estaba con San Pablo; y se une a él al escribir a los Colosenses, los Filipenses, y a Filemón. La presente epístola indica que él estuvo ausente.

3. En las epístolas anteriores, Demas estuvo con San Pablo en Roma: "Os saluda Lucas, el amado médico, y Demas." En la epistola que ahora tenemos delante: "Demas me ha abandonado, habiendo amado este siglo presente, y se ha ido a Tesalónica."

4. En las epístolas anteriores Marcos estuvo con San Pablo, y se une a él en saludar a los Colosenses. En la presente epístola se le ordena a Timoteo que le traiga consigo, "porque me es útil en el ministerio." Cap. 4:11.

El caso de Timoteo y Marcos podría muy bien tomarse en cuenta, suponiendo que la presente epístola hubiese sido escrita *antes* que las otras; de modo que Timoteo, a quien se le exhorta aquí a venir presto, cap. 4:9, pudo haber llegado y que Marcos a quien había de traer consigo, cap. 4:11, pudo también haber llegado a Roma, a tiempo, para estar con San Pablo cuando las cuatro epístolas fueron escritas; pero semejante suposición no es consecuente con lo que se dice de Demas, por lo cual la posterioridad de esta epístola con respecto a las otras está indicada evidentemente, porque en esas epístolas Demas estuvo con San Pablo, y en la presente, "le ha abandonado e ido a Tesalónica." La oposición también, del sentimiento, respecto al resultado de la persecución, apenas puede reconciliarse con la misma prisión.

Las dos siguientes consideraciones que primero fueron aducidas, sobre esta cuestión, por Ludovico Capello son aún más conclusivas:

1. En el versículo veinte del capítulo cuatro, San Pablo, informa a Timoteo, que "Erasto se quedó en Corinto," *Erastos emeinen en Korinthō*. La forma de expresión indica que Erasto se quedó en Corinto cuando San Pablo partió de allí. Pero esto no podría decirse de ningún viaje de Corinto que San Pablo hiciera antes de su primera prisión en Roma, porque cuando Pablo salió de Corinto, como se relata en el capítulo veinte de los Hechos, Timoteo estuvo con él, y ésta fue la última vez que el apóstol partió de Corinto antes de venir a Roma, porque la dejó para seguir su viaje hacia Jerusalem; poco después de su llegada a este lugar fue aprehendido, y continuó con aquella custodia hasta que fue llevado al tribunal de César. No había, pues, necesidad de informar a Timoteo que "Erasto se quedó en Corinto" en esta ocasión, porque si tal hubiera sucedido, Timoteo lo habría sabido porque estaba presente, así como San Pablo.

2. En el mismo versículo nuestra epístola también declara el siguiente artículo: "Mas a Trófimo le dejé enfermo en Mileto." Cuando San Pablo pasó por Mileto, en su camino para Jerusalem, como se relata en Hechos 20:21, Trófimo no se quedó allí, sino que le acompañó a aquella ciudad. Fue en verdad la ocasión del tumulto en Jerusalem que tuvo como consecuencia que San Pablo fue aprehendido: "porque habían visto," dice el historiador, "anteriormente a Trófimo, efesio, con él en la ciudad; y se imaginaron que Pablo le había introducido en el templo." Esta fue evidentemente la última vez que Pablo estuvo en Mileto antes de su primera prisión; porque, como ya se ha dicho, después de su arresto en Jerusalem, se quedó bajo custodia hasta que fue enviado a Roma.

En estos dos artículos tenemos la referencia a un viaje, que debió haberse verificado después de la conclusión de la historia de San Lucas, y por supuesto después de la liberación de San Pablo de la prisión. La epístola pues, que contiene esta referencia, puesto que parece, por otras partes de ella, haber sido escrita mientras San Pablo era prisionero en Roma, prueba que había vuelto de nuevo a aquella ciudad, y sufrido allí un segundo encarcelamiento.

No cito estos hechos por el apoyo que ellos dan al testimonio de los padres, acerca de la *segunda* prisión de San Pablo; sino para llamar la atención a su consistencia y concordancia de unos con otros. Todos pueden resolverse en una suposición; y aunque la suposición sea hasta cierto punto sólo negativa, esto es, que la epístola no fue escrita durante la primera estancia de San Pablo en Roma, sino en algún encarcelamiento futuro en aquella ciudad; sin embargo, la consistencia no es menos digna de ser observada; porque la epístola toca nombres y circunstancias relacionados con la fecha y la historia de la primera prisión, y mencionados en cartas escritas durante aquella prisión; y las toca de manera que deja lo que se dice de uno consecuente con lo que se dice de otros, y consecuente también con lo que se dice de ellos en otras epístolas. De haber sido descrita una de estas circunstancias de tal modo que fijara la fecha de la epístola a la primera prisión, habría envuelto a las demás en una contradicción. Y cuando el número y clase de artículos que se han reunido bajo este punto, son tomados en cuenta, y cuando se considera también que las comparaciones que hemos establecido entre ellos no fueron probablemente ni pensadas ni hechas con designio, por el que escribió la epístola, se advertirá algo así como el efecto de la verdad, que no hay motivo de discrepancia entre ellas ni remotamente.

II. En los Hechos de los Apóstoles, en el capítulo dieciséis versículo primero, se nos dice que Pablo "vino también a Derbe y a Listra: y he aquí que había cierto discípulo, llamado Timoteo, hijo de una judía creyente, mas su padre era griego." En la epístola que tenemos delante, en el primer capítulo y en los versículos cuatro y cinco, San Pablo escribe a Timoteo así: "Deseando ardientemente verte, acordándome de tus lágrimas, para que me llene de gozo; trayendo a la memoria la fe no fingida que hay en ti, la cual habitó primero en tu abuela Loida, y en tu madre Eunice; y estoy persuadido que habita también en ti." Aquí tenemos un ejemplo justo y natural de coincidencia. En la historia, Timoteo era hijo de una judía *que* creía: en la epístola San Pablo alaba "la *fe* que habitó en su madre Eunice." En la historia se dice que la madre era judía y que creía; del padre, que era griego. Ahora bien, cuando se dice *solamente* de la madre que creía, siendo el padre no obstante mencionado en la misma frase, se nos hace suponer del padre que no creía, esto es, que había muerto o que permanecía no convertido. De acuerdo con esto, aunque en la epístola se alaba a uno de los padres, por su sinceridad en la fe, no se hace mención del otro. La mención de la abuela es la circunstancia adicional que no se halla en la historia; pero es una circunstancia, la cual, así como los nombres de las personas, naturalmente podríamos esperar que el apóstol la conociera, aunque la pasaba por alto su historiador.

III. Cap. 3:15: "Y que desde la infancia has conocido las santas Escrituras, que pueden hacerte sabio para la salvación, por medio de la fe que es en Cristo Jesús."

Este versículo revela una circunstancia que está exactamente de acuerdo con lo que se insinúa en la pregunta en los Hechos, citada en el último número. En aquella cita se narra, de la madre de Timoteo, que era judía. Esta descripción se reconoce virtualmente, aunque estoy convencido que sin designio, en la epístola, cuando Timoteo es recordado en ella: "que desde la niñez había sabido las sagradas Escrituras. Con las "Sagradas Escrituras" quería decir indubitablemente, el Antiguo Testamento. La expresión tiene ese sentido en cualquier lugar donde ocurre, pues las del Nuevo no se habían formado aún y para que no se creyese que en la niñez de Timoteo probablemente ningunas de ellas existieran. ¿De qué manera, pues, podía Timoteo haber conocido desde su niñez las escrituras judaicas, a no haber nacido por un lado, o por ambos, de padres judíos? Pudo posiblemente, no haber estado bien instruido en ellas, porque sólo su madre profesaba aquella religión.

IV. Cap. 2:22: "Mas huye de las pasiones *juveniles,* y sigue tras la justicia, la fe, el amor, la paz, con los que invocan al Señor con corazón puro."

"Huye de las pasiones juveniles." Lo propio de este precepto a la edad de la persona a quien es dirigido, se deduce de primera de Timoteo 4:12: "Nadie desprecie tu juventud." Ni me parece menos importante

esta coincidencia porque tal propiedad resida en un solo epíteto, o porque este precepto esté unido a unos y seguido de otros no más aplicables a Timoteo que a cualquier otro converso. Es en estas alusiones transitorias y de carrera profesional, donde mejor se funda el argumento. Cuando un escritor carga el énfasis sobre un punto en que se descubre alguna coincidencia, se puede sospechar que él mismo haya ocasionado la conformidad, y procura ostentarla. Pero cuando la referencia se advierte en una sola palabra no observada tal vez por la mayor parte de los lectores, y pasa el escritor a otros asuntos como inconsciente de haber descubierto un punto a discusión, o si no le preocupa de tal hecho, podemos estar bastante seguros de que no se ha urdido ningún fraude, de que no se ha procurado ninguna imposición.

V. Cap. 3:10, 11: "Tú empero has conocido perfectamente mi enseñanza, mi conducta, mi propósito, mi fe, mi longanimidad, mi amor, mi paciencia, mis persecuciones, mis padecimientos; sabes cuáles cosas me sucedieron *en Antioquía, en Iconio, en Listra;* qué persecuciones sufrí: y de todas ellas me libró el Señor."

La Antioquía que se menciona aquí, no fue la capital de Siria, donde Pablo y Bernabé permanecían bastante tiempo, sino Antioquía de Pisidia, a cuyo lugar Pablo y Bernabé llegaron en su primer viaje apostólico, y donde Pablo hizo un discurso memorable, que es conservado en el capítulo trece de los Hechos. En esta Antioquía, relata la historia, que los judíos "incitaron a las mujeres religiosas, de honorable condición, y a los hombres principales de la ciudad, y levantando persecución contra Pablo y Bernabé, los echaron fuera de sus términos. Mas ellos sacudiendo contra ellos el polvo de sus pies, se fueron a *Iconio....* Y aconteció en Iconio, que entraron juntos en la sinagoga de los judíos, y hablaron de tal manera que creyeron de los judíos y de los helenistas una gran multitud. Pero los judíos que no creían, excitaron los ánimos de los gentiles, y los exacerbaron contra los hermanos. Largo tiempo pues se quedaron allí, hablando denodadamente en el Señor; el cual daba testimonio de la palabra de su gracia, concediendo que se hiciesen señales y maravillas por sus manos. Pero fue dividida la multitud de la ciudad; y algunos estaban de parte de los judíos y otros de parte de los apóstoles. Y cuando iba a hacerse una acometida de parte de los gentiles y también de los judíos, con sus jefes, *para ultrajarlos y apedrearlos,* entendiéndolo ellos, huyeron a Listra y Derbe, ciudades de Licaonia, y a la región en derredor de ellas; y allí se quedaron predicando el evangelio....Mas vinieron allí judíos desde Antioquía e Iconio, y habiendo persuadido a las multitudes, apedrearon a Pablo, y le sacaron de la ciudad, creyendo que estaba muerto. Empero mientras los discípulos estaban alrededor de él, se levantó, y entró en la ciudad; y al día siguiente partió con Bernabé, para Derbe. Y habiendo predicado el evangelio en aquella ciudad, y hecho muchos discípulos, volviéronse a Listra y a Iconio, y a Antioquía." Este relato comprende el período a que ha de referirse la alusión en la epístola. Hasta aquí pues tenemos una conformidad entre la historia y la epístola: se afirma en la historia que San Pablo sufrió persecuciones en las tres ciudades, las cuales son mencionadas en la epístola; y no como quiera, sino que sufrió estas persecuciones en sucesión inmediata y en el orden en que las ciudades están mencionadas en la epístola. La conformidad también se extiende a otra circunstancia: En la historia apostólica, por lo regular, Listra y Derbe se mencionan juntas; en la cita de la epístola Listra es mencionada y Derbe no. Y la circunstancia parece en esta ocasión exacta, porque San Pablo está enumerando aquí sus persecuciones; y aunque sufrió persecuciones graves en cada una de estas tres ciudades por donde pasó para llegar a Derbe, en Derbe misma no sufrió ninguna: "Y al día siguiente partió," dice el historiador, "para Derbe, y habiendo predicado el evangelio en aquella ciudad, y hecho muchos discípulos, volvieron a Listra y a Iconio." La epístola pues, en los nombres de las ciudades, en el orden en que se enumeran, y en el lugar donde se detiene la enumeración, corresponde exactamente con la historia.

Pero queda un segundo punto, esto es, cómo estas persecuciones fueron "conocidas" de Timoteo, o por qué el apóstol le recordaría especialmente de éstas, antes que de otras muchas persecuciones que le habían sucedido en el transcurso de su ministerio. Cuando en otra ocasión, probablemente tres años después (véase "Annales Paulinas," de Pearson), San Pablo hizo un segundo viaje por la misma región a fin de ir otra vez y visitar a los hermanos en cada ciudad donde había predicado la palabra del Señor, leemos en Hechos 16:1, que cuando "vino a Derbe y a Listra, he aquí que había allí cierto discípulo llamado Timoteo." Una u otra de estas ciudades era el lugar donde vivía Timoteo. Leemos también que tenía buena reputación entre los hermanos que estuvieron en Listra e Iconio; de modo que debió haber conocido bien estos lugares. También, cuando Pablo llegó a Derbe y Listra, Timoteo era ya discípulo: "He aquí que había allí cierto discípulo llamado Timoteo." Debió haber sido convertido, pues, *antes*. Pero como se declara expresamente en la epístola, que Timoteo fue convertido por San Pablo mismo, que era su propio hijo en la fe, se sigue que debió haber sido convertido por él, durante su viaje anterior a esas partes, lo cual fue al mismo tiempo en que el apóstol padeció las persecuciones a que se hace referencia en la epístola. Por lo regular, persecuciones mencionadas en las epístolas son descritas expresamente en los Hechos; y el conocimiento que tenía Timoteo de esta parte de la historia de San Pablo, el cual conocimiento es mencionado en la epístola, se deduce justamente del lugar donde vivía y el tiempo de su conversión. Puede observarse también, que es probable por este relato, que San Pablo estuviera en medio de aquellas persecuciones cuando llegó a conocer a Timoteo. No es extraño, pues, que el apóstol en una carta escrita mucho tiempo después, recordara a su converso favorito de aquellas escenas de aflicción y dolor en medio de las cuales se encontraron por primera vez.

Aunque esta coincidencia, en cuanto a los nombres de las ciudades, sea más específica y directa que muchas que hemos señalado, sin embargo me parece que no hay razón justa para pensar que sea artificial; porque si el que escribía la epístola hubiera buscado una coincidencia con la historia sobre este punto, escudriñando los Hechos de los Apóstoles con este propósito, me parece que nos habría enviado de una vez a Filipos y Tesalónica, donde Pablo sufrió persecución, y donde, por lo que se narra, puede deducirse fácilmente que Timoteo le acompañara: antes bien que apelar a persecuciones tan conocidas de Timoteo, en la narración de cuyas persecuciones el nombre de Timoteo no es mencionado; no siendo sino después de todo un capítulo, y en la historia de un viaje tres años después de éste, que ocurre el nombre de Timoteo, por primera vez, en los Hechos de los Apóstoles.

CAPITULO XIII

La Epístola a Tito

I. UNA CIRCUNSTANCIA muy característica en esta epístola es la cita de Epiménides, cap. 1:12: "Ha dicho uno de ellos mismos, profeta propio suyo, Los cretenses son siempre mentirosos, malas bestias, glotones, perezosos." *Krētes aei pseustai, kaka thēria, gasteres argai.*

Digo que esta cita es característica, porque, ningún escritor en el Nuevo Testamento, con excepción de San Pablo, apeló al testimonio pagano, y porque San Pablo lo hizo repetidas veces. En su célebre discurso en Atenas, conservado en el capítulo diecisiete de los Hechos, dice a su auditorio que en Dios "vivimos, y nos movemos, y tenemos nuestro ser; como algunos de vuestros mismos poetas han dicho; porque también somos linaje de él," *tou gar kai genos esmen.*

El lector verá mucha semejanza de estilo en estos dos pasajes. La referencia en el discurso es a un poeta pagano; lo mismo sucede en la epístola. En el discurso, el apóstol insta a sus oyentes con la autoridad de uno de sus propios poetas; en la epístola se vale de la misma ventaja. Sin embargo, hay una diferencia que muestra que la idea de insertar una cita en la epístola, no fue, como podría sospecharse, adoptada por haber visto la misma cosa atribuída a San Pablo en la historia, y ésta es: que el autor que se cita es llamado *profeta*: "uno de ellos mismos, *profeta* propio suyo." Cualquiera que fuese la razón de llamar a Epiménides, profeta; ora que los nombres de profeta y poeta fuesen de vez en cuando convertibles; ora que Epiménides en particular hubiese obtenido aquel título, como Grocio parece haber probado; o bien que la designación le fuese dada, en este caso, por haber hecho él una descripción del carácter cretense, que hizo por el estado futuro de la moral entre ellos: cualquiera que fuese la razón — y cualquiera de estas razones dará cuenta de la diferencia suponiendo que San Pablo fuera el autor — un punto es claro, esto es, que si la epístola hubiera sido hecha fraudulentamente, y el autor hubiera insertado una cita en ella justamente por haber visto un ejemplo de la misma clase en un discurso hecho por San Pablo, hubiera imitado su original hasta el punto de haber introducido su cita de la misma manera; esto es, habría dado a Epiménides el título que vio allí dado a Arato. El otro lado de la alternativa es, que la historia haya tomado la idea de la epístola. Pero, que el autor de los Hechos de los Apóstoles no tuvo delante la epístola a Tito, al menos que no la usó como uno de los documentos o materiales de su narración, es hecho casi cierto por la observación de que el nombre de Tito no ocurre ni una vez en su libro.

Es bien conocido, y fue observado por San Jerónimo, que el apotegma en el capítulo quince de Corintios: "Las malas compañías, corrompen las buenas costumbres," es un yambo de Menandro: *Phtheirousin ēthe chrēsth' homiliai kakai*.

Aquí tenemos un ejemplo del mismo género y clase de composición. Probablemente haya habido hasta ahora algunos que no han sido notados; y más, que el desconocimiento de los autores originales ha hecho imposible reconocerlos.

II. Existe una afinidad visible entre la epístola a Tito y la primera a Timoteo: Ambas cartas fueron dirigidas a personas por él encargadas para que trabajasen en sus iglesias respectivas, durante su ausencia; ambas cartas se ocupan principalmente en describir las cualidades que deben encontrarse en las personas nombradas como oficiales en la iglesia, y aun en los asuntos, ambas cartas, son iguales, pues tanto Timoteo como Tito son amonestados en contra de las mismas corrupciones prevalecientes y, en particular, en contra de la mala dirección de sus cuidados y estudios. Esta afinidad se halla no sólo en el asunto de las cartas, que, por la semejanza de situación de las personas a quienes fueron dirigidas, podría esperarse que fuesen algo parecidas, sino que se extiende en una gran variedad de ejemplos, a las frases y expresiones. El que escribe se dirige a sus dos amigos con la misma salutación, y pasa al asunto de su carta con el mismo estilo:

"A Timoteo *mi verdadero hijo en la fe:* gracia, misericordia y paz, de Dios nuestro Padre, y de Cristo Jesús, nuestro Señor. *Conforme te rogaba quedarte en Efeso, cuando iba a partir para Macedonia,"* etc. 1 Tim. 1, 2, 3.

"A Tito, *verdadero hijo mío, conforme a nuestra común fe:* Gracia y paz de Dios nuestro Padre, y de Cristo Jesús nuestro Señor; *por esta causa te dejé en Creta."* Tit. 1:4, 5.

Si Timoteo no había de *ocuparse en "fábulas y genealogías* interminables que promueven disputas," 1 Tim. 1:4, Tito también había de evitar "las cuestiones insensatas, y las genealogías, y las contiendas y las disputas," cap. 3:9, y había de reprenderlas severamente, no prestando atención a fábulas judaicas." Cap. 1:13, 14. Si Timoteo había de ser dechado, *tupos,* 1 Tim. 4:12, así también debía serlo Tito. Cap. 2:7. Si Timoteo no había de dejar a nadie despreciar su juventud, 1 Tim. 4:12, también Tito no había de dejar a nadie despreciarle. Cap. 2:15. Esta concordancia verbal se nota también en algunas expresiones muy particulares, que no tienen relación con el carácter particular de Timoteo o Tito.

La frase, "fiel es este dicho," *pistos ho logos,* usado para dar énfasis a alguna declaración sobre la cual el que escribe quiere llamar mucho la atención, ocurre tres veces en la primera epístola a Timoteo, una vez en la segunda, y una vez en la epístola que tenemos delante, y en ninguna otra parte de los escritos de San Pablo; y es notable que estas tres epístolas fueron todas escritas hacia el fin de su vida; y que son las únicas epístolas que fueron escritas después de su primera prisión en Roma.

La misma observación se aplica a la misma singularidad de expresión, y éste es el epíteto *"sano,"* *hugiainōn,* aplicado a palabras o doctrina. Se usa así dos veces en la primera epístola a Timoteo, dos veces en la segunda, y tres veces en la epístola a Tito, además de dos expresiones semejantes, *hugiainontas tē pistei* y *logon hugiē;* y no es hallado en el mismo sentido, en ninguna otra parte del Nuevo Testamento.

La expresión "Dios nuestro Salvador," se halla en casi el mismo caso. Se repite tres veces en la primera epístola a Timoteo, otras tantas en la epístola a Tito, y no ocurre en ningún otro libro del Nuevo Testamento, sino en la epístola de Judas.

Semejantes términos mezclados, en verdad, con otros se emplean en las dos epístolas, al enumerar las cualidades exigidas en los que habían de ser llevados a puestos de autoridad en la iglesia.

"Es pues necesario que el obispo sea irreprensible, marido de una sola mujer, templado, *de buen sentido,* modesto, *hospitalario,* apto para enseñar; *no dado al vino, no peleador, sino apacible; no rencilloso, no codicioso de torpe ganancia;* uno que gobierne bien su propia casa, teniendo sus hijos en sujeción, con toda decencia" [1]. 1 Tim. 3:2-4.

"Si alguno fuere *inculpable, marido de una sola mujer,* teniendo hijos creyentes, no acusados de disolución, ni contumaces. Porque el obispo ha de ser inculpable, como que es administrador de Dios; no soberbio; no colérico, *no rencilloso, no peleador, no codicioso de torpe ganancia; sino hospitalario,* amador de lo bueno, de buen sentido, justo, santo, templado" [2]. Tito 1:6-8.

La razón más natural de estas semejanzas, es suponer que las dos epístolas fueron escritas casi al mismo tiempo y cuando las mismas ideas y frases ocupaban la mente del que escribía. Indaguemos, pues, si los datos del tiempo que existen en las dos epístolas, favorecen de manera alguna esta suposición.

Hemos visto que era necesario referir la primera epístola a Timoteo a una fecha subsecuente a la primera prisión de San Pablo en Roma, porque no hubo viaje a Macedonia antes de ese acontecimiento que concordara con la circunstancia de dejar a Timoteo en Efeso. El viaje de San Pablo de Creta, al que se hace alusión en la epístola que tenemos delante, y en el que se alude a Tito como "dejado en Creta para poner en orden las cosas que faltaban" también, del mismo modo, tiene que ponerse en el período que

_____
1 *"Dei oun ton episkopon anepilēpton einai, mias gunaikos andranēphalion, sōphrona, kosmion, philoxenon, didaktikon, mē paroinon, mē plēktōn, mē aischrokerdē, all' epieikē, amachon, aphilarguron, tou idiou oikou kalōs proistamenon, tekna echonta en hupotagē meta pasēs semnotētos."*
2 *"Ei tis estin anegklētos, mias gunaikos anēr, tekna echōn pista, mē en katēgoria asōtias, e anupotakta. Dei gar ton episkopon anegklēton einai, hōs Theou oikonomon, mē authadē, mē orgilon, mē paroinon, mē plēktēn, mē aischrokerdē, alla philoxenon, philagathon, sōphrona, dikaion, hosion, egkratē."*

transcurrió entre la primera epístola y la segunda. Porque la historia que llega, como sabemos, hasta el tiempo de la primera prisión, no contiene mención alguna de un viaje a Creta, sino en su viaje como prisionero a Roma; y el que ésta no podía ser la ocasión a que se refiere nuestra epístola es evidente por esto, es decir, porque cuando Pablo escribió esta epístola, parece haber estado en libertad; siendo que después de este viaje pasó al menos dos años en la prisión. También se reconoce que San Pablo escribió su primera epístola a Timoteo, de Macedonia: "Conforme te rogaba quedarte en Efeso, cuando iba," o vine "a Macedonia." Y el que estuvo en estas regiones, esto es, en esta península, cuando escribió la epístola a Tito, es un hecho probable por su recomendación a Tito de venir a él a Nicópolis: "Cuando yo enviare a ti a Artemas o a Tíquico, date prisa, en venir a mí a Nicópolis; porque he resuelto invernar allí." La ciudad más célebre de aquel nombre estuvo en Epiro, cerca de Actium. Y me parece que la manera de hablar así como la naturaleza del caso, hace probable que el que escribía estuvo en Nicópolis, o en esa comarca, cuando hizo este encargo a Tito.

Después de todo, si se nos permite suponer que San Pablo después de su liberación en Roma, navegó a Asia tocando a Creta en su viaje; que de Asia y de Efeso, la capital de ese país, prosiguió a Macedonia, y cruzando la península en su viaje llegó a la región de Nicópolis, tenemos una ruta que está de acuerdo con todo. Lleva a cabo la intención expresada por el apóstol de visitar Colosas y Filipos, luego que fuese puesto en libertad en Roma. Le permite dejar a Tito en Creta y a Timoteo en Efeso, cuando fue a Macedonia, y escribir a cada uno poco después, desde la península de Grecia, y probablemente de la comarca de Nicópolis; así reuniendo las fechas de estas dos cartas y dándose cuenta así de aquella afinidad entre ellas, tanto en el asunto como en el lenguaje que nuestras observaciones han señalado. Confieso que el viaje que así hemos trazado, para San Pablo, es en gran parte supuesto; pero debe observarse que es una especie de consecuencia que rara vez pertenece al fraude, el admitir una suposición que incluye un gran número de circunstancias independientes sin contradicción.

CAPITULO XIV

La Epístola a Filemón

I. LA NOTABLE correspondencia entre esta epístola y la de los Colosenses ya se ha hecho notar. Una afirmación en la epístola a los Colosenses, la de que Onésimo era uno de ellos, se ha advertido, no por ninguna mención de Colosas ni por ninguna referencia aun la más remota acerca del lugar donde vivía Filemón, sino solamente por la de manifestar que Onésimo era el siervo de Filemón, y unir en la salutación a Filemón y a Arquipo, porque este Arquipo, cuando consultamos la epístola a los Colosenses, parece haber sido residente de aquella ciudad, y haber tenido un oficio de autoridad en aquella iglesia. El caso es como sigue: Si se toma sólo la epístola a los Colosenses no se descubre ninguna circunstancia que confirme el aserto, de que Onésimo fue uno de ellos. Si se toma sólo la epístola a Filemón no se halla nada acerca del lugar a que pertenecía Filemón o su siervo. Por lo que se dice en la epístola, Filemón podría haber sido tesalonicense, filipense o efesio, así como colosense. Reuniendo las dos epístolas se hace claro el asunto. El lector percibe una *reunion* de circunstancias que revela de una vez la conclusión. Ahora bien, todo lo que es necesario decir en este lugar es, que esta correspondencia prueba la genuinidad de una Epístola, así como la de la otra; es como comparar las dos partes de una tara quebrada. La coincidencia prueba la autenticidad de ambas.

II. Y esta coincidencia es perfecta; no sólo en el fin principal, de mostrar, por inferencia, que Onésimo era sólo un colosense, sino en muchas circunstancias dependientes.

1. "Ruégote por mi hijo Onésimo....a quien *he* vuelto a *enviar* a ti." Versículos 10-12. Parece en la epístola a los Colosenses, que en verdad Onésimo fue enviado en ese tiempo a Colosas: "De todas mis cosas os informará Tíquico....a quien he enviado a vosotros para esto mismo....*juntamente con Onésimo,* fiel y amado hermano." Colosenses 4:7-9.

2. "Ruégote por mi hijo Onésimo, *a quien yo he engendrado en mis prisiones.*" Ver. 10. Parece de la suposición anterior, que Filemón estuvo con Pablo cuando escribió la epístola a los Colosenses; y que escribió aquella epístola en la *prisión,* es evidente por la declaración en el capítulo cuarto y versículo tres: "Orando al mismo tiempo por nosotros también, para que Dios nos abra puerta para la palabra, a fin de hablar el misterio de Cristo, a causa del cual también estoy *en prisiones.*"

3. San Pablo ruega a Filemón que le prepare hospedaje "pues que espero," dice él, "que por medio de vuestras oraciones, os he de ser concedido." Esto está de acuerdo con la expectativa de una pronta liberación que expresó en otra epístola, escrita durante la misma prisión: "A este," Timoteo, "pues espero enviarle luego que vea cómo van mis asuntos. *Mas confío en el Señor, que yo también iré a vosotros en breve.*" Fil. 2:23, 24.

4. Puesto que la carta a Filemón y la de los Colosenses fueron escritas al mismo tiempo y enviadas por el mismo mensajero, la una a un habitante en particular, la otra a la iglesia en Colosas, puede esperarse que las mismas personas o casi las mismas estarían en derredor de San Pablo, y unidas con él, como era la costumbre en las salutaciones de la epístola. Por lo tanto hallamos los nombres de Aristarco, Marcos, Epafras, Lucas y Demas, en ambas epísto-

las. Timoteo que está unido con San Pablo en la epístola a los Colosenses es unido con él en la salutación. Tíquico no saludó a Filemón porque acompañó la epístola a Colosas e indubitablemente le vería allí. Sin embargo, el que lee la epístola a Filemón notará una diversidad considerable en la lista de amigos que saludan, lo cual muestra que la lista no fue copiada de la de los Colosenses. En la epístola a los Colosenses, Aristarco es mencionado por San Pablo como su compañero de prisiones, Colosenses 4:10; en la epístola a Filemón, Aristarco es mencionado sin ninguna adición, y el título de compañero de prisión es dado a Epafras [1].

Y que se observe también, que no obstante la concordancia cercana y circunstancial entre las dos epístolas, esto no es el caso de un hueco que se deja en un escrito genuino, y que un impostor fuera movido a llenar; ni el de una referencia a algún escrito que ya no existe, y que un sofista tiende a suplir la pérdida, de la misma manera que se suponía Colosenses 4:16, que San Pablo hacía alusión a una epístola escrita por él a los laodicenses; de lo que alguien se ha aprovechado para producir un escrito fraudulento bajo ese título. El presente, digo, no es ese caso; porque el nombre de Filemón no es mencionado en la epístola a los Colosenses; no se hace la más remota alusión a la condición de siervo de Onésimo ni aun a su crimen, su huída, o el lugar o el tiempo de su conversión. La historia pues de la

---

1 El Dr. Benson observa, y tal vez justamente, que las palabras compañero de prisión, como aplicadas por San Pablo a Epafras, no daban a entender que fueran encarcelados juntos *al mismo tiempo;* así como el llamar a una persona compañero de viaje no indica que están entonces en viaje. Si en alguna ocasión anterior habían viajado juntos, podrían después aplicar ese título. Sucede justamente lo mismo con el término compañero de prisiones.

epístola, si hubiera sido ficción, habría sido una ficción a la que el lector no podía haber sido guiado por cosa alguna, que hubiera leído en los escritos genuinos de San Pablo.

III. Ver. 4, 5: "Doy gracias a mi Dios siempre, haciendo mención de ti en mis oraciones, oyendo hablar de tu amor y fe, que tienes hacia el Señor Jesús, y para con todos los santos."

"Habiendo oído hablar de vuestro amor y fe." Esta es la forma del lenguaje que San Pablo acostumbraba usar hacia aquellas iglesias que no había visto o visitado hasta entonces. Véanse Rom. 1:8; Efesios 1:15; Colosenses 1:3, 4. Dirigiéndose hacia aquellas personas o iglesias a quienes conocía previamente, empleaba una frase distinta, como: "Doy siempre gracias a mi Dios, acerca de vosotros," 1 Cor. 1:4; 2 Tes. 1:3; o "cada vez que me acuerdo de vosotros," Fil. 1:3; 1 Tim. 1:2, 3; 2 Tim. 1:3; y nunca habla de *oír de ellos.* Sin embargo, me parece que debemos sacar del versículo diecinueve de esta epístola, que Filemón había sido convertido por San Pablo mismo: "Por no decirte, que aun a ti mismo te me debes además." Aquí hay algo peculiar. Indaguemos si la epístola suple una circunstancia que ella misma anuncie. Ya hemos visto que puede sacarse, no de la epístola misma, sino de una comparación de la epístola con la de los Colosenses, que Filemón era residente de Colosas; y también parece por la epístola a los Colosenses, que San Pablo nunca había estado en aquella ciudad: "Porque quiero que sepáis cuán grande conflicto tengo a causa de vosotros y de los de Laodicea, y para cuantos no han visto mi rostro en la carne." Col. 2:1. Aunque San Pablo había encontrado a Filemón anteriormente en algún otro lugar y había sido el instrumento inmediato después de su conversión, sin embargo la fe y la conducta de Filemón después, puesto que vivía en una ciudad que San

Pablo nunca había visitado, sólo podían ser conocidas por él, por fama y reputación.

IV. La ternura y la delicadeza de esta epístola han sido admiradas por mucho tiempo: "Por lo cual, aunque tengo en Cristo mucha confianza para mandarte hacer lo que conviene, sin embargo, a causa del amor que te tengo, prefiero rogarte, siendo yo tal persona, como Pablo el anciano, y ahora también preso de Cristo Jesús:— ruégote por mi hijo, a quien yo he engendrado en mis prisiones — mi hijo Onésimo." Hay ciertamente algo muy tierno y persuasivo en esto y en cualquier otra parte de la epístola. Sin embargo, en mi opinión el carácter de San Pablo lo penetra todo. El maestro ardiente, afectuoso y autoritativo está intercediendo con un amigo ausente a favor de un amado converso. Insta su petición con un ardor que tal vez no conviene tanto a la ocasión, como el fervor y la sensibilidad de su propia mente. Aquí también, como en todas partes, se muestra consciente de la gravedad y dignidad de su misión; que no permite a Filemón olvidarlo por un momento: "Por lo cual, aunque tengo en Cristo mucha confianza para mandarte hacer lo que conviene." Pone cuidado también en recordar a Filemón, aunque indirectamente, la sagrada obligación que le había impuesto comunicándole el conocimiento de Cristo Jesús: "Por no decirte, que aun a ti mismo te me debes además." Sin dejar a un lado, pues, el carácter apostólico, nuestro autor suaviza el estilo imperativo de su discurso mezclando con él todo sentimiento de consideración que podría conmover el corazón de su converso. Anciano y en la cárcel, no vacila en suplicar y rogar. Onésimo se le había hecho caro por su conversión y servicio: el hijo de su aflicción que le ministraba en los vínculos del evangelio. Esto debe recomendarle, fuera cual fuese su falta, al favor de Filemón: "Recíbele como a mí mismo." Sin embargo, todo debe ser voluntario. San Pablo quería que la complacencia de Filemón fuese el resultado de su propia buena voluntad: "Pero sin tu consentimiento no quisiera hacer nada; para que tu beneficio no fuese de necesidad, sino de tu voluntad espontánea;" confiando no obstante en su gratitud y afecto para el cumplimiento de todo lo que le pedía y aun de más: "Teniendo yo confianza en tu obediencia, te he escrito, conociendo que tú harás aun más de lo que te digo."

En el discurso de San Pablo en Mileto; en su discurso ante Agripa; su epístola a los Romanos, como ya hemos observado en el No. VIII; la de los Gálatas, cap. 4:11-20; la de los Filipenses, cap. 1:1-13; y en verdad en casi toda la epístola, exhibe él ejemplos de semejante aplicación a los sentimientos y afectos de personas a quienes escribe. Y es de observarse, que estas expresiones patéticas, sacadas en su mayor parte de sus propios sentimientos y situación, por lo regular preceden a un mandato, suavizan una reprensión, o mitigan la aspereza de alguna verdad desagradable.

CAPITULO XV

LAS SUBSCRIPCIONES DE LAS EPISTOLAS

SEIS DE estas *afirmaciones* son falsas o improbables; esto es, se contradicen absolutamente en el contenido de las epístolas o difícilmente se reconcilian con ellas.

I. El lugar que se fija para la primera epístola a los Corintios es Filipos, no obstante que en el capítulo dieciséis y el versículo ocho de la epístola, San Pablo informa a los Corintios que se quedará en Efeso hasta el Pentecostés;" y no obstante que comienza la salutación de la epístola, diciéndoles: "las iglesias de Asia os saludan," bastante evidencia de que estuvo en Asia en este tiempo.

II. La epístola a los Gálatas da a entender en su relación que fue escrita en Roma; sin embargo, en la misma epístola, San Pablo expresa su sorpresa de que se apartaran tan presto de aquel que los había llamado; siendo que su viaje a Roma se verificó diez años después de la conversión de los Gálatas. Y lo que me parece más conclusivo es que el autor, aunque habla de sí mismo en esta epístola más que en ninguna otra, ni una vez menciona su prisión, ni se llama prisionero, lo que no había dejado de ser en cada una de las epístolas escritas desde esa ciudad, y durante aquel encarcelamiento.

III. La primera epístola a los Tesalonicenses fue escrita, según nos dice la nota de inscripción, de Atenas; y sin embargo, la epístola se refiere expresamente a la venida de Timoteo como de Tesalónica, cap. 3:6; y la historia nos informa, Hechos 18:5, que Timoteo vino de Macedonia a San Pablo en *Corinto*.

IV. La inscripción de la segunda epístola a los Tesalonicenses da a entender, sin ninguna razón que pueda descubrirse, que fue escrita en Atenas también. Si en verdad es la *segunda* — si se refiere, como parece hacerlo, cap. 2:2, a la primera, y la primera fue escrita de Corinto, el lugar tiene que ser erróneo, porque la historia no nos permite suponer que San Pablo, después de haber llegado a Corinto, volvió a Atenas.

V. La inscripción de la primera epístola a Timoteo afirma que fue enviada de Laodicea; sin embargo, cuando escribe San Pablo, "Conforme te rogaba quedarte en Efeso," *poreuomenos eis Makedonian,* "cuando iba a partir para Macedonia," naturalmente el lector llega a la conclusión de que escribió la carta al llegar a ese país.

VI. La fecha de la epístola a Tito da a entender que fue escrita de Nicópolis en Macedonia, aunque no se sabe qué ciudad de ese nombre existiera en esa provincia.

El objeto y el único objeto de estas observaciones, es el de mostrar cuán fácilmente errores y contradicciones se meten, cuando el que escribe no es guiado por conocimientos originales. No hay sino once lugares y fechas distintos en las inscripciones de las epístolas de San Pablo — porque las cuatro escritas de Roma pueden considerarse como claramente contemporáneas — y de éstas, seis parecen ser erróneas. Yo no atribuyo ninguna autoridad a estas inscripciones. Creo que eran conjeturas fundadas, algunas veces, sobre tradiciones no verificadas, pero más generalmente sobre la consideración de algún texto especial, sin compararlo lo suficiente con otras partes de la epístola, con distintas epístolas o con la historia. Supongamos pues, que las inscripciones nos hu-

bieran llegado como partes auténticas de las epístolas, se habrían levantado más contrariedades y dificultades de estos versículos finales, que de todo lo
demás del volumen. Sin embargo, si las epístolas
hubieran sido falsificadas, el todo tendría que haber
sido compuesto de los mismos elementos de que lo
fueron las inscripciones, esto es, tradición, conjetura
e inferencia; y entonces tendríamos que darnos cuenta cómo sucedió, que siendo amontonados tantos
errores, se amontonaron en las cláusulas finales de
las cartas, y no se conservaran en otras partes de
las mismas.

Se suscita la misma reflexión al observar las inad-
vertencias y las equivocaciones que han hecho hombres eruditos, al argüir sobre alusiones que se relacionan con tiempo y lugar, o cuando procuran arre-
glar circunstancias esparcidas, de tal modo, que ha-
gan una historia continuada. Es en verdad el mismo caso; porque estas inscripciones tienen que mi-
rarse como antiguos escolios (notas marginales), y
no como otra cosa. De este riesgo de caer en error,
puedo presentar al lector un ejemplo notable, el cual
saco a luz con ningún otro propósito que el de dar
cuenta de las inscripciones erróneas. Ludovico Capello, en aquella parte de su "Histórica Apostólica
Illustrata," que está intitulada *De Ordine Epist. Paul.,*
escribiendo sobre la segunda Epístola a los Corintios, atropella sin misericordia la falta de sagacidad
de Baronio, quien según parece hace que San Pablo
escriba su epístola a Tito, de Macedonia durante su
segunda visita a aquella provincia, siendo que se ve
en la historia, que Tito, en vez de estar en Creta,
donde la epístola le coloca, fue en ese tiempo enviado por el Apóstol, de Macedonia a Corinto. *"Ani-
madvertere est,"* dice Capello, *"magnam hominis
illius, ablepsian, qui vult Titum a Paulo in Cretam
abductum, illicque relictum, cum inde Nicopolim*

*navigaret, quem tamen agnoscit a Paulo ex Mace-
donia missum esse Corinthum."* Probablemente se
pensará que sea esto una inconsecuencia en Baronio.
Pero lo que es más notable es, que en el mismo capítulo en donde él expresa su desprecio por el juicio
de Baronio, Capello mismo cae en un error del mismo género, y uno más grande y palpable que aquel
que reprende, porque comienza el capítulo afirmando que la segunda epístola a los Corintios y la primera a Timoteo fueron casi contemporáneas; que
fueron escritas ambas durante la segunda visita del
apóstol a Macedonia; y que existía una duda acerca
de la prioridad inmediata de sus fechas: *"Posterior ad eosdem Corinthios Epistola, et prior ad Timo-
theum certant de prioritate, et sub judice lis est;
utraque autem scripta est paulo postquam Paulus
Epheso discessisset, adeoque dum Macedoniam pera-
graret, sed utra tempore praecedat, non liquet."* Pues
bien, en primer lugar, es muy difícil que las dos
epístolas hayan sido escritas casi al mismo tiempo,
o durante el mismo viaje por Macedonia; porque, en
la epístola a los Corintios, parece que Timoteo estuvo
con San Pablo; en la epístola dirigida a él, parece
haber sido dejado en Efeso, y no sólo dejado allí,
sino mandado quedarse allí hasta que San Pablo vol-
viera a aquella ciudad. En segundo lugar, es incon-
cebible que se propusiera una cuestión acerca de
prioridad de fecha entre las dos epístolas; porque,
cuando San Pablo en su epístola a Timoteo, comienza
diciéndole, "Conforme te rogaba quedarte en Efeso,
cuando iba a partir para Macedonia," ninguno puede
dudar que se refiera a la última conversación que
había habido entre ellos, que no se habían visto desde
entonces; mientras que si la epístola hubiera sido
posterior a la de los Corintios, sin embargo escrita
durante la misma visita a Macedonia, no podría ser
cierto; porque como Timoteo estuvo en compañía de

242

San Pablo cuando escribió a los corintios, debe de haber, según esta suposición, pasado a unirse con San Pablo en Macedonia después de haber sido dejado por él en Efeso, y debe haber vuelto a Efeso de nuevo antes de que fuera escrita la epístola. Lo que desvió a Ludovico Capello fue sencillamente esto, que había del todo pasado por alto el nombre de Timoteo en la inscripción de la segunda epístola a los Corintios. Tal equivocación aparece no sólo en la cita que hemos dado, sino en lo que nos dice, que Timoteo vino de Efeso a San Pablo en *Corinto;* siendo que la sobreinscripción prueba que ya había estado con San Pablo cuando escribió a los Corintios desde Macedonia.

CAPITULO XVI

La Conclusion

AL PRINCIPIO de esta investigación, se le suplicó al lector que mirara los Hechos de los Apóstoles y las trece epístolas de San Pablo como ciertos manuscritos antiguos descubiertos últimamente en algún compartimiento de alguna biblioteca célebre. Nos hemos atenido a esta idea del asunto. Evidencia externa de todo género ha sido hecha a un lado; y nos hemos esforzado para reunir las indicaciones de verdad y autenticidad que parecen existir en los mismos escritos, y que resultan de una comparación de sus distintas partes. No es, sin embargo, necesario continuar más tiempo esta suposición. El testimonio que dan otros restos del período contemporáneo, o los monumentos de períodos cercanos a favor de la recepción, la celebridad y la estimación pública de un libro, suministran sin duda la primera prueba de su genuinidad. Y en ningunos otros libros está más completa esta prueba que en los que estamos al presente considerando. Las investigaciones de eruditos, y, sobre todo, las del excelente Lardner, quien nunca exagera un punto de evidencia, y cuya fidelidad en citar sus autoridades nunca ha sido puesta en duda, ha establecido acerca de estos escritos, las siguientes proposiciones:

I. Que en el siglo que siguió inmediatamente a aquel en que vivió San Pablo, sus cartas fueron leídas y reconocidas públicamente.

Algunas son citas o alusiones a ellas por casi todo escritor cristiano que le siguió, por Clemente de Roma, por Hermas, por Ignacio, por Policarpo, discípulos o contemporáneos de los apóstoles; por Justino Mártir, por las iglesias de Galacia, por Ireneo, por Atenágoro, por Teófilo, por Clemente de Alejandría, por Hermias, por Tertuliano, quienes ocuparon el siglo subsecuente. Ahora bien, cuando hallamos que un libro fue recibido y citado por un autor antiguo, tenemos derecho de deducir que fue recibido y leído en el período y en el país en que vivía ese autor. Y esta conclusión, no descansa en ningún grado sobre el juicio o el carácter del autor que hace semejante referencia. Prosiguiendo según esta regla, tenemos acerca de la primera epístola a los Corintios especialmente, dentro de cuarenta años después de escrita la epístola, evidencia no sólo de que existía en Corinto, sino que se conocía y se leía en Roma. Clemente, obispo de esta ciudad, escribiendo a la iglesia en Corinto, emplea estas palabras: "Tomad en vuestras manos la epístola del bendito Pablo, el apóstol. ¿Qué os escribió el primero, al principio del evangelio? En verdad por el Espíritu os amonestó acerca de sí mismo, y Cefas, y Apolos, porque aun entonces, vosotros formasteis partidos" [1]. Esto fue escrito probablemente en el tiempo en que algunos vivían en Corinto de los que se acordaron del ministerio de San Pablo allí y la recepción de la epístola. El testimonio es todavía más valioso, por mostrar que las epístolas fueron conservadas en las iglesias a que fueron enviadas, y que fueron extendidas y propagadas por ellas a las otras comunidades cristianas. Y de acuerdo con este modo y orden de su publicación, Tertuliano, un siglo después, como prueba de la integridad y genuinidad de los escritos apostólicos, manda "cualquiera que quisiere ejercer con provecho su curiosidad en el asunto de su salvación, en visitar las iglesias apostólicas, en que se recitan sus cartas muy auténticas — ipsae authenticae litterae

---

1 Véase Lardner, vol. 12, pág. 22.

eorum recitantur." Entonces sigue diciendo: "¿Está cerca de vosotros Acaya? Tenéis a Corinto. Si no estáis lejos de Macedonia tenéis a Filipos y a Tesalónica. Si podéis ir a Asia tenéis a Efeso; pero si estáis cerca de Italia, tenéis a Roma" [1]. Cito estos pasajes para mostrar, que las distintas iglesias o sociedades cristianas, a que fueron enviadas las epístolas de San Pablo, existieron por algunas edades después; que sus varias epístolas fueron en todo este tiempo, leídas respectivamente en estas iglesias; que los cristianos en general las recibieron de esas iglesias; y apelaron a esas iglesias para su originalidad y autenticidad.

Arguyendo en la misma forma de citas y alusiones, tenemos, dentro del espacio de ciento cincuenta años, desde que fue escrita la primera epístola de San Pablo, pruebas de que casi todas ellas fueron leídas en Palestina, Siria, los Países de Asia Menor, en Egipto, en aquella parte de Africa que usaba la lengua latina, en Grecia, Italia y Galia [2]. No quiero sencillamente afirmar, que dentro del espacio de ciento cincuenta años las epístolas de San Pablo fueron leídas en aquellos países, porque creo que fueron leídas y propagadas desde el principio; sino que, pruebas de que fueron leídas así, ocurren dentro de ese período. Y cuando nos acordamos cuán pocos de los cristianos primitivos sabían escribir, y cuánto de lo que fue escrito se ha perdido, debemos contarlo como extraordinario, o, antes bien, como una prueba segura de la extensión de la reputación de estos escritos y del respeto general en que fueron tenidos, el de que existen todavía tantos testimonios y tan antiguos. En las otras obras de Ireneo, Clemente de Alejandría, y Tertuliano, hay tal vez más citas y más

---

1 Lardner, vol. 2, pág. 598.
2 Véase Lardner's Recapitulation, vol. 12, pág. 53.

largas del pequeño volumen del Nuevo Testamento, que de todas las obras de Cicerón en los escritos de todos los caracteres y por varias edades [1]. Debemos añadir, que las epístolas de San Pablo merecen especialmente esta observación; y que todas las trece epístolas, con excepción de la de Filemón, que no es citada por Ireneo o Clemente, y que probablemente se pasó por alto debido a su brevedad, son cada una de ellas citadas, y expresamente reconocidas como de San Pablo por cada uno de estos escritores cristianos. Los ebionitas, una secta cristiana primitiva aunque de poca consideración, desecharon a San Pablo y sus epístolas [2]; esto es, desecharon las epístolas no porque no fuesen ellas de San Pablo, sino porque eran de él; y porque, adhiriéndose a la obligación de la ley judaica, se atrevieron a disputar su doctrina y autoridad. Sus ideas en cuanto a la genuinidad de las epístolas no contradicen las de otros cristianos. Marción, un escritor herético en la primera parte del segundo siglo, según nos dice Tertuliano, desechó tres epístolas que ahora recibimos, esto es, las dos a Timoteo y la epístola a Tito. Me parece posible que Marción hiciera tal distinción como ésta: que no podía admitirse ninguna epístola como apostólica, que no fuese leída o atestiguada por la iglesia a que fue enviada; porque es notable que, juntamente con aquellas epístolas escritas a particulares, desechó también las epístolas católicas. Pues bien, las epístolas católicas y las epístolas a particulares están de acuerdo en cuanto a la circunstancia de carecer de esta especie de testimonio. Marción, según parece, reconoció la epístola a Filemón, y es reprendido por su inconsecuencia por Tertuliano por hacer esto [3], pues pregunta, "¿Por qué,

1 Ibid.
2 Lardner, vol. 2, pág. 808.
3 Lardner, vol. 14, pág. 455.

cuando recibía una carta escrita a una sola persona, rehusaba dos a Timoteo, y una a Tito, compuestas sobre los asuntos de la iglesia?" Este pasaje favorece nuestro informe de la objeción de Marción, en que muestra que Tertuliano suponía que la objeción se fundara en algo que pertenecía a la naturaleza de una carta particular.

No queda nada de las obras de Marción. Probablemente era un crítico atrevido, arbitrario y licencioso — si acaso merecía el título de crítico — y que no ofrecía ninguna razón para su determinación. Lo que dice de él San Jerónimo indica esto y está fundado en buen sentido: hablando de él y Basílides, "si dieron alguna razón," dice él, "porque no atribuyeron estas epístolas," esto es, la primera y la segunda a Timoteo y la epístola a Tito al apóstol, habríamos procurado contestarlas, y tal vez hayamos dejado convencido al lector; pero cuando se arrogan la autoridad de afirmar que una epístola sea del apóstol Pablo y otra no, sólo podemos contestarles en la misma manera" [1]. Que se recuerde, sin embargo, que Marción recibió diez de estas epístolas. Su autoridad pues, aun cuando fuera mejor su crédito de lo que es, hace una excepción muy insignificante a la uniformidad de la evidencia. De Basílides sabemos aún menos de lo que sabemos de Marción. La misma observación, sin embargo, se aplica a él, esto es, que su objeción, por lo que parece en este pasaje de San Jerónimo, se limitaba a las tres epístolas particulares. No obstante, ésta es la única opinión que puede decirse que perturbó el consentimiento de los primeros dos siglos de la era cristiana; porque en cuanto a Taciano, de quien se afirma, aunque solamente por Jerónimo, haber desechado algunas de las epístolas de San Pablo, las nociones extravagantes o más bien delirantes

---

1 Ibid, pág. 458.

en que cayó, quita de su juicio todo peso y crédito. Sí, en verdad, el informe que da Jerónimo de esta circunstancia fue correcto; porque parece por escritores más antiguos que Jerónimo, que Taciano poseía y usaba muchas de estas epístolas [1].

II. Los que en aquellas edades disputaron acerca de otros tantos puntos, estuvieron de acuerdo en aceptar las Escrituras que ahora tenemos delante. Sectas contendientes apelaron a ellas en sus discusiones, con una sumisión igual y sin reserva. Cuando fueron presentadas por un lado, como quiera que fuesen interpretadas, o mal interpretadas por el otro, no se dudaba de su autoridad. *"Reliqui omnes,"* dice Ireneo, hablando de Marción, *"falso scientiae nomine inflati, Scripturas quidem confitentur, interpretationes vero convertunt"* [2].

III. Cuando la genuinidad de algunos otros escritos que circulaban, y aun de otros pocos que ahora son recibidos como canónicos, fue puesta en tela de duda, éstos nunca fueron disputados. Sea cual fuere la objeción, o si en verdad alguna vez hubo alguna verdadera objeción a la autenticidad de la segunda epístola de Pedro, la segunda y tercera de Juan, la epístola de Santiago, o la de Judas, o al libro de la Revelación de San Juan, las dudas que parecen haber existido acerca de ellas esforzaban con mucho el testimonio en cuanto a aquellos escritos, acerca de los cuales no hubo dudas; porque muestran que el asunto fue materia de investigación y discusión entre los cristianos primitivos; y que cuando había algún lugar para duda, en efecto dudaron.

Lo que ha dejado Eusebio sobre el asunto confirma esta observación. Es bien sabido que, Eusebio, divi-

---

1 Lardner, vol. 1, pág. 313.
2 Iren. advers. Haer. citado por Lardner, vol. 15, pág. 425. "Todos los demás inflados con una pretensión falsa a la ciencia, reconocen a las Escrituras, pero tuercen su interpretación."

dió los escritos eclesiásticos que existieron en su tiempo, en tres clases: los *"anantirrēta,* no contradichos," como los llama en un capítulo, o "escrituras universalmente recibidas," como las denomina en otro; "los controvertidos, que sin embargo eran bien conocidos y aprobados por muchos;" y los "espurios." Cuáles eran las pequeñas diferencias en los libros de la segunda, o en los de la tercera clase, o qué significaba él exactamente con el término *espurio,* no es necesario en este lugar indagar. Nos basta hallar que las trece epístolas de San Pablo son colocadas por él en la primera clase, sin ninguna vacilación ni duda.

Podemos deducir también, del capítulo en que esta distinción se manifestada, que el método usado por Eusebio y por los cristianos de su tiempo, al fin del siglo tercero, al juzgar acerca de la autoridad sagrada de cualquier libro, fue buscar y considerar el testimonio de los que vivían cerca del período de los apóstoles [1].

IV. Que ningún escrito antiguo que es atestiguado como lo son estas epístolas, ha tenido desacreditada su autenticidad, o ha sido puesta en tela de duda. Las controversias que han sido suscitadas acerca de escritos sospechosos, como las epístolas, por ejemplo, de Phalaris, o las dieciocho epístolas de Cicerón, comienzan mostrando que carecen de este testimonio. Estando probado esto, la cuestión viene a ser una de señales internas de falsedad o autenticidad; y en éstas se ocupa la discusión, en cuyas diferencias debe observarse que los escritos contestados son atacados comúnmente por argumentos sacados de alguna oposición que ellos presentan a la "historia auténtica," a "epístolas auténticas," a los "verdaderos sentimientos o circunstancias del autor a quien personifican" [2],

---

1 Lardner, vol. 8, pág. 106.
2 Véanse tratados por Tunstal y Middleton, sobre ciertas epístolas sospechosas atribuidas a Cicerón.

la cual historia auténtica, o epístolas auténticas, o verdaderos sentimientos, no son otra cosa sino sentimientos antiguos, cuya existencia y recepción primitivas pueden ser probadas en la forma en que los escritos que tenemos delante se trazan hasta el período de su reputado autor o a períodos cercanos al suyo. Un autor moderno que se sienta para componer la historia de algún período antiguo, no tiene evidencia más fuerte a qué apelar que el aserto más confiado, o el hecho más indiscutible que consigna, que escritos cuya genuinidad está probada por el mismo medio por el cual evidenciamos la autenticidad de los nuestros. Tampoco, mientras pueda recurrir a semejantes autoridades como éstas, teme alguna incertidumbre en sus relatos, por sospechas de falsedad o impostura en sus materiales.

V. No puede mostrarse que falsedades algunas, propiamente llamadas así [1], esto es, escritos publicados bajo el nombre de una persona que no los compuso, aparecieron en el primer siglo de la era cristiana, en el cual siglo estas epístolas indudablemente existieron. Citaré, bajo esta proposición, las prudentes palabras de Lardner mismo: "no hay citas de ningunos libros de esta clase — libros espurios y apócrifos — en los padres apostólicos, esto es, Bernabé, Clemente de Roma, Hermas, Ignacio y Policarpo, cuyos escritos se extienden desde el año 70 de nuestro Señor hasta 108. *Digo esto con confianza porque me parece que ha sido probado.*" Lardner, vol. 12, pág. 158.

Ni cuando aparecieron, fueron usados mucho por los cristianos primitivos. "Ireneo no cita ninguno de

---

1 Creo que hay bastante verdad en la observación del Dr. Lardner, que comparativamente pocos de aquellos libros que llamamos apócrifos eran estricta y originalmente falsificaciones. Lardner, vol. 12, pág. 167.

estos libros. Menciona algunos de ellos, pero nunca los cita. Lo mismo puede decirse de Tertuliano: ha mencionado un libro llamado 'Hechos de Pablo y Tecla,' pero sólo para condenarlo. Clemente de Alejandría y Orígenes han mencionado y citado varios libros de esta clase, pero nunca como autoridades, y a veces con señales expresas de desagrado. Eusebio no citó ningunos libros de esa clase en sus obras. Los ha mencionado por cierto; pero ¿cómo? No para aprobarlos sino para mostrar que eran de poco o ningún valor, y que nunca fueron recibidos por la parte más sana de cristianos." Ahora bien, si con esta cita que se presenta después del examen más minucioso y diligente, comparamos lo que el mismo escritor cauto había dicho acerca de nuestras escrituras recibidas, "que en las obras de sólo tres de los padres mencionados arriba, hay más citas y más grandes del pequeño volumen del Nuevo Testamento que de todas las obras de Cicerón en los escritos de todas clases por algunos siglos;" y si con las señales de obscuridad o condenación que acompañaron la mención de los varios escritos cristianos apócrifos, cuando por casualidad fueron mencionados de manera alguna, contrastamos lo que la obra del Dr. Lardner saca a luz completa y detalladamente acerca de los escritos que defendemos, y habiendo hecho esto le parecía que era autorizado a afirmar en su conclusión: que estos libros no sólo fueron recibidos desde el principio, sino que fueron recibidos con el mayor respeto; han sido leídos pública y solemnemente en las asambleas de los cristianos en todas partes del mundo, en todos los siglos desde ese tiempo hasta la actualidad; traducidos pronto en los idiomas de distintos países y pueblos; comentarios fueron escritos para comentarlos y explicarlos; citados como pruebas en todos los argumentos de una naturaleza religiosa; recomendados a los incrédulos para su lectura, como conteniendo el relato auténtico de la doctrina cristiana: cuando atendemos, digo, a esta representación, hallamos en ella, no sólo plena prueba de la celebridad primitiva de estos libros, sino una línea clara y sensible de descriminación, que separa a éstos de las pretensiones de todos los demás.

Las epístolas de San Pablo están especialmente libres de toda duda o confusión que podría resultar de esta fuente. Hasta el fin del siglo cuarto no parece ninguna obra de esfuerzo alguno que se hiciera para falsificar estos escritos; y, entonces, aparece sólo en un caso obscuro. Jerónimo que floreció en el año 392 tiene esta expresión: *"Legunt quidam et ad Laodicenses; sed ab omnibus excluditur,"* hay también una epístola a los Laodicenses, pero es desechada por todo el mundo [1]. Teodoreto, quien escribió en el año 423, habla de esta epístola en los mismos términos [2]. Además de éstos, no sé si algún escritor antiguo la menciona. Ciertamente no hay mención de ella durante los primeros siglos de la iglesia; y cuando llegó a mencionarse después, se hizo solamente para mostrar que, aunque existía semejante escrito, no obtenía ningún crédito. Es probable que la falsificación a que hace alusión Jerónimo, sea la epístola que ahora tenemos bajo ese título. Si es así, como ya se ha observado, no es otra cosa sino una colección de declaraciones de las epístolas genuinas; y fue, tal vez al principio, más bien el ejercicio de alguna pluma ociosa, que un esfuerzo serio para imponer una falsificación en el público. Acerca de una epístola a los Corintios, bajo el nombre de San Pablo, que fue traída a Europa en el presente siglo, la antigüedad guarda un silencio completo. No se supo nada de ella por dieciséis siglos; y en este tiempo, aunque existía todavía, y fue hallada primero en el idioma armenio, no es recibida en sus escrituras por los cristianos de

---

1 Lardner, vol. 10, pág. 103.
2 Ibid, vol. 11, pág. 88.

ese país. Espero que, después de esto, no haya lector que piense que hay alguna disputa de crédito o de prueba externa, entre éstas y las epístolas recibidas; o más bien que no confesará que la evidencia de autenticidad sea confirmada por la falta de éxito que acompaña a la impostura.

Cuando tomamos entre manos las cartas que el voto y consentimiento de la antigüedad nos ha transmitido así, la primera cosa que nos llama la atención es el aire de realidad y posición, así como de seriedad y convicción que lo penetra todo. Que el escéptico las lea. Si no percibe estas cualidades en ellas, el argumento no puede tener ningún peso para él. Si lo fuere, si percibiera en casi todas las páginas el lenguaje de una mente movida por verdaderas ocasiones y operando sobre reales circunstancias, quisiera que se observara, que la prueba que resulta de esta percepción no ha de suponerse oculta ni imaginaria, por ser incapaz de ser expresada en palabras, o de ser comunicada a la comprensión del lector en otro modo, sino enviándolo a los libros mismos.

Y aquí en su lugar propio, entra el argumento que ha sido el propósito de estas páginas desarrollar: Las epístolas de San Pablo se conectan con la historia por su particularidad y por las numerosas circunstancias que se hallan en ellas. Cuando descendemos a un examen y una comparación de estas circunstancias, no sólo observamos que la historia y las epístolas son documentos independientes no conocidas la una de las otras, sino que hallamos la substancia y con frecuencia artículos minuciosos de la historia reconocidos en las epístolas, por alusiones y referencias que no pueden atribuirse a *designio,* ni, sin ser basadas en la verdad, darse cuenta por accidente, por insinuaciones y expresiones y palabras sueltas, cayendo como si fuera fortuitamente de la pluma del que escribe, o sacada cada una con alguna ocasión propia, al lugar en que ocurre; pero muy distinta de toda idea de consistencia o consonancia. Estas, como sabemos, son efectos producidos por la realidad, pero que, sin estar basados en la realidad, apenas podemos concebir que existen.

Cuando pues, con un cuerpo de evidencia externa de que se depende, y de que la experiencia prueba que podemos depender con seguridad, para apreciar el crédito de los escritos antiguos, combinamos caracteres de genuinidad y originalidad que no se encuentran y que, en la naturaleza y orden de las cosas, no se puede esperar que se hallen en composiciones espurias, sean cuales fueren las dificultades que encontremos en otros tópicos de la evidencia cristiana, haremos poco en dar nuestro asentimiento a las siguientes conclusiones: que hubo tal persona como San Pablo, que vivió en el período en que le hemos colocado; que andaba de acá para allá predicando la religión que fue fundada por Jesucristo; y que las cartas que ahora leemos fueron en realidad escritas por él sobre ese asunto, y en el transcurso de su ministerio.

Y si es verdad que estamos en posesión de las mismas cartas que escribió San Pablo, consideremos qué confirmación dan a la historia cristiana. En mi opinión confirman toda la obra. El gran objeto de las investigaciones modernas es descubrir la correspondencia epistolar de los tiempos. En medio de las obscuridades, el silencio y las contradicciones de la historia, si se puede hallar una carta, la miramos como el descubrimiento de un mojón, como cosa por la cual podemos corregir, ajustar o suplir las imperfecciones e incertidumbres de otros informes. Una causa del crédito superior que se atribuye a las cartas es ésta, que los hechos que ellas narran generalmente se presentan incidentalmente, y sin tener por esto el designio de desviar al público dando informes falsos o exagerados. Esta razón puede aplicarse a las epístolas de San Pablo con tanta justicia como a otras cartas cualesquiera. Nada podría estar más lejos del intento del que las escribía, que el narrar cualquier parte de su historia. El que *en efecto* su historia fue hecha pública mediante estas cartas, y que habían sido por el mismo medio transmitidas a las edades futuras, es un hecho secundario y no premeditado. Por esto la sinceridad de las declaraciones del apóstol no puede ser, con razón, disputada; al menos estamos seguros de que no fue viciado por deseo alguno de ostentarse ante el público en general. Pero estas cartas forman parte de una de las defensas del cristianismo, que deberían apreciarse tanto por su contenido como por su originalidad. Tesoro más inestimable no podría habernos transmitido el cuidado de la antigüedad. Además de la prueba que suministran a la realidad general de la historia de San Pablo, del conocimiento que el autor de los Hechos de los Apóstoles había obtenido de aquella historia, y la consiguiente probabilidad de que fue lo que profesa haber sido un compañero del apóstol, además del apoyo que dan a estas inferencias importantes, contestan especialmente algunas de las objeciones principales de que les ha parecido bien hacer los adversarios del cristianismo. En particular muestran:

I. Que el cristianismo no fue una historia inventada en medio de las confusiones que acompañaron y precedieron inmediatamente la destrucción de Jerusalem; cuando circularon muchos informes extravagantes, cuando las mentes de los hombres fueron quebrantadas por terror y pesar, cuando en medio de los tumultos que los rodearon fue impracticable la investigación. Estas cartas muestran incontestablemente, que la religión se había fijado y establecido antes de que tuviera lugar este estado de cosas.

II. Puesto que se ha insinuado, respecto a nuestros evangelios, que han sido sacados de informes e historias que circulaban al mismo tiempo, podemos observar que, con respecto a las epístolas, esto es imposible. No puede alguno escribir la historia de su propia vida sacándola de informes; ni, lo que es la misma cosa, ser inducido por medio de informes, a referirse a pasajes y hechos en que afirme su presencia y actividad inmediatas. No confieso que esta insinuación se aplique a la parte histórica del Nuevo Testamento con visos de justicia o probabilidad; pero digo que en cuanto a las Epístolas no se puede aplicar de manera alguna.

III. Estas cartas prueban que los conversos al cristianismo no fueron sacados de entre los hombres bárbaros, ínfimos e ignorantes como a veces afirman los deístas. Aprendemos de las cartas el carácter, no sólo del que las escribe, sino hasta cierto punto el de las personas a quienes son dirigidas. Suponer que estas cartas fueron dirigidas a una tribu ruda incapaz de pensar o reflexionar, es tan razonable como suponer que Locke's Essay on the Human Understanding (Ensayo de Locke sobre el Entendimiento Humano) hubiera sido escrito para la instrucción de salvajes. Sea cual fuere la opinión de estas cartas en otros respectos, en cuanto a su lenguaje o argumento, ciertamente están tan lejos como es posible concebirlo de los hábitos y la comprensión de un pueblo bárbaro.

IV. La historia de San Pablo, esto es, cuanto de ella puede deducirse de sus cartas, está tan *identificada* con la de los otros apóstoles, y realmente con la substancia de la misma religión cristiana, que creo que sería imposible recibir como verídica la historia de San Pablo y desechar lo demás como ficticio; no hablo aquí de la parte milagrosa de ella. Por ejemplo, ¿puede alguno creer que hubo tal hombre como Pablo, predicador del cristianismo en el período que le asignamos, y *no* creer que hubo al mismo tiempo tales hombres como Pedro y Santiago, y otros apóstoles, que habían sido compañeros de Cristo durante su vida, y quienes, después de su muerte, publicaron y afirmaron las mismas cosas acerca de El, que fueron enseñadas por Pablo? Judea y especialmente Jerusalem fue la escena del ministerio de Cristo. Los testigos de sus milagros vivieron allí. San Pablo, por su propia declaración, y especialmente por la de su historiador, parece haber visitado con frecuencia aquella ciudad; haber tenido frecuentes comunicaciones con la iglesia allí; haberse asociado con los gobernantes y ancianos de aquella iglesia, algunos de los cuales eran apóstoles; haber hablado con ellos cuando se lo ofrecía la ocasión por correspondencia y a veces personalmente. Después de esto, ¿puede dudarse, que la religión y los hechos generales relacionados con ella; que San Pablo aparece por sus cartas haberlas entregado a las distintas iglesias que estableció a cierta distancia, fueron al mismo tiempo publicadas y enseñadas en Jerusalem misma, el lugar donde los hechos fueron verificados; y enseñados y publicados por los que habían acompañado al fundador de la institución en su ministerio milagroso, o que pretendía ser milagroso?

Es de observarse, porque así se ve tanto en las epístolas como en los Hechos de los Apóstoles, que Jerusalem y la sociedad de creyentes en aquella ciudad, siguió por mucho tiempo siendo el centro de donde salieron los misioneros de la religión, con el cual todas las otras iglesias mantuvieron correspondencia y a quien referían sus dudas, y a cuyo alivio, en tiempos de aflicción pública, remitían su ayuda. Esta observación me parece ser oportuna, porque prueba que no era al caso de dar informes en un país de cosas que se verificaron en otro, sin dar a los oyentes la oportunidad de saber si los sucesos fueron creídos por alguno, o aun publicados, en el lugar donde se afirma que sucedieron.

V. Las cartas de San Pablo dieron evidencia — ¿y qué mejor evidencia puede desearse que las propias cartas de la persona? — de lo sano y sobrio de su juicio. Su cautela en distinguir entre las sugestiones ocasionales de inspiración y el ejercicio ordinario de su entendimiento natural, no tienen igual en la historia del entusiasmo humano. Su moralidad es en todas partes moderada, pura y racional; adaptada a la condición, la actividad y el negocio de la vida social y de sus distintas relaciones; libre de la exagerada escrupulosidad y las austeridades de la superstición, y de lo que tal vez debía recelarse más, las abstracciones del quietismo y las sublimaciones y extravagancias del fanatismo. Su juicio acerca de una conciencia vacilante; su opinión acerca de lo indiferente de muchas acciones, sin embargo de la prudencia y aun el deber de cumplir con ellas, cuando el no hacerlo produciría efectos malos sobre la mente de las personas que lo acataron, es tan correcta y justa como podría formarla el moralista más liberal e ilustrado en la actualidad. La exactitud de la ética moderna no ha hallado nada que enmendar en estas declaraciones.

Lo que ha observado Lord Lyttelton de la preferencia dada por San Pablo a la rectitud interior del principio sobre toda otra perfección religiosa, importa mucho a nuestro propósito presente. "En su primera epístola a los Corintios, cap. 13:1-3, San Pablo tiene estas palabras: *Si yo hablara con lenguas de hombres, y de ángeles, mas no tuviera amor, he venido a ser como bronce que suena, o címbalo que retiñe. Y si tuviera el don de profecía, y supiera todos los misterios, y toda la ciencia; y si tuviera toda la fe, de modo que pudiera remover montañas, mas no tuviera amor, nada soy. Y si distribuyera todos mis haberes para dar de comer a los pobres, y si entregara mi cuerpo para ser quemado, mas no tuviera amor, nada me aprovecha.* ¿Es este lenguaje de entusiasmo? ¿Preferiría alguna vez un entusiasta aquella benevolencia universal que comprende todas las virtudes morales, y que, como se lee en los versículos siguientes, es lo que significa aquí caridad? ¿preferiría cualquier entusiasta, digo, aquella "benevolencia," que, como podemos añadir puede ser adquirida por cualquier hombre, la preferiría "a la fe y a los milagros, a aquellas opiniones religiosas que ha adoptado, y a aquellas gracias y dones sobrenaturales que se imagina haber adquirido; y aun al mérito del martirio? ¿No es la tendencia del entusiasmo colocar las virtudes morales infinitamente bajo el mérito de la fe; y, de todas las virtudes morales, valuar menos la que es más particularmente ensalzada por San Pablo; un espíritu de franqueza, moderación, paz? Ciertamente, ni el temperamento ni las opiniones de un hombre sujeto a ilusiones fanáticas, han de hallarse en este pasaje." Las consideraciones de Lord Lyttelton sobre la Conversión, etc.

Yo no veo razón, pues, de dudar, de la integridad de su entendimiento. Llamarle visionario porque apeló a visiones, o entusiasta porque afirmaba ser inspirado, esto es dar por hecho todo el asunto; es dar por sentado que no existieron semejantes visiones o inspiraciones, o, al menos, es presumir, al contrario de sus propias afirmaciones, que no tuviera otras pruebas que éstas que podía ofrecer relativas a su misión, o de la verdad de sus relatos.

Una cosa confieso, y es que en sus cartas se descubren gran celo y fervor en la causa a que se dedicaba, esto es, que fue convencido de la verdad de lo que enseñaba; estuvo profundamente impresionado pero no más de lo que demandaba la ocasión, del sentido de su importancia. Esto produce una animación y solicitud correspondientes en el ejercicio de su ministerio. Pero suponiendo que estas consideraciones fueran bien fundadas, ¿no hubieran tenido el mismo lugar, y producido el mismo efecto en la mente más fuerte y sobria?

VI. Estas cartas son decisivas en cuanto a los padecimientos del que las escribió; también en cuanto al estado aflictivo de la iglesia cristiana y los peligros que acompañaron la predicación del evangelio.

"Del cual yo Pablo he sido constituído ministro. Ahora me regocijo en mis padecimientos por vuestra causa, y estoy cumpliendo de mi parte lo que falta aún de los padecimientos de Cristo, en mi carne, por causa de su cuerpo, que es la Iglesia." Col. 1:23, 24.

"Si sólo mientras dure esta vida, tenemos esperanza en Cristo, somos los más desdichados de los hombres." 1 Cor. 15:19.

"¿Por qué también peligramos nosotros a cada momento? ¡Yo me muero todos los días!, hago esta protestación por aquella gloria en vosotros, hermanos, que tengo en Cristo Jesús, Señor nuestro. Si yo, según costumbre humana, peleé con las fieras en Efeso, ¿Qué me aprovecha, si los muertos no resucitan?" 1 Cor. 15:30-32.

"Y si hijos, luego herederos; herederos de Dios, y coherederos con Cristo, si es así que sufrimos con él, para que también seamos glorificados con él. Pues yo calculo que los padecimientos de este tiempo presente no son dignos de ser comparados con la gloria que ha de ser revelada en nosotros." Rom. 8:17, 18.

"¿Quién nos separará del amor de Cristo? ¿La tribulación? o ¿la angustia? o ¿la persecución? o ¿el hambre? o ¿la desnudez? o ¿el peligro? o ¿la espada? (según está escrito: por tu causa somos muertos todos los días; somos reputados como ovejas para el matadero)." Rom. 8:35, 36.

"Regocijados en la esperanza, sufridos en la tribulación, perseverantes en la oración." Rom. 12:12.

"Respecto de las vírgenes, no tengo mandamiento del Señor; mas doy mi parecer, como quien ha alcanzado misericordia del Señor para ser digno de confianza. Yo pienso pues que esto es bueno, *a causa de la aflicción* que está sobre nosotros; digo que es bueno que el hombre se quede tal como está." 1 Cor. 7:25, 26.

"Porque os ha sido concedido a favor de Cristo no sólo creer en él, sino también padecer por su causa. Teniendo vosotros el mismo conflicto que visteis en mí." Fil. 1:29, 30.

"Mas nunca permita Dios que yo me gloríe sino en la cruz del Señor Jesucristo; por medio de la cual el mundo me ha sido crucificado a mí, y yo al mundo." "De aquí en adelante nadie me moleste, pues llevo impresas en mi cuerpo las marcas de Jesús." Gál. 6:14, 17.

"Y vosotros os hicisteis imitadores nuestros, y del Señor, habiendo recibido la palabra en mucha aflicción, con gozo del Espíritu Santo." 1 Tes. 1:6.

"Nosotros mismos nos gloriamos de vosotros en las iglesias de Dios, con motivo de vuestra paciencia y fe, en medio de todas las persecuciones y las aflicciones que sufrís." 2 Tes. 1:4.

Puede ser que hayamos acumulado textos innecesariamente, pero además del hecho del punto que se propone probar que es de mucha importancia, también debe notarse esto en cada uno de los pasajes citados, que la alusión es sugerida al que escribe por el argumento o la ocasión; que la mención de sus padecimientos y de la condición aflictiva del cristianismo es puramente incidental, y no inferida por ningún propósito de manifestar los hechos mismos. Realmente no son manifestados, sino, antes bien, puede decirse que fueron deducidos. Esta es una distinción que hemos procurado hacer en las páginas anteriores de este tratado; y cuando no se puede poner en duda el conocimiento del que escribe, esto, en mi opinión, siempre aumentará mucho el valor del testimonio.

Si algún lector quisiera exigir del apóstol asertos más directos y explícitos de la misma cosa, recibirá plena satisfacción en las siguientes citas:

"¿Son ministros de Cristo? (hablo como quien ha perdido el juicio). Yo soy más: en trabajos más abundante, en cárceles con más frecuencia, en azotes sobre medida, en muertes muchas veces. De parte de los judíos, cinco veces recibí cuarenta azotes, menos uno; tres veces he sido azotado con varas, una vez fui apedreado, tres veces he naufragado, un día y una noche lo he pasado en alta mar: en viajes muchas veces; en peligros de ríos, en peligros de salteadores, en peligros por parte de los de mi nación, en peligros por parte de los gentiles, en peligros en la ciudad, en peligros en el desierto, en peligros en el mar, en peligros entre falsos hermanos: en fatiga y arduo trabajo, en vigilias muchas veces, en hambre y sed, en ayunas muchas veces, en frío y desnudez." 2 Cor. 11:23-27.

¿Puede ser necesario agregar más? "Pues yo pienso que Dios nos ha puesto a nosotros, los apóstoles, en exhibición, los postreros de todos, como hombres condenados a muerte: porque hemos venido a ser espectáculo al universo, tanto a los ángeles como a los hombres. Hasta la hora presente, padecemos hambre, y tenemos sed, y estamos desnudos, y somos abofeteados, y no tenemos morada fija, y estamos rendidos de cansancio, trabajando con nuestras propias manos: siendo vilipendiados, bendecimos; siendo perseguidos lo sufrimos; siendo infamados, rogamos: hemos venido a ser los desechos del mundo, y las escorias de todas las cosas, hasta el día de hoy."

1 Cor. 4:9-13. Yo añado este pasaje al anterior, porque abarca a los otros apóstoles del cristianismo gran parte de lo que declaró el apóstol Pablo acerca de sí mismo.

En las siguientes citas, la referencia a los padecimientos del autor está acompañada de la mención del tiempo y el lugar, y con una referencia por su verdad al conocimiento de las personas a quienes se dirige: "Sino que habiendo padecido antes, y habiendo sido ultrajados, *como sabéis, en Filipos,* cobramos confianza en nuestro Dios, para hablaros el evangelio de Dios en medio de mucho conflicto." 1 Tes. 2:2.

"Tú empero has conocido perfectamente mi enseñanza, mi conducta, mi propósito, mi fe, mi longanimidad, mi amor, mi paciencia, mis persecuciones, mis padecimientos: sabes cuáles cosas me sucedieron *en Antioquia, en Iconio, en Listra;* qué persecuciones sufrí: y de todas ellas me libró el Señor." 2 Tim. 3:10, 11.

Me parece que hasta este punto, hasta donde sea creído el testimonio de San Pablo, la evidencia de sus cartas es completa y plena. Se presenta bajo toda forma posible, por alusiones ocasionales y por asertos directos, por declaraciones generales y por casos específicos.

VII. San Pablo en estas cartas afirma, en términos positivos e inequívocos, que él hace milagros estricta y propiamente llamados así.

"El que os suministra pues el Espíritu, y obra milagros entre vosotros, ¿lo hace por obras legales, o por el mensaje de la fe?" Gal. 3:5.

"Porque no osaré hablar sino respecto de lo que ha obrado Cristo por mi medio [1], para traer a obe-

---

1 Esto es, "No hablaré de nada sino lo que Cristo ha obrado por mí;" o, como lo interpreta Grocio: "Cristo ha obrado cosas tan grandes por medio de mí, que yo no osaré decir lo que no ha obrado."

diencia a los gentiles, por palabra y por obra en la virtud de señales y maravillas, *en dunamei sēmeiōn kai teratōn,* y en el poder del Espíritu Santo; de tal manera que desde Jerusalem, y todo en derredor de Ilirico, he diseminado abundantemente el evangelio de Cristo." Rom. 15:18, 19.

"Verdaderamente las señales de mi apostolado fueron obradas en medio de vosotros, en toda paciencia, por señales y maravillas y obras poderosas," *en sēmeiois kai terasi kai dunamesi* [1]. 2 Cor. 12:12.

Estas palabras, señales, maravillas y obras poderosas, *sēmeia, kai terata, kai dunameis,* son los terminos específicos y apropiados en todas partes del Nuevo Testamento empleados cuando se quiere mencionar milagros públicos y sensibles. Esto se verá consultando, juntamente con otros lugares, los textos a que se hace referencia en la nota [2]; y no puede probarse que se empleen alguna vez para expresar alguna otra cosa.

---

[1] A esto pueden añadirse las siguientes adiciones indirectas las cuales, aunque hubieran estado independientes, esto es, sin textos más claros en los mismos escritos, podrían haberse tenido por dudosas; pero, cuando se consideran juntamente con los pasajes que acabamos de citar apenas pueden recibir otra interpretación que la que les hemos dado.

"Mi palabra y mi predicación no fue con palabras persuasivas de sabiduría, sino con demostración del Espíritu y con poder; para que vuestra fe no estribase en la sabiduría de hombres, sino en el poder de Dios." 1 Cor. 2:4, 5.

"Por medio del evangelio, del cual yo he sido constituido ministro, conforme al don de aquella gracia de Dios, que me fue dada, según la operación de su poder." Efesios 3:6, 7.

"Porque el que obró en Pedro para el apostolado de la circuncisión, obraba también en mí para con los gentiles." Gal. 2:8.

"Porque nuestro evangelio no llegó a vosotros en palabras solamente, sino en poder, y en el Espíritu Santo y en mucha y plena seguridad." 1 Tes. 1:5.

[2] Marcos 16:20; Lucas 23:8; Juan 2:11-23, 3:2; 4:48-54, 11:49; Hechos 2:22, 4:3, 5:12, 6:8, 7:16, 14:3, 15:12; Heb. 2:4.

En segundo lugar, estas palabras no sólo denotan milagros al contrario de efectos naturales, sino que denotan milagros visibles y lo que puede llamarse efectos externos, como distintos:

Primero, de la *inspiración*. Si San Pablo hubiera querido referirse solamente a iluminaciones secretas de su entendimiento, o influencias secretas sobre su voluntad y sus afectos, no podría haberlos representado con verdad como "señales y maravillas obradas por él," como "señales y maravillas, y obras poderosas obradas *entre* ellos."

Segundo, de *visiones*. Estas no satisfarían de ninguna manera la fuerza de los términos, "señales, maravillas, y obras poderosas:" y aun menos podría decirse que fueron hechas por él," u "obradas entre ellos;" tampoco se aplican estos términos en alguna parte a visiones. Cuando nuestro autor hace alusiones a comunicaciones sobrenaturales que había recibido, ya por visión o por otras maneras, se vale de expresiones de acuerdo con la naturaleza del asunto, pero muy distintas de las palabras que hemos citado. Las llama revelaciones, pero nunca señales, maravillas u obras poderosas. "Mas vendré" dice él, "a visiones y revelaciones del Señor," y en seguida procede a describir un caso especial, y en seguida añade: "Y para que yo no fuese ensalzado desmedidamente, a causa de la grandeza de las revelaciones, me fue dada una espina en mi carne."

Después de todo el asunto, no admite modificación o ambigüedad de género alguno. Si el apóstol Pablo no obraba milagros, verdaderos, sensibles, públicos, a sabiendas ha dado falso testimonio en estas cartas. No es necesario añadir que también en dos de las citas, ha hecho sus asertos ante aquellas personas entre quienes declara que los milagros fueron hechos.

Que se recuerde, que los Hechos de los Apóstoles

describieron varios milagros, distintos, hechos por San Pablo que en su naturaleza corresponden a los términos y expresiones que, según hemos visto, fueron usados por San Pablo mismo.

Aquí, pues, tenemos un hombre de conocimientos amplios, y en otros puntos de buen juicio, que había dedicado su vida al servicio del evangelio. Le vemos cumpliendo con su propósito viajando de país en país, soportando toda clase de trabajos, encontrando los peligros más extremos, asaltado por el populacho, castigado por los magistrados, azotado, golpeado, apedreado, dejado como muerto, esperando, en dondequiera que iba, volver a padecer el mismo tratamiento y los mismos peligros, Y, sin embargo, cuando fue echado de una ciudad predicando en la siguiente; gastando todo su tiempo en el empleo, sacrificando a él sus placeres, su comodidad, su seguridad; persistiendo en esta tarea hasta la vejez, no alterada por la experiencia de perversidad, ingratitud, preocupación, abandono; no sojuzgado por la congoja, necesidad, trabajo, persecuciones; no fastidiado por la larga prisión, no atemorizado por la perspectiva de la muerte. Tal fue San Pablo. Tenemos sus cartas en nuestras manos; tenemos también una historia que afirma haber sido escrita por uno de sus compañeros de viajes y que parece ser, al compararla con estas cartas, ciertamente haber sido escrita por alguno que conocía bien las actividades de su vida. De las cartas, así como de la historia, no sólo deducimos el informe que hemos expresado de él, sino que fue uno de tantos que obraron y sufrieron de la misma manera; y que algunos de los que hicieron esto, habían sido los compañeros del ministerio de Cristo, los testigos oculares, o que pretendían serlo, de sus milagros, y de su resurrección. Además de esto, hallamos a esta misma persona refiriéndose en sus cartas a su conversión sobrenatural, cuyos detalles y las circunstancias que los acompañan son relatados en la historia, y cuyos hechos inherentes, si no todos o algunos de ellos son verídicos, hacen imposible que fuese una ilusión. También le hallamos positivamente, y en términos apropiados, que él también obraba milagros, llamados así estricta y propiamente, para apoyar la misión que él ejecutaba; narrando entre tanto la historia, distintos pasajes en su ministerio que apoyaron completamente sus asertos. La cuestión es si alguna vez la falsedad haya sido atestiguada por evidencia semejante. Sabemos que falsedades se han metido en informes, en tradiciones, en libros; ¿pero se puede hallar un caso en que un hombre voluntariamente se condene a una vida de necesidad y pena, de fatigas incesantes, de peligros continuos; sometiéndose a la pérdida de su hogar y patria, a azotes y apedreamientos, a prisiones fastidiosas, y a la expectativa constante de una muerte violenta, con el fin de publicar en todas partes una historia falsa, y que, de ser falsa, no dejaría él de saberlo?